高等院校学前教育专业教材

幼儿园组织与管理

You'eryuan Zuzhi yu Guanli

（第2版）

主　编　王　瑜　贺燕丽

副主编　邵小佩　肖　玉

编写者：

王亚娟	王丽娟	王　侠	王　瑜
史爱芬	刘丽娜	刘　洁	刘艳金
江玉印	孙彦霞	李丽娥	肖　玉
时　媛	余　婧	张彩英	张　瑶
邵小佩	岳　霞	周　玲	南姣鹏
贺燕丽	袁　圆	栗　涛	高艳艳
郭　敏	黄亚红	景乐萍	蔡　军
谭友坤	谭　娟		

高等教育出版社·北京

内容提要

本书是教师教育国家级精品资源共享课"幼儿园组织与管理"配套教材。高水平的幼儿园保教质量，需要科学的幼儿园管理作保障。《幼儿园组织与管理》（第2版）以幼儿园的管理工作为研究对象，旨在揭示幼儿园管理规律，指导幼儿园管理实践。本书体系完整、内容丰富，共分四个模块，包括十四章内容，对组织与管理和幼儿园管理基础理论，幼儿园管理体制，以及卫生保健管理、安全管理、保教工作管理、总务管理、班级管理、保教队伍管理、领导工作、组织文化管理、公共关系管理、工作评价、发展规划进行了深入系统的阐述，在理论与实践相结合的基础上突出实用性。第2版在第1版的基础上，对内容进行了科学的调整，增加了相关领域国内外新的研究成果，并力求有所创新。本书配套丰富的数字化资源，学习者可以扫描二维码获取资源。

本书可作为高等院校学前教育专业教材，也可作为幼儿园行政管理干部、园长及保教人员培训用书，还可以作为广大学前教育工作者和研究人员的参考用书。

图书在版编目（ＣＩＰ）数据

幼儿园组织与管理 / 王瑜，贺燕丽主编. -- 2版
. -- 北京 ： 高等教育出版社，2023.2
ISBN 978-7-04-058034-1

Ⅰ．①幼… Ⅱ．①王… ②贺… Ⅲ．①幼儿园－组织管理－教材 Ⅳ．①G617

中国版本图书馆CIP数据核字(2022)第020856号

策划编辑	刘晓静	责任编辑	刘晓静	封面设计 王 琰	责任绘图	邓 超
版式设计	于 婕	责任校对	刁丽丽	责任印制 沈心怡		

出版发行	高等教育出版社		网 址	http://www.hep.edu.cn
社 址	北京市西城区德外大街4号			http://www.hep.com.cn
邮政编码	100120		网上订购	http://www.hepmall.com.cn
印 刷	运河（唐山）印务有限公司			http://www.hepmall.com
开 本	787mm×1092mm 1/16			http://www.hepmall.cn
印 张	18.25		版 次	2015年12月第1版
字 数	340千字			2023年2月第2版
购书热线	010-58581118		印 次	2023年11月第2次印刷
咨询电话	400-810-0598		定 价	38.00元

本书如有缺页、倒页、脱页等质量问题，请到所购图书销售部门联系调换

前　言

《幼儿园组织与管理》自 2015 年 12 月正式出版以来，受到了广泛欢迎，被许多高校作为学前教育专业教材，也被许多幼儿园园长培训机构选作培训教材。该教材以及配套的数字化资源还成为许多幼儿园园长和其他管理者重要的学习资源。在当今风云变幻、飞速发展的新形势下，管理理论和实践的发展非常迅速。幼儿园组织与管理领域政策性强，在过去的几年中，国家修订或出台了不少相关政策法规。另外，随着 00 后进入大学成为主要的教育对象，学生的学习特点和学习方式也发生了改变，教材的内容和形式也应该进行适当调整。为此，教材编写团队适时启动了教材修订工作。

一、总体思路

坚持教材适应社会变革、学科发展以及学生发展的基本原则，充分研究、把握与幼儿园组织与管理相关的政策变化、实践发展和理论创新，深入研究当代师范生的学习特点，积极学习新型优秀教材的优点，总结本教材使用中的经验并吸纳一线教师建议，在深入调研和集体研讨的基础上，适当调整教材内容框架和编写体系，圆满完成教材修订任务。

二、内容调整

教材内容从原版的四编调整为四个模块：模块一"基础理论与管理体制"、模块二"幼儿园工作管理"、模块三"队伍与文化建设"、模块四"环境调适与持续发展"。编者考虑到"幼儿园组织与管理"课程主要研究和探讨的是幼儿园内部的管理问题，所以将第 1 版教材第三章"学前教育行政管理体制"调整为数字化资源中的拓展阅读。依据《幼儿园园长专业标准》对园长的能力要求，在第四模块新增了第十四章"幼儿园发展规划"。

根据相关理论和实践的新发展，以及相关政策的新变化，本次修订对教材相关章节的内容也进行了细致的梳理：删除一些陈旧过时的内容；搜集整理近 5 年的相关政策文件、论文、报告、著作、教材，研究梳理相关领域的新进展，将广泛认可的新成果纳入教材，如在第一章"组织与管理概述"中增加了"核心能力理论"等内容。《幼儿园工作规程》是幼儿园组织与管理工作一个非常重要的依据。2016 年，教育部颁布了修订后的《幼儿园工作规程》，本次教材修订充分反映了《幼儿园工作规程》的新变化。本次修订还更新了教材中的一些案例和数字化资源。

三、体例调整

基于当代大学生的学习特点，编者对教材的编写体例进行了部分调整。每章章前设置"案例导入"栏目，在学习目标和正文之间插入能够反映本章核心问题的新颖案例，吸引和激励学生开始本章内容的学习；每章正文在适当位置设置"小组讨论"栏目，促进学生的合作学习；章后设置"本章小结"，帮助学生回顾整章的内容。

四、编写分工

本次修订原则上由第 1 版教材内容的编写者修改各自承担的章节，个别参编者由于生活或工作方面的原因不能参与修订工作，经过原参编者的授权，对修订任务进行了适当的调整。第一主编王瑜在充分征询各方面意见的基础上，制订了第 2 版教材修订方案，并全面负责教材修订的组织、统稿工作。第 2 版教材各章节具体分工如下：

第一章第一、二、三节，王瑜（陕西学前师范学院）；第四节，王侠（西缆幼儿园）。

第二章，王丽娟（安康学院）。

第三章第一节，谭娟（陕西理工大学），其中拓展阅读"学前教育行政管理体制"由郭敏（海南师范大学）撰写；第二、三节，岳霞（陕西理工大学）。

第四章第一、二节，时媛（陕西学前师范学院）、高艳艳（安康学院）；第三节，王亚娟（渭南师范学院）。

第五章，刘艳金（陕西学前师范学院）。

第六章第一、二、三节，邵小佩（重庆师范大学）；第四节，江玉印（陕西学前师范学院）、史爱芬（石家庄幼儿师范高等专科学校）。

第七章，周玲、栗涛（怀化学院）。

第八章第一节，刘丽娜（安康学院）；第二节，黄亚红（汉江师范学院）；第三、四节，肖玉（长沙师范学院）。

第九章第一节，景乐萍（陕西学前师范学院）、孙彦霞（山东女子学院）；第二节，张瑶（陕西学前师范学院）、孙彦霞；第三节，余婧（陕西理工大学）。

第十章第一、二节，谭友坤（内江师范学院）；第三、四节，南姣鹏（咸阳师范学院）。

第十一章第一节，刘洁（陕西学前师范学院）；第二节，蔡军（西安文理学院）。

第十二章第一、二、四节，李丽娥（延安大学）；第三节，张彩英（广东江门幼儿师范高等专科学校）；第五、六节，袁圆（咸阳师范学院）。

第十三、十四章，贺燕丽（陕西学前师范学院）。

在教材修订过程中，我们参阅和借鉴了国内外许多专家、名师和一线教师的研究成果。谨向他们表示衷心的感谢！

修订工作得到了相关学校和出版社的大力支持。高等教育出版社教师教育出版事业部肖冬民分社长曾来西安进行现场指导，刘晓静编辑对教材的修订工作提出了具体要求和大量宝贵建议，周征、黄琦两位老师对教材的修订、教材内容数字化以及课程网络资源建设提出了宝贵的建议。在这里一并对他们表示深深的谢意。

由于专业水平有限，教材中难免会有纰漏，敬请大家批评指正。

王　瑜

2022 年 7 月 25 日

目　录

模块一　基础理论与管理体制

第一章　组织与管理概述　3

　　第一节　组织与管理的理解　4

　　第二节　管理理论的形成与发展　8

　　第三节　管理的基本原理　16

　　第四节　管理职能与方法　22

第二章　幼儿园管理基础理论　31

　　第一节　幼儿园管理的内涵与内容　32

　　第二节　幼儿园管理的基本原则　35

　　第三节　幼儿园管理过程　39

　　第四节　幼儿园的目标管理　46

第三章　幼儿园管理体制　53

　　第一节　幼儿园管理体制概述　54

　　第二节　幼儿园的组织机构　57

　　第三节　幼儿园的规章制度　64

模块二　幼儿园工作管理

第四章　幼儿园卫生保健管理　71

　　第一节　幼儿园卫生保健工作的意义和任务　72

　　第二节　幼儿园卫生保健管理的内容　75

　　第三节　幼儿园卫生保健管理的实施　80

第五章 幼儿园安全管理 85

　第一节 幼儿园安全管理概述 86

　第二节 幼儿园安全管理的机制与措施 89

第六章 幼儿园保教工作管理 98

　第一节 保教工作的地位与特点 99

　第二节 幼儿园保教工作管理的组织和实施 102

　第三节 幼儿园课程管理 113

　第四节 幼儿园教科研工作管理 120

第七章 幼儿园总务管理 127

　第一节 幼儿园总务管理概述 128

　第二节 幼儿园后勤事务管理 131

　第三节 幼儿园膳食管理 135

第八章 幼儿园班级管理 142

　第一节 幼儿园班级管理的内涵和内容 143

　第二节 幼儿园班级管理的原则与方法 146

　第三节 幼儿园班级常规管理 149

　第四节 幼儿园各年龄班的管理 154

模块三　队伍与文化建设

第九章 幼儿园保教队伍管理 165

　第一节 幼儿园保教人员的选聘与任用 166

　第二节 教师队伍建设 168

　第三节 教师队伍的科学管理 175

第十章 幼儿园领导工作 184

　第一节 幼儿园领导工作概述 185

　第二节 园长的基本素养 188

　第三节 园长的领导艺术 191

　第四节 幼儿园领导班子建设 195

第十一章　幼儿园组织文化管理　201

■　第一节　幼儿园组织文化概述　202

■　第二节　幼儿园组织文化管理的原则、途径与方法　206

模块四　环境调适与持续发展

第十二章　幼儿园公共关系管理　217

■　第一节　幼儿园公共关系概述　218

■　第二节　幼儿园公共关系管理的途径与方法　224

■　第三节　幼儿园与家长公共关系的管理　226

■　第四节　幼儿园与社区公共关系的管理　231

■　第五节　幼儿园与上级主管部门、小学及媒体的公共关系管理　233

■　第六节　幼儿园公共关系危机的管理　236

第十三章　幼儿园工作评价　239

■　第一节　幼儿园工作评价概述　240

■　第二节　幼儿园工作评价的原则与内容　242

■　第三节　幼儿园工作评价的程序　243

■　第四节　幼儿园工作评价应注意的问题　251

第十四章　幼儿园发展规划　256

■　第一节　幼儿园发展规划概述　257

■　第二节　幼儿园发展规划的制订与实施　262

■　第三节　幼儿园品牌建设　269

主要参考文献　278

模块一
基础理论与管理体制

☐ 第一章　组织与管理概述

☐ 第二章　幼儿园管理基础理论

☐ 第三章　幼儿园管理体制

第一章 组织与管理概述

【学习目标】

知识目标：

- 深刻理解"组织""管理"的概念，准确把握管理的本质。
- 了解管理理论形成与发展的过程，把握各发展时期的特点，掌握重要的理论观点。
- 深刻理解管理的基本原理的内涵，初步确立科学的管理理念。
- 了解管理的基本职能，掌握管理的一般方法。

能力目标：

- 具备初步的管理实践能力。
- 能对管理活动的先进性程度进行评价。
- 能运用管理的基本原理的相关知识分析管理现象，把握管理基本原理的实践要求。
- 能运用管理职能的相关知识对管理活动进行分析，把握各种管理方法的实践要求。

【案例导入】

20世纪90年代末，某师范院校教育管理专业毕业的王老师，接手筹办一所幼儿园的工作。王老师一开始信心满满，认为自己的学识和专业完全可以胜任幼儿园办园的工作。但事实却给了他一个深刻的教训。办园初期生源不足，在最初的半年，幼儿最多时也只有18名。由于不擅长幼儿园卫生保健工作管理，幼儿园的一些孩子感染了角膜炎，导致生源严重流失，最少时只有8名幼儿。起初幼儿园没有系统完整的规章制度，各项管理都不规范。在岗教师和工作人员职责不明，工作低效且混乱。为了尽快扭转这一被动局面，王老师开始广泛收集相关资料，认真学习学前教育和幼儿园管理知识，借鉴其他幼儿园的管理经验。在很短的时间里，他建立了系统、规范的幼儿园管理制度体系，切实加强了幼儿园管理，幼儿园的保育、教育工作很快走上了正轨。一年之后，该幼儿园生源爆满，保教工作也得到了家长的广泛好评。

你从该案例中得到了哪些启示？

第一节　组织与管理的理解

任何学科都有其最基本的概念。"幼儿园组织与管理"最基本的概念是"组织"和"管理"。人们对学科基本概念的不同理解，意味着对该学科研究范畴的不同认识。因此，研究"幼儿园组织与管理"首先要厘清"组织"与"管理"的基本概念及其相互关系。

一、组织与管理的概念与关系

（一）组织的概念

☞【拓展阅读】

人类对组织进行的理论化研究

汉语"组织"的原意是纺织，即"经纬相交，织作布帛"。《辽史·食货志上》有"饬国人树桑麻，习组织"的记载。"组织"的引申义有：将分散的人或事安排成一定的系统或整体；按照一定的宗旨和系统建立起来的团体；等等。[①]

我们认为，组织有名词性概念和动词性概念。名词性的组织是指为更好地实现共同目标，将两个以上的人以一定方式加以编制所形成的协作系统，如学校、政府机关、工厂、社会团体等都是组织。动词性的组织是指为更好地实现共同目标，进行的明确分工、设置岗位、确立合作关系、建立协作系统等活动的集合。

---

① 夏征农，陈至立. 辞海 [M]. 6 版. 上海：上海辞书出版社，2009：3083.

（二）管理的概念

管理历史悠久，自有人类社会就出现了管理。在不同的历史时期，人们对管理概念的理解会存在差异，但是都会对我们分析和理解管理概念有一定的启示作用。

☞【拓展阅读】
典型的管理概
念的认识

我们认为，管理是通过计划、组织、领导和控制过程，优化配置人、财、物、事、时间、空间、信息等相关资源，优质高效地实现组织目标的社会活动。

理解管理概念需要注意以下几点：第一，管理是一种普遍存在的人类社会活动。管理可以说是无时不有、无处不在。幼儿园教育作为一种社会现象，幼儿园作为一种社会组织也普遍存在着管理活动。幼儿园的每个岗位都承担一定的管理职责。第二，管理的目的是优质高效地实现组织目标。管理活动产生并不断发展的根本原因在于它有促进组织优质高效地实现目标的基本功能。幼儿园管理也一样，追求的是优质高效地实现幼儿园的组织目标，即保教幼儿和服务家长。第三，实现组织目标必须优化配置人、财、物、事、时间、空间、信息等相关资源。所谓"巧妇难为无米之炊"，实现组织目标必须要依靠必要的资源。而且这些资源需要围绕组织目标，经过一定的组织与协调，实现优化配置，充分利用相关资源，才能够有效地服务于组织目标的实现。第四，资源的优化配置要通过计划、组织、领导和控制等管理职能来实现。

☞【视频】管理
的概念

（三）组织与管理的关系

组织与管理紧密联系、相互作用，但又有所区别，是两个不同的概念。

两者的联系具体表现在：第一，动词性的组织是管理的基本职能之一。管理的基本职能有计划、组织、领导和控制，组织是管理基本职能中不可或缺的一项职能。第二，名词性的组织是管理活动的载体。狭义的管理指的就是组织的管理，没有了组织也就不存在管理，正所谓"皮之不存，毛将焉附"。第三，管理活动以组织为对象。组织的实质是人的协作系统，管理活动的对象不仅仅是单个的人，更多的是由多人组成的组织系统。

☞【拓展阅读】
广义管理和狭
义管理

两者的区别表现在：第一，内涵不同。组织有名词和动词的双重词性，因此，组织既是人的协作系统，也是实现协作的活动。管理的实质是促进组织优质高效地实现目标的社会活动。显然，组织与管理的含义不同。第二，动词性组织只是管理的一项职能。管理活动除了组织职能之外还有计划、领导和控制等职能，组织活动不能够涵盖所有的管理活动，组织不等于管理。第三，管理只是动静结合的综合性组织中的一个要素，即组织为优质高效地实现目标而进行的计划、组织、领导、控制等活动。除此之外，组织还有许多其他的要素。弗里蒙特·卡斯特和詹姆斯·罗森茨韦克从系统论的角度提出，组织的要素就是构成组织系统的五个子系统：目标与价值子系统、技术子系统、社会心理子系统、组织结构子系统和管理子系统。显然，管理仅仅是组织五要素中的一个要素。

随着组织理论的不断发展，以及组织理论在幼儿园管理中逐步被广泛地使用，人们逐渐习惯于将"幼儿园管理"称为"幼儿园组织与管理"。组织与管理既相互区别，又相互联系。如何深刻地理解组织？如何恰当地处理组织与管理之间的关系？巴纳德为我们提供了一种有效的方法：不是把管理诠释为组织，而是在管理中理解组织，在管理学中把握组织理论。同时，由于组织理论还不甚成熟，还没有形成公认的理论框架体系，因此，本书的内容主要是依据管理学的理论体系来进行阐释，期望能够使学习者在管理中理解组织，在管理学中把握组织理论。

二、管理的基本特征

管理是区别于其他社会活动的一种独特的社会活动。管理也具有一些区别于其他社会活动的独有的特征。对这些特征的研究和了解，有利于人们加深对管理的认识和把握。同时，对管理实践也能起到指导的作用。

（一）管理的普遍性

管理自人类社会诞生就已经出现，存在于人类社会发展的各个阶段。原始社会时期的各项生产劳动、生活活动，以及宗教祭祀等社会活动中，都有管理存在。农业社会各方面的社会活动要有效地开展，也都离不开管理。只是在一般情况下，农业社会的生产管理比工业化社会的生产管理规模相对小，管理相对简单而已。管理与人们的社会活动以及家庭活动都是息息相关的，管理具有普遍性。管理的普遍性决定了它涉及的范围非常广泛。任何人类社会活动都不应该忽视管理问题。管理也是幼儿园工作不可缺少的一项重要活动，它关系到幼儿园各项工作的有序开展，关系到幼儿园各项工作的效果以及效率的提高，关系到幼儿园保教质量的提高。因此，幼儿园管理问题应当受到高度重视。

（二）管理的二重性

管理的二重性是指管理既有自然属性又有社会属性。管理的二重性同时存在，任何管理活动都会涉及自然属性和社会属性。

管理的自然属性是指管理促进生产力发展的内在特性。具体来讲是指管理通过各项职能活动，实现资源的优化配置，充分利用相关资源，优质高效地实现社会组织的生产力与经济发展的内在特性。我国学前教育目前还不属于义务教育。虽然幼儿园是一级教育组织，但仍然会涉及经济问题。尤其是民办幼儿园，一定的经济收入是幼儿园正常运转的物质基础，而幼儿园的管理会影响幼儿园的发展问题。这一现象体现了幼儿园管理的自然属性。

管理的社会属性是指管理协调社会生产关系的内在特性。具体来讲是指管理通过计划、组织、领导、控制等职能，维护现有社会生产关系的特性。社会生产关系包含生产资料所有制形式、生产中人与人之间的关系，以及生产成果的分配等问题。在我国，公立幼儿园与民办幼儿园的生产关系状况存在着较为明显的区别，但这并不意味着公立幼儿园一定比民办幼儿园好。最关键的要看生产关系内部各要素之间的关系如何处理，是否处理得公平合理。

根据政治经济学原理，生产力和生产关系之间有对立统一的辩证关系。两者相互适应会促进社会生产力的发展，否则会阻碍生产力的进步。管理对生产力和生产关系都会产生影响。因此，管理活动应当自觉地促进生产力和生产关系之间的适应关系，这样才能最大限度地促进生产力的发展。比如，民办幼儿园的经营，需要处理好幼儿园所有者和经营者与幼儿园教职工、幼儿、幼儿家长等主体之间的各种关系，否则，会影响幼儿园各项工作的有效开展，从而影响幼儿园的经济收入，影响幼儿园健康持续的发展。深刻理解和把握管理的二重性，对管理好幼儿园具有重要的指导意义。

（三）管理的科学性和艺术性

管理是科学性和艺术性相统一的活动。管理的科学性主要体现在管理具有客观规律性。管理客观规律性的存在，是管理科学性的明显标志。管理的客观规律性有多方面的具体表现。比如，管理的最终目的都是又好又快地实现人类活动的目标；管理与社会生产力、社会生产关系之间，管理与人的活动、人的发展之间都存在着诸多必然的联系等。管理的客观规律性，要求管理要按照规律办事，符合管理本质的要求，符合管理基本原理的要求，符合管理基本职能的要求。同时，管理活动要符合管理对象的特点，尤其是人的特点。管理要适应一定社会的条件，符合一定社会的要求。在当代经济全球化、世界一体化、社会信息化的背景下，管理对象更加复杂多变，管理更应该讲究科学性。可以看出，管理的科学化程度随着社会的发展而不断地提高，管理的科学性也将随着社会的发展而日益明显。

管理的艺术性主要表现在卓越的管理具有灵活性、创造性与美感。就管理对象和环境而言，管理是一项复杂的人类社会活动，由于管理对象要素的多样性和外在影响因素的复杂性，使管理的内外环境充满着变数。这就要求管理者面对复杂的管理对象，在多变的管理环境中能够做到随机应变，恰当巧妙且富有成效地做好各项管理工作。管理者的管理艺术基于自身的个性特点，源于一定水平的管理理论素养和丰富的管理实践经验。成熟的管理者都会有自己独特的管理风格。

管理的科学性和艺术性对管理实践提出以下要求：第一，要重视管理工作的规律性。管理工作存在着一定的规律，规律是一种客观存在，因此，要尊重管理的科学性，任何管理工作都要按照管理规律办事。第二，要重视管理工作的灵活性和创造性。管理有法，但无定法。在尊重管理科学性的同时，还应意识到管理的复杂性，根据管理内外环境的变化，综合、灵活和创造性地使用各种管理的方式、方法和手段。科学且艺术地做好各项管理工作，是管理者努力的方向。

三、管理的本质

任何事物都有自己独特的本质属性，管理也不例外。对管理本质的把握是对管理内在的更深层次属性的把握，有利于加深人们对"管理"这一社会活动的认识，提高管理自觉能力，尽量避免管理工作的盲目性。

管理的本质就是通过管理的各项职能，优化配置各种资源，优质高效地实现组织目标的社会活动。具体来讲，管理的本质即在特定的条件下，通过计划、组织、领导、控制等职能，对组织的人、财、物、事、时间、空间、信息等有形或无形的资源进行优化配置，优质高效地实现组织目标的社会活动。

管理的本质对所有管理工作提出以下要求：

（1）任何管理工作都应以追求高效能（效果和效率）为核心目标。

（2）必须高度重视组织各项资源的优化配置。

（3）充分发挥管理的职能作用。

（4）管理工作必须关注特定的条件。

总之，管理者只有明确了管理的本质，依照管理的本质开展管理工作，管理工作才能方向正确，才能科学有序地开展，才能优质高效地实现组织目标。

第二节　管理理论的形成与发展

要深刻地把握管理，就必须了解管理发展的历史。对管理理论发展史的研究可以丰富管理学的知识，开阔视野，学习成功的管理经验，汲取失败的教训，从管理的历史中提炼和总结管理的规律。管理理论的形成与发展主要包括以下阶段。

☞【拓展阅读】
"治国学"和"治生学"

一、管理理论的萌生阶段

这一阶段可以分为两个时期：一是早期管理实践与管理思想时期，时间从人类诞生开始到 18 世纪工业革命之前；二是管理理论产生的萌芽时期，时间从 18 世纪后期到 19 世纪末。

我国历史上有丰富的管理思想。我国传统的管理思想从总体上可以分为宏观的"治国学"和微观的"治生学"。学习和研究我国传统的管理思想，有利于优秀传统管理文化的发扬光大，同时也有利于促进外国管理理论中国化的进程。

☞【拓展阅读】
西汉贾谊"重人"的管理观点

历史上其他的古代文明，如古埃及、古巴比伦、古印度、古希腊、古罗马，以及美洲的玛雅文明等，都曾经建立了发达的奴隶制国家，为人类的经济、科技、文化、艺术、建筑等方面作出了巨大的贡献，在国家管理、生产管理等方面也有过许多伟大的实践。古埃及的金字塔、古巴比伦的"空中花园"、古罗马水道桥，以及玛雅文明的太阳金字塔等伟大的建筑，都折射出古人的管理智慧。

18 世纪后期到 19 世纪末，随着资本主义国家工业革命的发展、生产规模的不断扩大，以及殖民范围的不断扩张，工厂以及公司的管理问题越来越突出，管理方面的问题越来越多地受到人们的关注。一些经济学家、科学家和企业管理者开始进行管理问题的专门研究，代表人物有亚当·斯密、查理·巴贝奇和罗伯特·欧文等。

那个时代的管理思想是在当时的社会条件下产生的，对当时的经济和社会发展产生了积极的作用。虽然没有形成系统的管理理论体系，但是为管理科学的诞生奠定了基础。

二、管理理论的发展阶段

19 世纪末 20 世纪初，管理学逐步形成，之后不断发展。管理学形成后的发展分为以下三个阶段。

（一）古典管理理论阶段（19 世纪末至 20 世纪 30 年代）

☞【拓展阅读】
人是环境的产物

这一阶段，在美、法、德等发达资本主义国家出现了具有奠基人地位的管理大师，代表人物有美国的泰罗、法国的法约尔和德国的马克斯·韦伯。

1. 泰罗的科学管理理论

美国管理学家泰罗主张要对传统的管理进行改造，实行科学管理。他的科学管理理论观点集中反映在 1911 年出版的《科学管理原理》一书中。

☞【拓展阅读】
泰罗提出的管
理制度

泰罗的科学管理理论的主要观点有：第一，科学管理的根本目的是提高工作效率，实现劳资共同富裕。第二，提高工作效率的基本途径是用科学管理的方法代替传统的经验管理的方法。他认为制订并执行工作的标准和制度，进行科学化和制度化的管理是提高工作效率的关键。第三，实施科学管理的核心是管理者与工人在思想和精神上的根本变革，即增强责任感，把注意力从盈利的分配转移到通过科学管理增加盈利上来。

泰罗的科学管理理论打破了旧的经验管理的落后局面，开辟了科学管理的新局面。科学的管理方法和操作方法使生产效率得到了很大的提高。但是，泰罗持有"经济人"的人性假设观点，把人看作机器的附属物，忽视了人的社会性、人的情感与态度方面的因素。因此，泰罗的科学管理在现实中曾受到资本家和工人的抵制。另外，泰罗的一系列主张仅限于劳动操作、现场监督与控制方面，企业的人事、供应、财务、销售等方面的问题较少涉及，研究领域狭窄。

2. 法约尔的一般管理理论

法国古典管理学家法约尔的关注点不仅仅局限于劳动操作和现场监督，而是扩展到更加广阔的领域——企业管理。1925 年出版的《工业管理与一般管理》是他的代表作。

☞【拓展阅读】
法约尔 14 项管理原则

法约尔认为要管理好企业，除了要改善现场管理以外，还要改善以下六项企业职能：技术职能（设计制造）、经营职能（采购、销售、交换）、财务职能（资金来源、使用计划）、安全职能（劳动安全、设备安全）、会计职能（财产目录、资产负债表、成本、统计等）、管理职能（计划、组织、指挥、协调和控制）。管理职能是企业经营职能的一部分。法约尔认为，管理就是计划、组织、指挥、协调和控制。管理不是管理者独有的特权和责任，而是企业全体成员的共同职责，只是职位越高，管理责任越大。

法约尔认为自己的管理理论除了可应用于工商业之外，还适用于政府、教会、慈善团体、军事组织以及其他各种事业，所以法约尔被公认为是第一个概括和阐述一般管理理论的管理学家。他是管理过程学派的开创人，为管理学建立起了基本的学科结构框架。

3. 韦伯的理想行政组织理论

马克斯·韦伯是德国著名学者、古典管理理论的代表之一。他提出了理想行政组织理论，即"官僚制"，我国常称为"科层制"。他被人们称为"组织理论之父"，在组织理论方面的代表作是《社会组织和经济组织理论》。

☞【拓展阅读】
权力的三种类型

韦伯认为理想的行政组织应当通过职务和职位来设置和管理，主张建立一种高度结构化的、正式的、非人格化的、理想的官僚组织体系。这一体系应当具备以下特点：第一，有明确的组织目标；第二，有明确的组织分工；第三，有明确的上下等级关系；第四，人员的任用完全根据职务的要求；第五，管理人员职业化；第六，管理中的人际关系不受个人情感的影响，完全以理性为指导；第七，管理人员必须严格遵守组织的规则和纪律。他认为这样的行政组织在稳定性、精确性、纪律性、可靠性方面都优于其他的组织形式，符合理性原则，效率最高。而且这种组织形式适合各种类型的社会组织，包括企业、教会、国家机构、军队、学校和其他社会团体等。

韦伯的理想行政组织理论自提出以来得到了广泛的认同，成为各种类型组织建设的指导性理论，"官僚制"成为各种社会组织的基本形式。但在实践中，"官僚制"也暴露出了一些弊端：首先，忽视人的情绪、情感因素，忽视个人的影响力和个人的主观能动性，忽视各种传统因素对组织的影响力；其次，导致个人对权力的过分追求和对制度的刻板遵守，以至于影响了组织目标的实现；等等。

古典管理理论打破了经验管理的传统，推动管理向科学理性的方向发展，提高了生产效率，促进了当时社会生产的发展，为管理学奠定了基本的学科理论基础，对管理理论未来的发展产生了重要的影响。同时，我们还应该看到古典管理理论的局限，主要表现在：第一，重视组织内部管理的研究，忽视组织外部环境的影响；第二，重视管理中物的要素，忽视人的主体作用，以及人的社会、心理的需要；第三，过分强调组织的理性化和制度化，严重忽视人的社会性和主观能动性，忽视社会历史传统的影响。现代管理理论就是在批判古典管理理论局限的基础上发展起来的。

（二）现代管理理论阶段（20世纪30年代至20世纪80年代）

20世纪30年代至20世纪80年代的半个世纪里，世界的经济、政治、文化发生了很大的变化。在新的社会条件下，企业管理面临着新的挑战，同时也面临着新的发展机遇。现代管理理论就是在这样的社会背景下逐步形成和发展起来的。这一阶段的管理理论包括行为科学学派和管理理论丛林中的众多管理理论流派。

1. 行为科学学派

1949年在美国芝加哥大学召开了由多学科专家参加的跨学科科学会议，讨论了运用多学科现代知识研究人类的行为问题，并将这门综合学科命名为"行为科学"。行为科学主要研究个体行为、群体行为与领导行为。行为科学学派的主要理论有亚伯拉罕·马斯洛的需求层次理论、弗雷德里克·赫茨伯格的双因素理论、道格拉斯·麦格雷戈的"X-Y理论"、约翰·莫尔斯和杰伊·洛希的超Y理论等。

☞【拓展阅读】
霍桑试验

以上诸多理论研究是从不同的侧面围绕人的行为问题展开的，所以统称为行为科学理论。行为科学理论让人们注意到了管理中的社会关系和人的情感因素，对人的需要、动机、人性，以及人的激励等问题进行了深入的研究。这些研究取得了丰硕的成果，促进了管理科学的发展，对管理实践也具有理论指导的作用。同时，我们应该看到，以上理论都存在各自的局限性，在管理实践中应当结合具体的社会条件和管理环境，灵活而富有创造性地采取多种管理措施。

☞【拓展阅读】
行为科学学派
的主要理论

2. 管理理论丛林

第二次世界大战后到20世纪80年代，随着国际竞争的加剧和科学的迅速发展，许多学者从各自不同的角度发表自己对管理学的见解，管理理论形成了盘根错节、流派林立的局面，美国管理学家孔茨称其为管理理论丛林。主要的代表学派有：管理过程学派、管理科学学派、社会系统学派、系统管理学派、决策理论学派、经验主义学派和权变理论学派等。

☞【拓展阅读】
管理理论丛林
代表学派简介

以上管理理论流派都是在一定的社会背景下，管理学家从不同的角度，针对管理中的现实问题提出来的，促进了管理理论的发展，同时对管理实践也起到了重要的指导作用。但是，由于种种原因，各流派都存在一定的局限性。管理者应当在充分了解各种管理理论流派的基础上，取长补短，在管理实践中综合运用各种管理理论。

（三）当代管理理论阶段（20 世纪 80 年代至今）

20 世纪 70 年代到 80 年代中期，美国等西方国家经济社会发展面临重重困难。而在这一时期，东方国家日本的经济在第二次世界大战后异军突起。20 世纪 80 年代后，伴随着计算机信息技术迅猛发展，经济的全球化不断扩展。随着"冷战"的结束，世界格局逐步进入多极化，企业的竞争更加激烈，环境更加复杂多变，管理面临许多新的挑战，许多新的管理理论应运而生，其中具有代表性的管理理论有竞争战略理论、Z 理论、企业再造理论、学习型组织理论、核心能力理论等。

1. 竞争战略理论

竞争战略理论是战略管理理论的一个分支。"战略"是一个军事术语，其基本含义是指导战争全局的方略。竞争战略即指导组织竞争的全局方略。该理论的代表人物是迈克尔·波特。他是商业管理界公认的"竞争战略之父"。他的著作《竞争策略》（1980）、《竞争优势》（1985）和《国家竞争优势》（1990）被称为"竞争三部曲"。

迈克尔·波特的竞争战略理论包括以下五大要点：第一，五力模型。决定企业获利能力的首要因素是"产业吸引力"。产业吸引力来自五种竞争力，这五种竞争力包括：同行业竞争者、供应商的议价能力、购买者的议价能力、潜在进入者的威胁、替代品的威胁。第二，三大一般性战略。即总成本领先战略、差异化战略、专一化战略。这是在与五种竞争力的抗争中蕴含的三类成功型战略思想。第三，价值链。竞争优势源自企业内部的产品设计、生产、营销、销售、运输、支援等多项活动。这些活动既是独立的，又是互相链接的，对企业的相对成本、地位都有影响。第四，钻石体系。迈克尔·波特认为可能会加强本国企业创造竞争优势的因素包括：生产要素，需求状况，企业的战略、结构和竞争对手，相关产业和支持产业表现等。钻石体系是一个动态的、有机的体系，它内部的每个因素都会相互影响。同时，政策法规、文化因素与领导魅力等都会对各项因素产生影响。如果掌握好这些影响因素，将能提升国家的竞争优势。第五，产业集群。迈克尔·波特通过对 10 个工业化国家的考察发现，产业集群是工业化过程中的普遍现象，区域竞争力对企业竞争力的影响很大。产业集群是指在特定区域中，由具有竞争与合作关系，且在地理位置上集中，有交互关联性的企业、专业化供应商、服务供应商、金融机构、相关产业的厂商及其他相关机构等组成的群体。产业集群从整体出发挖掘特定区域的竞争优势。产业集群的概念提供了一个思考、分析国家和区域经济发展并制定相应政策的新视角。

迈克尔·波特的竞争战略理论是对战略管理理论的发展与完善，不仅提供了分析的基本框架，而且具有丰富的理论内容；不仅解释现象，还能指导人们正确行动。因此，迈克尔·波特的竞争战略理论真正上升到了科学的层次。当然竞争战略理论也存在一些缺陷：第一，对企业内部结构的分析过于粗糙。第二，没有对企业社会关系进行更加深入的分析。

2. Z 理论

20 世纪七八十年代，日本经济迅猛发展，对美国造成了巨大的挑战。当时的人们对此非常好奇，地域狭小、资源匮乏的日本，为何能够在第二次世界大战后迅速崛起，成为一个工业大国。研究发现，日本独特的企业管理对日本经济的发展发挥了重要的作用。威廉·大内曾在斯坦福商学院和加州大学洛杉矶分校安德森管理学院担任教职，是一位美籍日裔教授。他对日本和美国的公司及其管理风格的不同进行了深入研究。1981 年他在《Z 理论：美国企业界怎样迎接日本的挑战》一书中提出了 Z 理论（Theory Z），该理论一经提出便受到了广泛的关注。

Z 理论反映了日式管理的特点。Z 理论强调：第一，公司应注重与员工的长期雇佣关系。第二，鼓励员工参与企业管理。第三，上下级关系要融洽。第四，公司注重对员工的培训，期待员工成为通才。第五，实行个人负责制，而不是机械地执行上级的命令。第六，员工的升迁是缓慢而按部就班的。第七，员工对公司有主人翁责任感等。Z 理论将东方国度中诚信、和谐、友善的人文感情糅进了管理理论，强调在员工管理中根据企业的实际状况，灵活地把握制度与人性、管制与自觉之间的关系，因地制宜地实施既符合企业利益又符合员工利益的管理方法，追求生产效率提高与劳资关系和谐的统一。我国与日本有相近的文化背景，Z 理论对我国的管理工作具有重要的借鉴意义。

3. 企业再造理论

20 世纪六七十年代以来，信息技术革命使企业的经营环境发生了很大的变化。许多企业无法及时适应环境变化，竞争力减弱，西方国家的经济长期处于低速增长状态。在这种背景下，1993 年，美国的迈克尔·哈默与詹姆斯·钱皮提出了企业再造理论，并在《企业再造：企业革命的宣言书》一书中进行了系统阐述。所谓"企业再造"，就是以工作流程为中心，重新设计企业的经营、管理及运作方式，以适应新的企业环境。哈默与钱皮认为，"企业再造"应该是企业的系统变革，内容包括企业战略再造、企业文化再造、市场营销再造、企业组织再造、企业生产流程再造和质量控制系统再造等。

企业再造可以按以下程序进行：第一，对原有流程进行系统全面的功能和效率分析，并发现其存在的问题。第二，设计新的企业流程改进方案，并对其进行评估。第三，制订与企业流程改进方案相配套的组织结构、人力资源配置和业务规范等方面的改进规划，形成具体的、系统的企业再造方案。第四，组织实施企业再造方案，并在实施中持续改善。

为了保证企业再造的成功，企业再造实施中应关注以下关键因素：第一，人的因素。完善再造工程的组织机构，合理安排工作人员。参加企业再造工程的人有领导者、流程负责人、再造小组、指导委员会、再造总监五类。第二，技术因素。信息技术的充分应用是企业再造成功的技术前提。第三，文化因素。企业文化的成功再造是企业再造成功的保证。

总体来说，企业再造理论顺应了通过变革创造企业新活力的需要，促进了管理理论的发展，在欧美国家的企业中受到了高度的重视，得到了迅速推广，并带来了显著的经济效益。但是，实施企业再造的失败率也比较高。究其原因，该理论在实施中易出现以下问题：企业流程再造没有考虑企业的总体经营战略思想，忽略了作业流程之间的联结作用，没有考虑经营流程的设计与管理流程的相互关系等。

4. 学习型组织理论

☞【视频】学习型组织理论

20世纪80年代以来，知识经济迅速发展，顾客的消费也出现了个性化和多元化的特点。这些都要求企业必须不断变革，不断进行技术和产品创新，以适应迅速发展的科技和不断变化的消费者的需要。在这一时代背景下，美国麻省理工学院斯隆管理学院资深教授彼得·圣吉经过10年的潜心研究铸就了被誉为"21世纪的管理圣经"的著作《第五项修炼：学习型组织的艺术与实践》。书中首次提出了"学习型组织"理论，彼得·圣吉也因此被誉为"学习型组织之父"。他明确指出，企业唯一持久的竞争优势源于比竞争对手学得更快更好的能力，学习型组织是人们从工作中获得生命意义、实现共同愿景和获取竞争优势的理想组织。成功构建学习型组织需要进行以系统思考为核心的五项修炼，即自我超越、改善心智模式、建立共同愿景、团队学习、系统思考。

学习型组织领导力的含义与传统领导力的含义不同。传统领导主要指权位，领导力指来自权位的强迫力量。而"学习型组织的领导力新概念，则围绕那些更微妙、更重要的任务。在学习型组织中，领导者是设计师，是教师，是受托人"[1]。领导作为"设计师"要做好以下三个方面的设计：第一，设计组织的目标和核心价值。第二，设计支持学习型组织的新政策、战略和结构。第三，领导并设计有效的学习程序。领导作为"教师"，自己首先应该是一个学习者，同时根据每个人的需要，让周围的人都得到学习的机会。领导作为"受托人"，为他人和组织的共同愿景奉献自己，做对整体有利的、正确的事，是服务型的领导。学习型组织的领导往往很平常，没有强势的个性，"他们的特点是思路清晰，有说服力，有很深的承诺和行愿，有不断学习的高度开放的心态"[2]。

---

① 圣吉. 第五项修炼：学习型组织的艺术与实践 [M]. 张成林，译. 北京：中信出版社，2009：334.
② 圣吉. 第五项修炼：学习型组织的艺术与实践 [M]. 张成林，译. 北京：中信出版社，2009：353-354.

学习型组织理论中的五项修炼，从心理学与管理心理学的角度看并非新的概念，其解决问题的方法与技术也不够完善，有待进一步发展。但是，这一新的组织形式符合急剧变化的新时代的要求，在世界范围内对各项组织的管理都产生了重要的影响。

5. 核心能力理论

核心能力理论是战略管理理论在 20 世纪 90 年代的新发展。1990 年，美国学者普拉哈拉德和英国学者哈默发表《公司的核心能力》一文，首次提出了核心能力理论。该理论的提出是基于对波特竞争战略理论的不满以及企业重组和再造实践中的挫折。核心能力理论一经提出，便受到了管理理论界的广泛关注。

所谓核心能力的界定，说法不一，但都认为核心能力是企业获取竞争优势的源泉，是企业在长期发展过程中积累和形成的企业特有的能力。这种特有的能力具有价值性、独特性、难以模仿性、延伸性、动态性、综合性等特点。

核心能力管理应当做好四项关键工作，即核心能力的选择、建立、部署和保护。

核心能力理论的主要观点：第一，企业从本质上讲，是各种独特能力的集合体。第二，在企业长期的发展中，积累、保持和增强企业的核心能力，是企业维持长久竞争优势的关键。第三，持续学习和不断创新是企业获得核心能力的最有效途径。

虽然核心能力理论还没有形成公认的理论体系，但该理论的提出无疑促进了管理理论的发展，对管理实践也有重要的指导作用。核心能力理论对幼儿园的组织与管理同样具有理论指导价值。

当代管理理论是基于当代新的社会环境，在批判和继承以往管理理论的基础上发展起来的，顺应了时代的要求，推动了管理理论的发展，指导着管理实践的改革。不过当代管理理论也存在着一些缺陷，需要管理者们在管理实践中妥善把握。

小组讨论

总结归纳管理理论产生与发展的知识，分组讨论管理理论产生与发展的规律。

三、管理理论发展的特点与趋势

学习和研究管理理论产生与发展的一个很重要的目的，就是总结管理理论发展的规律，把握管理理论未来的发展趋势。

（一）管理理论发展的特点

通过对管理理论发展历程的分析可以看出，管理理论的发展具有以下特点：

第一，管理理论来自管理实践，并随着管理实践的发展而发展。第二，管理理论有时代性，受社会经济、政治、文化等因素的影响，受相关学科发展的影响。第三，社会的需要是管理理论发展的根本动力。管理理论的新发展是对社会变革的响应和对经济社会发展需要的满足。第四，管理学家的理论不同程度地受到本人的经历经验、自身修养、社会地位等因素的影响。第五，没有完美无缺的管理理论，任何流派的管理理论都需要不断发展。

总而言之，管理理论受社会变革的影响，不断发展。管理理论同时也受管理学家个人特点的制约，各具特色。我们应该积极地学习他人的管理理论和观点，并结合现实理性地分析各种理论的贡献和局限，去粗取精，去伪存真，逐步形成自己的管理思想和观点，以指导自己的管理实践。

☞【拓展阅读】
管理实践和理论
新的发展趋势

（二）管理理论发展的趋势

在 21 世纪的新形势下，组织面临的环境更加复杂多变。在新的时代背景下，管理理论和实践显示出了一些新的发展趋势，具体表现在以下 9 个方面：创新是管理发展的主题，管理系统化，管理人本化，管理信息化，管理精细化，管理全球化，知识是重要的管理资源，管理伦理化，管理强调预见性。

第三节　管理的基本原理

管理的基本原理是指关于管理的基本道理，它是从纷繁复杂的管理现象中抽象出来的，反映管理的规律，对各项管理工作具有普遍的指导作用。管理的基本原理包括：系统原理、人本原理、责任原理、效益原理和伦理原理。

一、系统原理

从系统论的角度来看，世间的任何事物都是一个系统。管理的对象和管理活动本身都是系统。因此，从事管理工作需要深刻了解系统与系统原理。

（一）系统的含义

系统是指由若干相互联系、相互作用的要素组成的，具有特定功能的有机整体。系统可以分为自然系统和社会系统。系统具有集合性、层次性和相关性等特征。每个系统都具有特定的功能。维护组织内外环境的和谐是管理的一项核心任务。

（二）系统的原理

对系统从不同的角度进行分析会得出一系列具体的系统的原理，主要包括整体性原理、动态性原理、开放性原理、环境适应性原理、综合性原理。

1. 整体性原理

事物以系统的方式存在，构成事物的要素以特定的关系联系在一起构成一个有机的整体，从而具备一定的功能。当事物的要素之间的关系出现不协调时，整个事物就会改变，事物的特定功能就会削弱或者丧失。人们常用木桶现象来说明系统的整体性原理，所以系统的整体性原理又称为"木桶原理"。组成圆形桶壁的板中如果出现一个短板，那么盛水的水面高度顶多与短板的高度一致，从而削弱木桶的盛水功能。这一现象说明事物是内部各要素以特定的关系紧密地结合在一起的有机整体，不是内部各要素的随意拼凑，整体性的功能大于部分功能之和，即 $1+1 > 2$。同样的道理，任何社会组织都是由许多部门、岗位、人员，以及财、物、空间、信息等要素组成的有机整体。组织内部各要素之间存在着特定的联系，只有组织的各要素之间关系紧密且协调，充分体现出组织的整体性，组织的功能才能得以充分发挥。

2. 动态性原理

系统内部各要素之间的关系以及系统与周围环境之间的关系都处在运动变化之中。运动变化是系统的生命。如果环境变化了而系统不变，系统就会出现对环境的不适应现象，系统在环境中的生存和发展能力就会降低。系统所处的环境处在不断地变化之中，所以系统本身必须保持相应的变化。系统的变化主要是系统内部的要素及要素之间关系的合理化调整。企业和其他社会组织同样处在不断地发展和变化之中。随着市场和社会环境的变化，企业组织也要作出相应的调整，以便不断适应新的环境条件。这一运动变化过程正是企业组织生命的表现。

3. 开放性原理

系统具有开放性的特点。世界上不存在一个与外部环境没有物质、能量、信息交换的、完全封闭的系统。系统只有对外开放，不断地吐故纳新，才能保持系统的生命力。企业组织必须具有开放性，不断地与外界进行物质、能量、信息等的交换才能生存与发展。管理者应该树立开放的观念，以开放的姿态面对周围的环境，及时吸纳有用的资源，保持和提升组织的生命力。

4. 环境适应性原理

任何事物都是处在普遍联系之中的。除了系统内部各要素之间的关系协调之外，还需要保持系统与外部环境的协调。系统需要不断地适应持续变化的外在环境，系统的这一属性就是系统的环境适应性。系统环境适应性的强弱是系统生命力强弱的一个重要标志。

系统对环境的适应不完全是被动的。积极主动的适应会提高系统对环境的适应能力，适应环境的速度会更快，适应程度会更高。适应环境的能动性还表现在，系统可以在可能的范围内改变环境，创造出更能够适合系统生存与发展的适宜环境。

5. 综合性原理

系统都是由多项要素组成的综合体，具有综合性。人类社会系统、国家、企业、各类事业单位和社会组织都是非常复杂的综合系统。学校和幼儿园同样是复杂的综合体，由人、财、物等多项要素组成。管理的综合性体现在目标和实施方案选择的多样性与综合性。因此，在管理中需要全面分析、统筹兼顾，创造性地组织和协调各种要素，保证组织系统全面、协调和可持续地发展。

二、人本原理

☞【视频】人本原理

人是当代管理各要素中最重要、最活跃的要素。人本原理是以人为中心的基本管理思想。它重视人的思想、情感和需要，以调动人的积极性为主要目的，以激发人的主动性和创造性为根本。人本原理的主要观点有：尊重人、依靠人、发展人、为了人。

（一）尊重人

人是组织的主体。古典管理理论时期，生产劳动中的人被看作机器的附属物。泰罗的科学管理理论认为，只要让工人按照规范要求去劳动就可以最大限度地提高生产效率。20世纪30年代人际关系理论出现以后，人们开始摆脱"人是机器的附属物"的老观念，开始关注人的心理和社会性特征。70年代以来，人逐渐被认为是组织的主体，是管理的核心要素。随着知识经济的发展，产业结构的不断升级，掌握科学技术知识，并能够创造科学技术知识的人在社会各类组织中的作用越来越大。组织管理中要以人为主体，充分地尊重人逐渐成为人们的共识。

（二）依靠人

在知识经济时代，企业的发展要靠科技和人才。在知识经济的社会大背景下，财富向知识聚集，资源争夺的焦点是创新性人力资源，而不仅仅是资本、机器、原料、能源等。然而，人有情感态度和主观能动性，所以对人的管理不同于对物的管理，需要研究人和了解人，需要尊重人的需求，需要采取措施充分地激发和调动人的积极性。总之，在充分尊重人的基础上，充分地依靠人，才能够使组织充满活力，健康、可持续地发展。

（三）发展人

人类进入资本主义社会发展阶段，经济活动的知识和科技含量逐渐增加。生产劳动对人的科学和文化素质的要求也相应地不断提高。在当今知识经济的社会背景下，各行各业从业者的专业素养显得越来越重要。促进人的发展是任何组织管理工作的一项核心任务。组织要发展不但要有能力吸引优秀人才，更重要的是要有能力促进人的发展。因此，企业管理不能以经济利益最大化为唯一目标，应把人的发展也作为重要的目标。

（四）为了人

在知识经济背景下，管理以人为中心，管理为人服务的必要性也日益凸显。这里所说的"人"指的是所有的组织利益相关者。组织管理若能关注组织内部人员的利益，恰当地将组织的利益与个人的利益相结合，将会增强组织对优秀人才的吸引力，激发组织成员的主人翁责任感、积极性和创造性。在市场经济条件下，为社会创造和提供某种产品和服务是组织存在的前提和基础。组织能否不断地发展壮大，就要看它是否能够为消费者提供优质的产品和服务，并且为消费者所接受。在成熟的市场环境中，市场的竞争在某种程度上是服务质量和水平的竞争。

总之，人本原理反映了人在组织中的重要地位和作用，以及人与组织的规律性关系。落实人本原理，做好人的工作，组织才能具备基本的生存与发展条件。要贯彻管理的人本原理，管理者就要在管理工作中尽量做到尊重人、依靠人、发展人和为了人。

三、责任原理

明确岗位职责，有效地分工协作是组织协调运转的基本前提。责任原理反映了与管理责任相关的管理的基本道理，主要内容包括：职责明确、职权对等、奖惩分明。

（一）职责明确

只有各岗位工作明确，并能相互配合才有可能使组织活动有序开展。岗位职责应明确该岗位工作在数量、质量、时间、效益、行为等方面的具体要求。一般通过岗位职责、工作规范、工作常规、工作计划、工作任务书等形式加以明确规定。

明确岗位职责需要注意以下几个问题：第一，职责落实到人。明确每个人的具体工作任务，做到人人有事做，事事有人管。在职责分工上要坚持公平正义原则，并能够尽量用人所长。第二，职责界限清楚。对每个人的岗位职责要给出明文规定，便于执行、检查与考核。第三，明确横向关系。许多工作需要不同岗位的人员相互配合，所以还需要明确岗位工作配合的任务，提高组织的整体功效。

（二）职权对等

组织中的工作人员要对自己的岗位职责全面负责。在管理工作中，工作人员能否履行好岗位职责，取决于与其相对应的权限、利益和能力三方面的因素。要保证职责任务的顺利完成，职责、权限、利益、能力之间的关系一定要协调。职责、权限和利益是对等关系，职责任务的完成需要一定能力的支撑。"责权利三角定理"形象地反映了这种关系（图 1-1）。

图 1-1　责权利三角定理

（三）奖惩分明

有人说"没有奖惩，就没有管理"。这一说法也许过于极端，但是它表明了奖惩手段在管理中的重要作用。每个人都有各自的需要，工作和完成岗位职责任务都是为了满足自己一定的需要。对岗位工作人员的工作表现和工作绩效及时进行考核和奖惩，有助于提高其工作积极性，充分发掘每个人的潜能，及时引导每个人的行为朝着符合组织需要的方向变化，快速高效地完成岗位职责任务。

实施奖惩需要注意以下几个方面的问题：第一，坚持公平公正的原则。要有明确的考核标准和科学的评价方法，考核的支持材料要全面、真实、可靠。第二，奖惩的类型多样化。根据工作激励的需要，奖励的类型可以分为物质奖励和精神奖励、单项奖励和综合奖励、阶段奖励和终结奖励等。惩罚视具体情况，可以是物质惩罚，也可以是通报批评、记过等精神惩罚，还可以将物质惩罚与精神惩罚结合使用。第三，奖惩要及时。要做到及时考核，及时奖惩，否则会影响奖惩的效果。第四，奖惩要严格。要健全组织的奖惩制度，使奖惩工作尽可能地规范化、制度化，并且执行制度要严格，以维护制度的权威性。

总之，贯彻责任原理要合理分工，明确岗位职责，要保证职责、权限、利益、能力之间关系的协调，同时要奖惩分明，做好激励工作。

四、效益原理

任何组织的管理都是为了追求一定的效益。效益是管理的永恒主题。从管理本质的角度来说，管理就是为了实现效益的优化。

（一）对效益的理解

效益是指有效的产出与投入之间的比例关系。从"经济"和"社会"两个不同的角度考察，效益可以分为经济效益和社会效益。经济效益是实现社会效益的基础，社会效益是实现经济效益的基本条件。管理应将经济效益和社会效益有机结合。

　　"效益"与"效果""效率""效能"三个概念之间既有联系又有区别。效果是将投入经过转换之后得到的产出结果；效率指的是投入与产出结果之间的比例关系；效能可以理解为取得效果的能力，效能通过效果和效率来反映。相对效果、效率、效能而言，效益更加强调产出的有效性。同时，有效的效果、效率、效能又是效益的基础。

（二）对效益的评价

　　对效益的评价对组织具有检查和控制的作用。组织应当定期或不定期地通过效益评价了解组织的效益状况，并能依据评价结果及时对管理工作加以调整。对效益的评价应当讲究科学性，应当坚持实事求是的原则，反映组织效益的真实情况，并能够为组织管理的改革提供有用的信息和建议。

　　效益评价的方式应当多样化和综合化。效益评价按不同标准划分，可以分为定性评价和定量评价，诊断性评价、形成性评价和结果性评价，领导评价、群众评价、专家评价和市场评价等。每种评价都有自己的优势和局限，评价时需要根据实际需要灵活而综合地使用。

（三）对效益的追求

　　管理的本质是通过管理的各项环节和职能，追求满意的效益，优质高效地实现组织的目标，所以取得满意的效益是管理的根本目的。对效益的追求需要注意以下问题：第一，确立正确的效益观，将经济效益和社会效益恰当结合。第二，学会自觉地运用客观经济规律。管理者必须学会运用价值规律，随时掌握市场动态，把握消费者需求，及时制订灵活的经营方针，有效地适应复杂多变的竞争环境，充分满足社会的需求。第三，做好战略决策。只有战略方向正确了，管理活动才可能是有效益的。第四，局部效益与全局效益相协调。第五，追求长期稳定的高效益。在技术革新加快、竞争日趋激烈的环境中，组织管理必须要有忧患意识，要有远见卓识和创新精神，积极进行技术改造、技术开发、产品开发和人才开发，不断增强组织发展的后劲，只有这样才能保证企业有长期稳定的高效益。

五、伦理原理

　　随着法制的健全、市场的不断成熟，在日趋激烈的竞争中，组织伦理问题也日益显得重要。

（一）伦理的理解

　　伦理是指人与人之间各种关系的准则。伦理与法律既有区别也有联系。伦理是约定俗成的，而法律是国家制定的，伦理靠舆论和自觉来实施，而法律具有国家强制性。伦理与法律的联系表现在：第一，伦理与法律在内容上相互渗透。法律体现伦理，在特定条件下伦理会上升为法律。第二，伦理与法律在作用上相互补充。伦理可以引导人们遵守法律，而法律可以强制人们遵守伦理。伦理与法律相比较，具有非强制性、非官方性、普适性、扬善性等特点。

（二）伦理的重要性

组织管理普遍存在伦理问题。任何组织都不是孤立存在的，总是以不同的方式与组织内外的个人和其他组织发生联系，因而其行为不可避免地会涉及伦理问题。

伦理问题与组织的发展密切相关。在市场经济中"顾客就是上帝"，企业和其他社会组织要生存，要取得较高的效益，要长远地发展，就必须处理好与消费者之间的关系，不仅需要遵守法律，还需要遵守伦理规范，否则就会影响组织的效益，组织的发展也将缺乏持续性。许多实际案例和实证研究都证明了这一点。

（三）伦理原理的实施

伦理原理的实施需要注意以下几个方面的问题：

（1）在组织内部广泛确立管理伦理的观念，用伦理原理指导组织的各项工作。

☞【拓展阅读】
作为决策规则的12个问题

（2）选拔道德高尚的员工，在道德方面领导员工，并对员工进行道德教育。

（3）建立道德守则和决策规则。制订道德守则，表明组织基本的价值观，明确组织对员工行为的道德期望。

（4）合理设定工作目标。给员工确定切合实际的目标，防止出现由于目标不切合实际导致员工为达目标而牺牲道德的现象。

（5）对绩效进行全面评价。不仅仅用经济指标考核绩效，还要将道德指标正式列入绩效考核的范围。

（6）进行独立社会审计，提供正式保护机制。根据组织的道德守则对决策及其他管理行为进行单独审计，审计可以定期进行，也可以不定期开展。正式保护机制的建立，可以保证面临道德困境的员工，能够自由地向上级政府部门或纪律检查委员会信访或上访。

法律可以用来制止已经发生的违法行为，而伦理可以用来防范尚未发生的违法行为，市场以其无形的手在规范着人们的伦理行为。可见，法律、伦理、市场机制是调节和规范经济组织行为的三个必不可少的手段。

第四节　管理职能与方法

管理者做好管理工作，需要明确管理工作的主要职责和功能。同时，需要了解和把握管理的基本方法。

一、管理职能

（一）管理职能概述

职能，即人、事物、机构、活动等所具备的职责和功能。管理职能是指管理活动应当承担的职责，以及应当发挥的功能和作用。管理者只有明确了自己的职责，才能恰当地发挥自己的作用。

管理职能的观点具有明显的时代性。管理的职能与社会的发展密切相关。管理者不但要学习新的管理理论，还应当注意研究组织的社会环境的变化，随时把握社会对管理职能的新要求，做到与时俱进，不断促进管理的现代化。

☞【拓展阅读】
管理职能理论
的发展

管理的基本职能包括计划、组织、领导和控制。协调、激励、沟通、决策、创新等职能融于以上四项基本职能之中。四项基本职能相互联系，构成一个有机的管理职能体系。其中计划是前提，组织是基础，领导是动力，控制是保证。

（二）管理的基本职能

1. 计划

计划指行动之前在调查研究的基础上预先制订工作目标，并为实现目标对工作内容、方法步骤、保障条件等进行的安排。简单地说，计划就是确定目标和制订实现目标行动方案的活动。名词的"计划"可以理解为预先制订的实现组织目标的行动方案。常言道："凡事预则立，不预则废。"计划职能是管理的首要职能。

☞【视频】管理
职能——计划

计划从不同的角度可以分为多种不同的类型。从时间的角度可以分为长期计划、中期计划和短期计划；从职能的角度可以分为业务计划、财务计划和人事计划。从综合性程度（涉及时间长短和范围大小）可以分为战略性计划和战术性计划；从明确性程度可以分为指导性计划和具体计划；从适用性的角度可以分为常规计划和专项计划等。每种类型的计划都有其不同的特点和作用，根据工作需要，组织往往会形成具有多样性和整体性的计划体系。

制订计划应当重视内容的完整性。计划的基本内容包括"5W1H"，即What——做什么？（目标与内容）；Why——为何做？（原因）；Who——谁去做？（人员）；Where——何地做？（地点）；When——何时做？（时间）；How——怎样做？（方式、手段）。

计划编制应当遵循基本的步骤要求。计划有多种类型，但不同类型的计划制订步骤基本是一致的，即机会分析、确定目标、确定前提条件、确定备选方案、比较方案、确定方案、制订派生计划、通过预算使计划数字化等。由于管理的环境处在不断的发展变化之中，因此，计划也是一个动态循环的过程。

2. 组织

组织指根据工作的需要和人员的特点，进行分工、设岗和分权，用制度明确岗位职责，形成有机结构，实现机构协调运转的活动。组织工作的具体内容包括：组织结构的设计、组织人员的合理配置和使用、适当分权与合理授权、组织的变革和组织的文化建设等。组织工作是管理的基础性工作，组织职能作用的良好发挥为管理提供了基本的组织保障。

开展组织设计工作应当坚持以下几项原则：精简高效原则、管理幅度恰当原则、组织层级合理原则、因事设岗与因人设岗相结合原则、责权对等原则、分工协作原则、集权与分权结合原则、保持组织适度弹性原则等。

组织设计一般通过以下几个步骤进行：第一，工作划分。将工作总任务分为系统化的具体任务，形成相应的工作岗位。第二，建立不同类型的部门。根据不同类型的工作岗位，建立相应的职能部门。第三，确定管理幅度和管理层次。秉承精简高效原则，合理确定管理幅度和管理层次。第四，确定职权关系。根据工作需要和人员特点，合理确定职权关系，构建系统高效的组织体系。第五，动态调整组织结构。根据环境的变化不断修正和完善组织结构，提高组织的灵活性和适应性。

3. 领导

领导指组织负责人率领和引导组织成员朝着实现组织目标的方向前进的活动。领导职能是指领导者为实现组织的预定目标，通过组织权力和个人影响力带领、引导、激励、凝聚组织成员积极主动工作的职能。

在组织工作中，各个岗位工作人员的个人需求、目标、个性、价值观和对相关信息的把握情况各不相同，所以工作中难免会存在各种各样的矛盾和冲突。这些问题会影响组织计划的顺利进行和组织机构的正常运转。解决这些问题，必须依靠有效的领导工作，充分发挥管理的领导职能。

领导的作用具体表现在：第一，带领。领导者应高屋建瓴，把握全局，做好顶层设计，把握前进方向，带领大家向正确的方向前进。第二，沟通。领导者应掌握沟通艺术，能够与个人和组织进行有效沟通。第三，协调。领导应有能力解决各种矛盾，协调好各方面之间的关系。第四，激励。领导应通过各项管理措施、个人魅力、有效的沟通等途径，激励组织成员积极主动地工作。第五，凝聚。领导应通过以上工作促使组织成员团结一致、密切协作、奋发向上、斗志昂扬地开展各项组织工作。

领导的素质是有效发挥领导职能的关键。领导要有高水平的思想素质、业务素质和身体素质，要精通领导科学，具有高水平的领导艺术，要善于激励和沟通，同时还要具有超凡的人格魅力。只有这样才能够凝聚最广泛的力量，为实现组织目标而共同努力。

4. 控制

控制指保证组织活动按照计划进行，从而优质高效地实现组织目标的活动。

控制的主要目的是保证实际活动符合计划的要求，从而有利于计划目标的实现。在计划执行过程中经常会暴露计划中存在的问题，有时需要对计划进行必要的调整。

任何管理活动都离不开控制。现代组织大多是多层次、多部门的，各个岗位的人员素质和能力也存在着差异。组织的环境处在不断地发展变化之中，而且随着社会的发展，组织环境变化的速度也在不断地加快。在这种复杂而多变的情况下，"控制"就成为管理活动中必需的活动。有效的控制可以保证组织不同层次和不同部门之间的协调，加强不同岗位人员的配合，保证组织不断适应环境的变化，从而优质高效地实现组织的目标。另外，管理的计划、组织和领导职能也离不开控制活动。所以，有学者认为管理即控制。

依据不同的标准可以把控制分为多种类型。按照业务范围，控制可以分为工作控制、质量控制和成本控制；按照作用环节，控制可以分为预先控制、现场控制和反馈控制；按照基本机制，控制可以分为官僚控制、市场控制和团队控制。

控制应当坚持适时、适度、客观和弹性原则。第一，坚持适时原则。应当做好预先控制，尽量防患于未然；建立完善的预警系统，对组织活动的偏差要保证及时发现、及时处理。第二，坚持适度原则。把握好控制的范围、程度和频次。具体来讲要重视重点控制，尽量做到点面结合，采取措施努力提高部门与个人的自主控制能力，处理好控制成本和控制效益的关系。第三，坚持客观原则。控制应符合组织的实际，检测的技术手段应当科学有效，控制的标准要有客观性，防止主观臆断，克服官僚主义。第四，坚持弹性原则。控制需要预先考虑到组织环境可能出现的变化，组织计划和控制标准都应当有适当的弹性空间。

控制过程包括三个基本环节：确立标准、衡量成效和纠正偏差。第一，确立标准。控制标准是评价与控制的依据。确定控制标准首先需要分析控制对象的要素，其次需要确定控制的重点，最后制订控制标准。制订控制标准的常用方法有：历史统计法、经验估计法及测量分析法等。好的控制标准有以下特征：可衡量性、公平性、可实现性、适度的弹性等。第二，衡量成效。衡量成效的过程是搜集整理信息，并与控制标准进行对比分析的过程。组织内部应当建立信息记录、统计、加工、检索和传递的机构和制度。获得控制信息可以采用观察、分析统计资料、听取口头汇报、阅读书面汇报、进行抽样调查等方法，对获得的信息应当进行加工处理，筛选出那些及时、可靠、适用的代表性信息，然后与控制标准加以对照，找出偏差。对比衡量过程中要注意明确可接受的偏差范围。第三，纠正偏差。纠正偏差通常采取以下措施：一是不采取任何行动。偏差在可接受的范围内，或者纠偏的成本大于偏差带来的损失时，通常不采取任何行动。二是发现偏差后有针对性地采取措施。三是修改标准。标准过高需要适当降低标准，标准过低则需要适当提高标准。

有效的控制过程具备以下特点：标准合理可靠；信息准确及时；控制关键环节，注意例外处理；讲究经济效益，保持灵活有效；适应组织情况，有利于纠正行动；有利于提高部门和员工的自我控制力；等等。

二、管理方法

（一）管理方法概述

1. 管理方法的概念和意义

管理方法是在管理活动中为实现管理目标，保证管理活动顺利进行所采用的工作途径与程序。

管理方法是管理目标与管理成果之间的纽带。组织要实现既定的目标就要通过一定的方法，经过努力方有可能达到胜利的彼岸。同样，管理活动要取得成功也离不开有效的管理方法。

2. 管理方法的类型

管理方法有多种类型。管理方法按照层次可分为哲学方法、一般方法和具体方法；按照管理对象的范围可分为宏观方法、中观方法和微观方法；按照管理对象可分为人事管理方法、财务管理方法、事务管理方法、物资管理方法、时间管理方法、空间管理方法、信息管理方法等；按照量化的程度可分为定性方法和定量方法等。不同的管理方法都有其独特的作用，管理者应当根据管理的需要灵活地把握和使用。

（二）管理的一般方法

管理的一般方法适用面较广，而且具有较强的管理实践意义，这里重点讨论管理的一般方法，常用的有以下几种：

1. 法律方法

法律方法指管理人员通过国家的各种法律、法令、条例和司法、仲裁工作，对组织进行管理，实现组织目标的管理方法。法律方法既包括建立和健全法律法规工作，又包括司法与仲裁工作，两者相辅相成、缺一不可。法律方法需要健全的法律支撑，同时也需要司法与仲裁的管理手段。

法律代表了国家的意志，并通过国家强制力执行。法律方法具有严肃性、规范性和强制性的特点。《幼儿园工作规程》《幼儿园管理条例》《幼儿园教育指导纲要（试行）》等法规文件是幼儿园工作的基本指导文件。幼儿园管理工作必须贯彻执行这些法规文件，做到依法办园。

法律方法具有多方面的管理作用：第一，有利于保证必要的管理秩序。第二，将管理活动纳入制度化和规范化的轨道，使人们在组织活动中有章可循，实现管理各要素间关系的有效调节。第三，有利于实现管理系统的自动有效运转，既保证了管理的效率，又节约了管理的成本，减轻了管理者的负担。

同时，我们还要看到法律方法也存在着一些局限性：第一，刚性过强，缺乏弹性和灵活性，容易导致管理系统呆板僵化，有时会不利于发挥组织的主动性和创造性。第二，法律规范的内容一般为原则性问题，较难涉及管理中更为细致的问题。因此，将法律方法与其他的管理方法结合使用，才能收到理想的管理效果。

正确使用法律方法需要注意以下问题：第一，要重视法律方法的使用。法律体现了国家的意志，不得违背。科学的法律规范体现了所规范事物的规律性，对管理活动能起到强制性的指导作用。第二，制订更为具体的管理细则。在法律规范的基本框架下，根据管理的实际需要制订具体的操作细则。这样，才能使法律规范得以更加深入的贯彻和执行。第三，注意与其他管理方法的配合使用。通过多种方法的综合使用，尽量减少法律方法刚性有余而柔性不足的局限。努力使法与情相互交融，使人们自觉地按照法律法规的要求行事，养成遵纪守法的习惯。

2. 行政方法

行政方法指管理者依靠行政组织的权威，以及组织所赋予的权力，运用命令、指示、规定、条例、办法等行政手段，通过行政的层次系统对下属进行管理的方法。行政方法的实质就是管理者通过组织赋予的职位和权力来进行的管理。这种管理方法具有权威性、强制性、垂直性、无偿性和具体性等特点。

在组织管理中行政方法具有独特的作用：第一，有利于有效控制全局，统一组织的意识和行动。第二，有利于快速解决特殊问题和突发事件。第三，有利于其他管理方法的实施。管理中的法律方法、经济方法、教育方法、技术方法，只有在行政手段的保障下才能更好地实施。可见，行政方法是一种非常重要的管理方法。

同样，行政方法也明显存在着一些局限性，具体表现在：第一，过分强调行政权力的作用，容易导致官僚主义。第二，权力使用不当会激化干群关系，影响组织团结。第三，过分强调权力控制，会影响下级主动性和创造性的发挥，从而使组织的灵活性和适应性受到限制。第四，行政的垂直领导会影响平行部门之间的沟通与协调。

使用行政方法需要注意以下几个方面的问题：第一，领导者应当正确看待自己的权力，牢固树立管理即服务的意识。行政管理权力应该为组织管理工作服务，为更好地实现组织目标服务。第二，领导者应当努力提高自身修养，恰当使用权力，综合运用多种管理方法，营造团结友好的组织文化。第三，发扬民主管理作风，重视下属的意见与诉求，适当放权和授权，激发下属的积极性和创造性。第四，建立灵敏而有效的信息系统。在做好上下级之间的信息双向沟通工作的基础上，进一步做好与平行部门之间的沟通与协调工作。

3. 经济方法

经济方法指在管理中根据客观经济规律，通过经济的手段，调节不同经济主体之间的关系，激发组织成员的积极性，更好地实现组织目标的管理方法。经济方法的实质就是通过经济的手段来进行组织的管理。从整个社会经济领域的角度来看，经济的手段主要包括价格、税收、信贷、工资、利润、奖金、罚款、经济合同等。从组织内部来看，经济的手段主要包括工资、福利、奖金、罚款等。经济方法具有利益性、关联性、间接性等特点。经济与人的切身利益相关，影响面较广，对人产生间接性的作用。

在当今时代条件下，对一般人来讲，追求经济利益仍是人们工作的基本动力之一。组织管理中恰当运用经济方法，有利于协调部门之间、个体之间、集体与个人之间的利益关系，有利于调动组织成员的工作积极性。但过分强调经济方法，会导致"一切向钱看"的拜金主义，员工缺乏奉献意识和责任感；对有事业心和奉献精神的员工，起不到理想的激励作用。

使用经济方法需要注意以下问题：第一，奖惩分明。该奖则奖，该罚则罚，奖罚分明，而且在奖惩制度面前人人平等，这样才能产生良好的管理效果。第二，管理方法应当多样化，防止以罚代管。人有多种不同层次的需要，除了经济的需要之外还有精神和社会方面的需要。随着社会的发展和人们基本生活条件的不断改善，人们精神及社会层面的需求日益提升。因此，管理方法应当多样化和综合化，尤其要注意将经济方法和教育方法恰当结合，充分激发员工的工作积极性。

4. 教育方法

教育方法指围绕组织目标和组织成员的发展目标，通过多种途径和方法，从多方面对组织成员施加影响，不断提高其政治思想、文化知识、专业水平等各方面素质的一种管理方法。管理中教育方法的实质就是通过教育促进人的发展，增强管理中人的要素，从而更好地实现组织目标的管理方法。教育方法具有启发性、自主性和长期性特点。

人是管理中最重要的因素。人具有主观能动性和创造性，当人的积极性充分发挥之后，他会创造性地完善各种组织活动所需要的条件，优质高效地实现组织目标。随着科学技术的发展，知识经济对科学技术和创新人才的依赖性也日益提高。调动人的积极性、激发人的创造性成为管理的核心职能。恰当地使用教育方法可以提高人的思想水平和职业道德水平，提高人的专业知识和专业能力，促使人创造性地开展工作。建立学习型组织已经成为知识经济背景下增强组织竞争力的法宝。因此，在新形势下教育方法是一种具有治本意义的管理方法。

但是，管理的教育方法同样存在着一些局限性。教育不是万能的，管理的教育方法同样也不是万能的。对不同的个体，教育方法产生的作用不一样，并不是在任何情况下都会取得良好效果的。教育有长期性和迟效性，只有长期坚持，效果才能够逐渐显现。因此，对管理中紧急状况和突发事件的处理，教育方法常会显得力量不足。

合理使用教育方法需要注意以下几个方面的问题：第一，要高度重视管理的教育方法，充分发挥教育方法的作用。第二，注意与其他管理方法结合使用。第三，注意教育方法使用的启发性和实效性。教育的内容应具有针对性，科学规范，具有实用价值。教育形式应当多样化，避免强迫命令和形式主义的说教，重视组织成员的主观能动性，采取多种参与式的教育活动，如专题研究、小组讨论、现场模拟、实地见习、体验实习、拓展训练、自主学习、网络互动等，尽量使活动富有吸引力，具有实效性。第四，要注意长期坚持。

5. 技术方法

技术方法指组织中各层次的管理者为了提高管理效率，根据管理活动的需要，运用各类技术进行管理的方法。技术方法所使用的技术包括信息技术、决策技术、计划技术、组织技术、控制技术等。技术方法具有高效性、精确性、发展性等特点。恰当使用技术方法会大大提高管理的效率，降低管理的成本。技术方法产生的结果具有精确性。伴随着各项技术的迅速发展，管理的技术方法也呈现出明显的发展性。

技术方法已经成为不可或缺的管理方法。在知识经济和信息化社会背景下，经济全球化和世界一体化的水平也在不断地提高。管理的各项职能在很大程度上都依赖技术方法，仅仅依靠传统的管理方法是远远不够的。具体来讲，技术方法的作用体现在以下几个方面：第一，管理在一定程度上是信息交流的过程，信息技术的采用会大大提高信息交流的速度和质量。第二，决策技术的采用会提高决策的速度和决策的科学性。第三，计划、组织和控制技术的采用可以提高相应职能部门工作的科学性和有效性，保证整个管理过程的有效运转。第四，技术方法的广泛使用也为组织的技术创新创造了良好的条件和氛围。可见，管理者只有重视和积极采用技术方法才能够提高管理的效能，增强组织的灵活性，提升组织的竞争力。我国著名管理学家周三多说："在当今社会，不使用技术，就谈不上真正的管理。"[①]

同时，我们也要认识到技术不是万能的。技术方法的实质是将技术应用于管理，技术只是管理所采用的手段，对管理起辅助作用。管理的技术方法不可能解决所有的问题。对涉及情感、态度、价值观等的管理问题，技术方法的作用就很有限。管理的领导职能关键是引导激励、影响下属的能力。技术方法对领导快速

---

① 周三多，陈传明，鲁明泓. 管理学：原理与方法 [M]. 5 版. 上海：复旦大学出版社，2009：188.

获取信息，迅速决策，扩大管理幅度等都有积极的辅助作用。但是，技术方法无法代替领导职能。领导职能的有效发挥更多地要靠领导的职位权力、个人修养、人格魅力、专业能力和领导艺术等。

正确使用管理的技术方法需要注意以下问题：第一，重视技术方法的使用。管理者要深刻认识技术方法的现实意义，不断提高自身的管理技术水平，积极推进技术方法在管理中的应用。第二，防止技术方法的滥用。正确认识技术方法的作用和局限，要防止技术方法的不当使用或过度使用，杜绝由于技术方法滥用而带来的消极后果。第三，根据管理活动的实际需要，恰当地将技术方法与其他管理方法紧密结合，取长补短，充分发挥技术方法的积极作用。

以上管理的一般方法相互联系、相互渗透、相互作用，构成了一个管理方法体系。同时，各种管理方法都有各自不同的特点，优势与局限并存。在管理实践中，管理者应当根据实际情况综合、灵活和创造性地运用这些方法。只有这样，才能够产生理想的管理效果。

【理解 · 反思 · 探究】

1. 谈谈你对"组织""管理"这两个概念的理解，并简单说明。
2. 你认为管理的本质是什么？对管理本质的认识有哪些实践意义？
3. 管理理论的发展经历了哪几个阶段？各有什么特点？
4. 试论当代管理理论的发展趋势对幼儿园管理改革的启示。
5. 试述管理各项职能的含义及相互之间的关系。
6. 管理的一般方法有哪些？如何正确运用？

【实践训练】

☞【案例】园长
管理错位带来
的烦恼

1. 扫描二维码，阅读案例"园长管理错位带来的烦恼"。运用管理基本原理和管理职能的相关知识对该案例加以分析，回答以下问题：

（1）从管理职能的角度分析，为什么配备了两名副园长之后，园长还那么忙？

（2）用管理的基本原理分析，园长成功地解决了自己忙乱的问题，是基于她在工作中对哪些管理基本原理的恰当应用？

2. 深入一所幼儿园对园长进行访谈，了解园长的工作目标、工作内容、工作方式与方法，并运用管理职能与方法的相关知识进行分析和评价。

第二章　　幼儿园管理基础理论

【学习目标】

知识目标：

● 理解幼儿园管理的概念、本质，掌握幼儿园管理的内容。

● 理解幼儿园管理基本原则的内涵。

● 掌握管理过程理论和幼儿园管理过程理论。

● 理解目标管理、幼儿园目标管理的内涵和特点。

能力目标：

● 能对幼儿园管理本质及幼儿园管理要素进行分析。

● 能运用幼儿园管理基本原则对幼儿园管理活动进行分析。

● 初步具备掌控幼儿园管理过程的意识和能力。

● 能制订幼儿园管理目标，并整体把握幼儿园目标管理的过程。

【案例导入】

赵老师性格开朗，为人正直，热爱幼教事业，深受全园教师的尊敬，也一直受到家长及幼儿的喜爱，参加工作近 30 年，数次被评为优秀教师。然而，近半年以来，她在工作中郁郁寡欢，不参加集体活动，不接受领导分配的工作。这究竟是怎么了？原来早些时候，幼儿园召开教职工代表大会，大部分教师代表不同意园长提出的一项方案，当赵老师准备解释大家反对的理由时，被园长强行阻止。赵老师认为园长官僚主义严重，工作不讲民主，于是从那次会议之后就开始消极怠工，通过这样的方式发泄对园长的不满。

请你思考：园长在幼儿园管理的认识与方法方面出现了什么问题？

第一节 幼儿园管理的内涵与内容

深刻理解幼儿园管理的内涵和本质，有利于提高幼儿园管理者的管理自觉能力。

一、幼儿园管理的内涵

（一）幼儿园管理的概念

幼儿园是主要面向 3—6 岁幼儿进行保育和教育的学前教育机构。从幼儿园管理涉及的范围来看，幼儿园管理的概念可以分为广义和狭义两种。广义的幼儿园管理指对幼儿园实施的一切管理，包括相关行政部门的管理和幼儿园内部管理。相关行政部门的管理指各级各类的相关行政部门，如教育、卫生、物价、妇联等，制定学前教育方针政策与制度法规，规定学前教育行政体制，自上而下地实施教育规划，开展督导与宏观调控，以实现对幼儿园的指导、调节与控制。狭义的幼儿园管理指幼儿园内部管理者在基层党组织的领导下，依据党和国家相关教育方针政策及保教工作规律，科学运用各种管理方法与手段，充分发挥各项管理职能，组织协调幼儿园的人、财、物等各种管理要素，优质高效地实现幼儿园工作目标。本章重点介绍狭义的幼儿园管理，即幼儿园内部的管理活动和过程。

（二）幼儿园管理的本质

幼儿园管理的核心价值是通过各项管理职能和管理方法，协调和利用幼儿园的相关人、财、物等资源，优质高效地实现幼儿园"保教幼儿，服务家长"的双重目标。简单地说，幼儿园管理的本质是协调和利用幼儿园的各项相关资源，优质高效地实现幼儿园双重目标。

幼儿园管理的本质对幼儿园管理提出了两项基本要求：第一，一切幼儿园管理工作必须围绕幼儿园"保教幼儿，服务家长"的双重目标进行。为了培养好幼儿，幼儿园要通过科学管理，努力克服学前教育"小学化"现象，促进幼儿健康快乐地成长。同时，相关行政部门要通过合理的管理措施发展学前教育，尽量为幼儿家长的工作和学习解除后顾之忧。第二，幼儿园管理应当追求优质高效。幼儿园管理强调效果和效率的有机结合，追求高"效能"。混乱而低效的幼儿园管理实质上偏离了幼儿园管理的本质要求，不是真正的幼儿园管理。

落实幼儿园管理的本质要求，实施真正的幼儿园管理，一方面要有正确的幼儿园管理本质观，另一方面还需要幼儿园管理者的专业化。

二、幼儿园管理的内容

事物的结构决定事物的性质和功能。幼儿园管理的各种要素以一定的方式相互联系就形成了幼儿园管理的结构。不同的幼儿园管理的结构具有不同的性质和功能。幼儿园管理是否有效，一个重要的依据就是看幼儿园管理的要素是否完备，结构是否合理。所以，了解幼儿园管理的要素，对幼儿园管理要素进行分析是幼儿园管理中非常重要的工作。

管理的基本要素包括人、财、物、事、时间、空间和信息。其中人是能动性要素，财、物、空间是物质性要素，事是活动性要素，时间和信息是无形性要素。这七大要素是所有管理工作的基础，管理的效率和质量主要取决于对这七大要素的处理。幼儿园也不例外，幼儿园管理的效率和质量也取决于对上述七大要素的合理协调和配置。幼儿园管理工作应当围绕保教目标，全面统筹和协调各种相关要素，使管理进入主次分明、有条不紊的良好状态。

☞【视频】幼儿园管理的内容

幼儿园管理就是科学、高效地组织和协调幼儿园各种管理要素之间的关系，从而保障幼儿园双重目标的实现。从管理要素的角度看，幼儿园管理包括以下内容：

1. 人的管理

人是幼儿园管理的核心要素。幼儿园中的"人"包括正副园长、幼儿园专任教师、保育员、卫生保健人员、行政人员和各种后勤人员等。幼儿园管理中的"人"还包括幼儿，涉及幼儿家长和其他相关人员。在幼儿园，怎样调动教职工的积极性，争取家长尽可能多的理解、支持与配合并形成合力，最终实现全体幼儿健康和谐发展的目标，是管理者必须处理好的首要问题。只有做好了对"人"的管理，才能统筹利用以人为核心的各种教育资源，实现提高管理效能的目标。管理者在工作中要坚持"以人为本"的原则，付出情感和关怀以增进管理者与教职工之间的理解，实现调动教职工工作积极性并发挥他们工作潜能的管理目标。

☞【案例】这样
的管理对不对？

2. 财和物的管理

财物资源是幼儿园各项工作得以顺利开展的物质基础。没有一定的财物保障，幼儿园的各项活动将难以开展。财和物都存在管理问题，有效的管理可以增加财和物的数量，提高财和物的使用效率和效果，否则，会造成财和物的闲置或浪费。幼儿园财和物管理工作一方面要通过多种途径筹措资金，尽力争取各级财政拨款和外界各类捐助，通过多种社会服务收取合理费用，并节约使用经费，做到开源节流、勤俭办园；另一方面要做好园内物品的管理工作，制订物品管理制度，做好物品的保养和维护工作，努力提高物品的使用效率，做到物尽其用。

3. 事务管理

幼儿园管理和其他组织系统的管理一样，都由大量复杂的事务性工作组成。幼儿园事务管理包括总务后勤、保育教育、卫生保健、保教队伍、内外公关等多种性质不同的管理工作。各项事务管理必须围绕幼儿园保教工作的总目标有效地开展，尽量做到统筹兼顾，注意协调各项工作之间的关系，保证幼儿园各项活动有条不紊、井然有序地开展。

4. 时间管理

幼儿园各项活动都需要进行时间管理。有效的时间管理可以提高有限时间的使用效率。幼儿园时间管理应围绕幼儿园的管理目标，分清轻重缓急，合理安排时间，统筹兼顾各项事务，突出重点，照顾一般，保证幼儿园各项工作的有序开展，提高工作效率。

5. 空间管理

幼儿园的空间是开展各项保教工作的基本平台，包括物理空间和精神空间，幼儿园空间管理主要是指对幼儿园现实环境和心理空间的管理。幼儿园安全、卫生、优美的物理环境是一种十分重要的教育资源；幼儿园民主、团结、尊重、友爱、和谐、积极向上的园风所营造的心理空间，有利于幼儿园良好人际关系的建立，有利于幼儿健康快乐地成长，对幼儿的未来发展产生深远的影响。幼儿园应当重视空间管理工作，做好空间的规划，提高空间的使用效率，最大限度地发挥空间的教育作用。

6. 信息管理

信息是现代管理中不可缺少的重要资源。有人把信息看作与资本、劳动力并列的三大生产要素之一。在信息时代，管理的整个过程都离不开信息的传递，管理的过程就是信息传递的过程。信息有助于幼儿园领导准确地做好决策与协调工作。广泛而及时的信息收集和反馈有利于改善管理工作，提高管理效能。新的教育信息同样可帮助保教人员改进保教方法，提高幼儿园的保教质量。

以上人、财、物、事、时间、空间、信息等管理要素，在实际的工作当中是相互联系、相互制约的。科学管理就是全面、合理、高效地组织和协调幼儿园管理的各种要素，实现管理"育人"的最终目标。

第二节　幼儿园管理的基本原则

幼儿园管理的基本原则是对幼儿园管理工作基本的、原则性的要求。幼儿园管理的基本原则有以下几种：

一、方向性原则

方向性原则是指幼儿园管理必须坚持正确的办园方向，即坚持党和国家的教育方针，贯彻学前教育政策法规，坚持社会主义办园方向。幼儿园各项管理工作的开展与实施都应当具有明确的方向性。幼儿园管理坚持方向性原则应注意以下实践要求：

（一）明确办园的工作目标

幼儿园承担着双重任务，要实现办园工作的双重目标。《幼儿园工作规程》明确指出："幼儿园是对 3 周岁以上学龄前幼儿实施保育和教育的机构。幼儿园教育是基础教育的重要组成部分，是学校教育制度的基础阶段。""幼儿园的任务是：贯彻国家的教育方针，按照保育与教育相结合的原则，遵循幼儿身心发展特点和规律，实施德、智、体、美等方面全面发展的教育，促进幼儿身心和谐发展。""幼儿园同时面向幼儿家长提供科学育儿指导。"《幼儿园工作规程》对幼儿园性质、任务的规定体现了我国社会主义的办园目标。双重任务是学前教育机构的工作方向。从社会建设的角度来看，保教幼儿是为未来社会主义建设做准备，服务家长则是为当前的社会主义建设服务，两者均服从和服务于社会主义建设的总目标。

（二）树立正确的办园思想

思想是行为的先导，坚持正确的办园方向需要正确的办园思想的指导：第一，树立全面发展的学前教育思想。学前教育要促进幼儿全面和谐的发展，反对片面发展教育，反对学前教育"小学化"。第二，树立保教结合的学前教育思想。幼儿的身心特点要求幼儿园工作必须将保育和教育相结合，只有这样才能保障幼儿全面和谐的发展。第三，树立幼儿园双重任务的思想。幼儿园要完成教育好幼儿、服务好家长的双重任务。管理者要重视培养与提高教师的专业思想素质，强化师德教育，建设优良园风。在幼儿园追求合理经济效益的同时，避免唯利是图的浅薄认识。

二、人本性原则

人本性原则是指幼儿园管理要提倡"以人为本"的人性化管理。"以人为本"管理思想强调通过重视和满足人的社会及心理需要来调动人的工作积极性。幼儿园管理可以通过调节人际关系，加强民主管理，塑造幼儿园文化，重视教师培训来满足教师不同的需要，使管理工作向更人性化、科学化和民主化的方向推进。[①] 幼儿园管理坚持人本性原则应注意以下实践要求：

（一）建立和谐的人际关系

和谐的人际关系能营造出一个宽松的群体氛围，有利于调动幼儿园教职工的工作热情。在幼儿园管理中，管理者要尊重教职工的人格和工作中的合理需要，要巧妙地运用各种沟通方式，消除误会，使教职工产生幸福感及信任感，为幼儿园教职工营造人性化的工作环境。

（二）重视园本文化建设

幼儿园文化是一所幼儿园在长期的保育和教育实践过程中积淀的并为其成员所认同和遵循的价值观念体系、行为规范和物化环境风貌的整合和结晶。[②] 幼儿园文化不仅对教职工的思想、态度和行为有重要影响，还对幼儿有十分重要的教育意义，是幼儿园精神面貌的集中反映。幼儿园管理者要积极建设园本文化，使全体教职工拥有共同的职业信念，激励他们在工作中取得成功。

（三）重视教师业务培训

幼儿园的发展离不开一支高素质的教师队伍。幼儿园教师也有专业发展的需求。管理"以人为本"还体现在促进教师专业成长方面，应重视对教师队伍的培训，完善教师培养制度，在园内开展丰富多样的园本教研和园本研修活动，创建教师成长的良好机制和氛围。

总之，幼儿园管理有效坚持人本性原则，将极大地激发全体教职工的主人翁责任感和工作热情，使幼儿园各项工作充满生机和活力。

三、整体性原则

幼儿园是社会大系统中的一部分，幼儿园本身也是一个组织系统。幼儿园管理的整体性原则是指幼儿园管理要坚持系统整体性原理，以保教工作为中心，全面统筹安排其他各项工作，发挥系统整体优势。幼儿园管理坚持整体性原则应注意以下实践要求：

☞【视频】整体
性及民主性原则

（一）对外协调，优化环境

幼儿园与社会密切联系，受社会相关方面的影响和制约。幼儿园管理要做好

---

① 王雯. 浅谈"以人为本"思想在幼儿园管理工作中的运用 [J]. 学前教育研究, 2004 (9)：48-49.
② 王雯. 浅谈"以人为本"思想在幼儿园管理工作中的运用 [J]. 学前教育研究, 2004 (9)：48-49.

各项对外协调工作，优化幼儿园的社会生存环境。第一，要树立面向社会办园的思想。幼儿园管理者要关注社会政治、经济、文化的发展状况，了解社会改革的趋势，要对所在社区的发展以及社区居民对教育需求的变化进行分析研究，并结合幼儿园的实际，确定正确的办园思路，积极开展力所能及的社会服务。第二，要加强对外联系和协调工作，实现园内外双向互动。幼儿园在做好内部管理的同时，还要注重对外联系和协调工作。处理好幼儿园与相关组织、部门、社区等方面的关系，在相互交往中协调发展。比如，及时准确了解党和政府部门的方针政策，并结合幼儿园实际认真加以贯彻执行；主动向上级行政部门汇报工作，并争取其支持；与同行及相关研究单位多沟通、多交流、多研讨，互帮互学，共同进步；注意幼儿园所在社区的自然环境、经济条件、地方政策、文化风俗、生活方式等的特点，避免消极因素，积极利用优势资源；幼儿园还要注重家长工作，密切家长与幼儿园的联系和沟通，充分发挥家园共育的作用；等等。

（二）整体考虑，统筹兼顾

幼儿园是由保教、后勤、行政、党务等职能部门组成，以保教幼儿和服务家长为总目标的一种社会组织系统。幼儿园具有整体性。保教幼儿和服务家长是幼儿园各项活动的前提和归宿。因此，幼儿园各项管理工作要坚持从整体考虑，统筹兼顾，正确处理部门目标与全园目标之间的关系，要明确分工并加强协作，要从整体着眼做好各部门之间的沟通，使幼儿园这一组织系统能够协调而高效地运转，充分发挥幼儿园的组织功能。

（三）保教为主，全面安排

保教工作是幼儿园的中心工作，保证保教活动顺利开展是幼儿园管理的核心任务。但我们还应看到，幼儿园是一个由多部门组成的系统，离开了其他部门的支持，保教工作根本无法顺利实施。因此，在坚持保教为主的前提下，要科学合理地安排园内的其他各类活动，从而保障全园活动协调开展，高质量地完成保教任务。

四、民主性原则

民主性原则是指在幼儿园管理工作中，管理者将教职工视为幼儿园管理的主人，尊重他们参与各项管理的权利，建立幼儿园民主管理机制，群策群力办好幼儿园，实现幼儿园工作目标。幼儿园管理坚持民主性原则应注意以下实践要求：

（一）坚持以人为本的理念

幼儿园教职工既是管理的对象，又是管理的主体。幼儿园管理要尊重教职工管理的权利，树立幼儿园管理依靠广大教职工的思想，积极将以人为本的理念贯穿于幼儿园各项管理工作之中。

（二）鼓励教职工积极参与管理

"幼儿园管理者要充分尊重与信任教职工参与管理的热情和能力，鼓励广大教职工根据自己的见解为幼儿园的发展或工作出谋划策，园长广开言路，集思广益，随时听取他们的意见和建议。"[①] 第一，建立教职工大会、教职工代表大会或其他教职工交流组织，使教职工有参与讨论幼儿园工作的有效途径，并鼓励教职工积极参与组织活动。第二，管理者要善于集中教职工的不同意见和建议。第三，防止主观武断，防止"一言堂"的官僚作风。第四，要避免偏听偏信、毫无主见、随意迁就等倾向，防止片面强调民主和无政府主义的极端倾向。只有围绕幼儿园的双重目标，依靠全体教职工，调动他们参与管理的积极性，不断听取和采纳他们的合理化意见和建议，才有可能不断提高管理效能，充分发挥幼儿园的组织职能。

（三）提供教职工参与管理的保障

在幼儿园管理中，要坚持民主性原则，需要有相应的条件或制度作为保障。因此，幼儿园管理者要为教职工参与管理创造条件，使他们参与管理能从意向动机转化为实际行动。第一，健全教职工民主监督制度。完善教职工大会、教职工代表大会、工会制度。第二，保障教职工享有知情权、评议权、监督权，实行园务公开的制度。第三，管理工作要坚持群众路线，可以通过多种形式鼓励教职工出主意、提建议。例如，采用召开小型会议、设立意见箱等形式鼓励教职工参与管理工作。

五、有效性原则

有效性原则是指幼儿园管理工作围绕既定的目标，管理者充分发挥管理的职能，通过各种管理措施，合理组织和利用幼儿园的人、财、物等资源，使幼儿园获得最大限度的经济效益和社会效益。幼儿园管理坚持有效性原则应注意以下实践要求：

（一）树立正确的质量效益观

幼儿园的"育人"成果是衡量其质量效益的根本标准。幼儿园作为教育机构，应该以"育人"为根本目的，要树立正确的儿童发展观、教育质量观，关注社会发展对未来人才规格的要求。幼儿园育人的数量与质量是衡量其效益的根本标准，而不仅仅是经济效益。幼儿园要树立社会效益与经济效益统一的观念，在管理工作中，把"多快"与"好省"结合起来，做任何管理工作都要讲究效率、效果和效益。幼儿园要在保证社会效益的前提下，勤俭办园，开源节流，努力实现社会效益与经济效益的统一。

---

① 刘苏. 现代幼儿园管理：理论与实践［M］. 天津：天津社会科学院出版社，2003：47-48.

（二）完善管理机制与制度

规范高效的管理机制和制度是管理质量的保障。幼儿园完善管理机制与制度应做到以下几点：第一，建立合理的组织机构，科学设置管理层级，明确各部门和层级的管理职责，提高管理机构的整体性。第二，明确幼儿园的目标任务，加强幼儿园工作的计划性，避免盲目性和随意性，提高组织管理的自觉性。第三，建立健全各层级的管理制度，形成完整、高效的制度网络，将园内各类工作有机联系起来，保证具体工作有章可循，提高组织管理的规范性，如建立岗位责任制等。第四，合理利用管理机制和制度，科学安排保教活动，提高管理工作的有效性。

（三）追求办园效益最优化

幼儿园为了更好地生存和发展，必然要追求办园效益的最优化，尽量以最少的成本投入获取尽可能多的收益。追求办园效益最优化需要注意以下几点：第一，管理者要优化经营意识。在日常管理中，管理者要有科学经营、增收节支的意识，进行办园成本核算，重视经费等资源的消耗与办园效益之间的关系，考虑如何在保证社会效益的前提下获得最优经济效益等问题。第二，知人善任，人尽其才。科学运用激励机制，坚持扬长避短的用人理念，最大限度地发挥教职工的才能与智慧。第三，充分利用幼儿园财物资源。幼儿园管理者要分析幼儿园财物等资源的拥有情况，在工作中合理配置，做到物尽其用，提高经费和物资的有效利用率。第四，合理统筹工作时间和信息。幼儿园管理者要善于分析各类工作的轻重缓急，安排具体工作时要考虑不同工作的次序，协调好各项工作之间的关系，做到统筹兼顾，提高工作的整体效率。同时，在幼儿园管理工作中，还要加强各部门之间的沟通，建立畅通的信息交流渠道，为各部门与教职工提供信息服务，保证重要的信息能够被及时传递与反馈，有利于管理者做出正确的决策。

以上五条原则是幼儿园管理应遵循的基本原则，它们是密切联系、相互制约、不可分割的整体。幼儿园管理者要不断深化对这五条原则的认识和理解，在实际的管理工作中综合运用，不断提高管理的科学性和有效性。

第三节 幼儿园管理过程

管理作为客观存在的现象，是一个不断发展变化的过程，有自身发展的科学规律，表现出动态性和阶段性的特点。管理过程可以被分解为相对稳定的几个步骤或环节，每个环节各有其特点。把握管理过程理论能提高管理工作的自觉性。

☞【视频】管理
过程理论

一、管理过程理论

（一）管理过程的概念

管理过程是指为实现预定的管理目标，管理者组织全员按计划、有步骤地进行的共同活动的程序。[①] 管理者要追求管理过程的科学有效，必须要学会运用管理过程的相关理论，遵循管理过程的规律，科学地组织管理活动。

（二）"戴明环"理论

在管理学中，"戴明环"理论是具有代表性的管理过程理论。"戴明环"理论由美国著名质量管理专家、统计学家、作家威廉·爱德华兹·戴明在 1950 年提出。

1. "戴明环"的概念

"戴明环"是戴明提出的一种管理过程理论。戴明主张任何管理过程都应该依次经历计划（plan）、执行（do）、检查（check）、处理（act）四个合乎逻辑的工作环节，四个工作环节形成了一个闭合的管理程序，即"戴明环"，也称为 PDCA 循环（图 2-1）。他认为这一管理程序能使任何一项管理活动有效地进行。

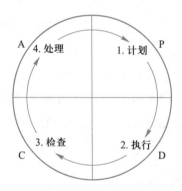

图 2-1　戴明环

2. "戴明环"的基本构成

"戴明环"由计划、执行、检查、处理四个工作环节构成。

（1）计划。计划是在确定目标的基础上，选择实现目标的途径、手段和方法，制订实施方案。计划贯穿管理活动的始终，是管理过程的起点和归宿。

（2）执行。执行指为实现预定目标而开展的所有活动和采取的所有措施，包括组织、指挥、协调、控制、激励等一系列活动。

（3）检查。检查是对照计划对执行阶段的活动和成果进行的诊断和总结，

---

① 张燕. 幼儿园管理［M］. 北京：人民教育出版社，2013：54.

肯定成绩，发现问题。[①]

（4）处理。检查之后，要对结果进行处理：肯定成功的经验，并予以标准化，制订作业指导书，便于以后工作时遵循；总结失败的教训，以免重蹈覆辙。对还没有解决的问题，要继续将其放在下一个"戴明环"中去解决，并提出改进措施以及对人员进行奖惩等。

3."戴明环"的运行规律

（1）稳固的顺序性。管理过程的四个工作环节之间是严格按照逻辑顺序排列的，各个工作环节的顺序是固定的，不能随意颠倒位置。

（2）周而复始，螺旋上升。强调整个管理过程是一个周而复始、螺旋上升的过程，表现为处理既是上一个管理周期的终结，又是下一个更高层次管理周期的开始。

（3）管理目标的导向性。管理目标是管理活动开展的根本准则和依据，无论什么工作环节，只有在明确目标的指引下，整个管理过程才有可能协调有序地运行。

（4）重视管理过程的监控。管理者重视监控整个管理过程的运行情况，管理严格按计划的程序进行，确保各项工作始终与目标要求保持一致。

"戴明环"理论作为一种较为成熟的管理过程理论，不仅为企业提供了经营管理的操作性运行程序，而且对幼儿园管理领域也产生了深远的影响。

二、幼儿园的管理过程

幼儿园的管理过程，是指管理者为了实现幼儿园工作目标所进行的有计划、有步骤的活动过程。该过程由计划、执行、检查、处理四个工作环节共同构成，是一个循环的、动态的过程。

（一）计划

1. 制订计划的意义

周密可行的计划是保证幼儿园各项工作顺利开展的前提。计划既是幼儿园管理过程的起点，也是执行、检查和处理三个工作环节实施的依据。制订合理的计划，可以有效避免管理的盲目性、片面性和随意性等问题，使各项工作有序开展。因此，在幼儿园的管理过程中，首先要求制订好计划，并对各项具体工作进行合理安排。

2. 幼儿园计划的类型

幼儿园的计划可以按照不同标准分为多种类型。从工作时间角度看，可以分为长期计划、中期计划和短期计划；从工作范围角度看，可以分为全园计划、部

---

① 王普华. 幼儿园管理 [M]. 北京：高等教育出版社，2005：47.

门计划和个人计划；从工作性质角度看，可以分为常规计划和专项计划。每种类型的计划都有其独特的作用，不同的计划相互联系、相互补充，纵横交错地构成复杂的幼儿园计划体系。

3. 制订计划的准则

计划制订除了要符合全面系统、周密严谨、明确具体等基本要求外，还要注意以下准则：

（1）坚持正确的办园方向。计划制订应当坚持幼儿园管理的方向性原则，贯彻党和国家的教育方针，坚持促进幼儿德、智、体、美、劳全面和谐发展的培养目标，坚持保教结合的基本原则。计划应当有利于完成幼儿园保教幼儿和服务家长的双重任务。坚持正确的办园方向是制订幼儿园工作计划最基本的要求。

（2）发扬民主作风。计划制订需要采取民主程序，进行广泛的调查研究，鼓励教职工参与。这样制订的计划更加具有科学性，计划在执行中也会更加容易被理解和接受。

（3）符合幼儿园现实情况。计划制订要考虑幼儿园管理的实际需要，依据幼儿园人、财、物等资源条件的现实状况，保证制订的计划具有较高的可操作性和现实可行性。

（4）规范计划制订的程序。计划制订要在坚持民主性原则的基础上，按照计划制订的基本步骤来进行：第一，调查分析，预测环境；第二，确立目标；第三，拟定备选方案；第四，选择方案；第五，制订派生计划等。

（5）内容表述规范简明。计划的表述应当简明扼要、主次分明、便于操作。计划一般包括背景分析、计划目标、工作内容、方法步骤、时间安排、保障条件等内容。

（二）执行

1. 执行计划的意义

执行是"戴明环"的第二个环节，是管理过程的中心环节，也是实施时间最长、最复杂的一个环节。执行是将计划变为行动，将设想化为现实的管理活动。一项优秀的计划最终能否对幼儿园的管理过程发挥作用，唯有通过执行该计划才能检验其指导价值。没有执行，再好的计划都是"纸上谈兵"。只有通过实际行动执行计划，才能实现既定的组织目标。因此，衡量一个组织的工作情况，不能只看计划制订得如何，而应该考察其计划执行的情况。

2. 执行计划的过程

从管理活动的职能看，执行计划的过程主要包括组织协调、指导激励等。

（1）组织协调

第一，健全组织机构，发挥组织作用。组织机构是所有组织计划实施的基本平台。幼儿园的组织制度明确了幼儿园的组织结构系统，以及部门、岗位的职责，明确了幼儿园所有工作人员的责权利关系。在管理过程中应当重视组织的作用，将责任明确到人，要求教职工按照组织制度严格要求自己，在各自的岗位上恪尽职守，同时注意不同岗位之间的协同配合。只有健全组织机构，充分发挥组织的职能作用，计划的有效执行才具有基本的前提。

第二，合理分配资源，协调各种关系。合理的幼儿园资源分配是计划顺利执行的保障。幼儿园的资源主要是指人力、物力、财力等。任何计划的执行都需要一定的资源，而任何幼儿园的资源都是有限的。这就需要对有限的资源进行合理的分配，使有限的资源发挥最大的效益，避免分配不公和资源浪费现象；重视协调工作，及时解决执行中的矛盾。幼儿园的各项工作虽然都经过预先的计划和安排，但是由于各部门和各岗位人员的任务、利益、环境不同，每个人的认识水平、性格、能力等不同，再加上一些非正式组织的影响，在计划执行中出现矛盾冲突在所难免，导致工作效率下降，甚至导致组织目标无法实现。因此，管理者在计划执行的过程中，要高度重视协调工作，发现矛盾及时解决，把内耗降到最低的程度。要做好协调工作，管理者应当具有全局意识、民主作风、良好的沟通能力和人格魅力，处事灵活而公平。

（2）指导激励

指导是保证计划有效执行的基本手段。计划制订以后，计划的执行人员不一定都能全面深刻地理解计划，计划执行中的现实情况经常较为复杂，常常会出现许多新的问题，遇到许多意想不到的困难，这些都会影响计划的顺利实施。管理者在计划执行阶段应该深入实际调查研究，全面深刻地了解和把握计划的实际执行情况，对各个岗位和各类人员的工作给予指导，帮助计划执行人员进一步明确工作目标，不断改进工作方法，必要的时候在资源方面给予适当的支援，保证计划顺利执行。在计划执行阶段，管理者还应当激励教职工，改善教职工的工作条件和生活条件，对家庭困难的教职工予以适当的帮助；对重视创新、成果显著的集体或个人及时给予表扬和奖励；丰富幼儿园的文化生活，加强思想工作，营造和谐合作的人际关系氛围，增强组织成员的责任感和使命感，激发和调动全体教职工工作的积极性、主动性和创造性。

3. 执行计划的准则

（1）重视计划执行的严肃性。计划一经制订并公布于众，就必须坚决执行，不允许任何人、任何部门无视计划的基本要求任意行事。否则，计划的严肃性将受到威胁，导致计划指导作用的丧失。

（2）注意计划执行的整体性。在计划执行过程中，管理者要立足全局，全面统筹、合理协调全园的各项工作，避免陷入某项具体事务工作之中。这就需要管理者注意构建幼儿园整体性的计划体系，通过计划体系将全园各项工作全面组

☞【案例】幼儿
园迎评准备工作

织和协调起来。比如，建立系统的时间序列计划：学期工作计划—月工作计划—周工作计划—日工作计划等。同时，建立系统的空间序列计划：全园工作计划—部门工作计划—班组工作计划—个人工作计划等。各项计划的制订要注意相互照应，执行时注意计划之间的协调与配合。管理者应该特别注意加强自身工作的计划性和有效性，有条不紊地开展工作。比如，确立学年或学期工作重点，建立月工作计划表、周全园工作日程表、园务日志记录表等，保证将每项工作落到实处。

（3）把握计划执行的灵活性。管理者在具体管理过程中，要根据具体工作的变化，及时而灵活地对拟定好的计划进行适当的修改、补充与调整，保障计划的科学性和可行性。无论是管理者还是执行者，都有责任及时发现问题，共同协商，完善计划。需要注意的是，计划的修订需要通过一定的组织程序，符合组织制度的要求，避免随意改变计划，影响全局性的工作。

（4）提高计划执行的协作性。计划的有效执行需要幼儿园各个部门的协同配合。管理者应当尊重和重视幼儿园各部门在计划执行中的地位和作用，适度放权，注意营造互相支持、互相配合、和谐协作的工作氛围，充分调动各方面的积极性，注意发挥幼儿园各部门、班组的作用，发挥党、团、工会等非行政组织的作用，形成执行计划的合力，确保幼儿园计划的顺利实施和幼儿园工作目标的充分实现。

（三）检查

1. 检查的意义

检查是管理过程中不可或缺的重要环节。通过检查，管理者可以及时把握计划执行的情况；检查可以为评价和总结工作提供基本的信息；检查对教职工的工作能起到督促和指导作用；通过检查所获得的信息，可以验证计划的科学性和可行性，便于对计划及时进行调整和优化。

2. 检查的分类

按照不同的分类标准，检查可以有以下几种划分[①]：根据检查内容的不同，可以将检查分为专题性检查和全面性检查；根据检查时间的不同，可以将检查分为定期检查和不定期检查；根据检查主体的不同，可以将检查分为他检、自检和互检。每种类型的检查都有其独特的作用，在管理实践中管理者应根据需要综合而灵活地使用。

3. 执行检查的准则

（1）明确检查的目的。检查不仅仅是为奖惩，更重要的是通过检查发现问题，并及时解决。

（2）检查评价的工具科学化。检查要以计划规定的要求为标准和尺度，应

---

① 王普华. 幼儿园管理 [M]. 北京：高等教育出版社，2005：50-54.

特别注意检查依据或标准的系统性和可操作性。防止检查评价标准片面化，或标准过于烦琐，缺乏可操作性。

（3）检查形式应该多样化。管理者可以综合运用实地观察，听取汇报，召开会议，查阅会议记录、活动方案、工作笔记等资料的形式，获取足够的信息资料。可以将多种类型的检查相结合，尤其要重视教职工的互检和自检，培养他们自主管理的能力。

（4）坚持实事求是。在检查计划执行情况时，管理者务必秉持求真务实、公平公正的工作态度，避免"蜻蜓点水"或断章取义的形式主义，避免以个人好恶标准代替科学的标准。检查过程中获得的信息应当全面、准确、可靠、及时和有效。

（5）将结果的检查与过程的检查相结合，全面了解工作的实际情况，深入分析工作的经验和教训。

（6）检查与指导紧密结合。检查的目的在于发现问题和解决问题，管理者要对检查中出现问题的个人或组织给予及时而有效的指导。指导工作要避免官僚作风，指导要有较强的针对性，根据实际情况采取不同的指导方式。

【案例】针对性的指导

（四）处理

处理是"戴明环"的最后一个工作环节。这一环节既是旧的管理过程的终结，也是新的管理过程的开端。

1. 处理的意义

处理在幼儿园管理过程中起着承上启下的作用，保证幼儿园管理过程的完整性和连续性；处理环节为制订后续管理新计划提供重要依据；处理环节有利于管理者和教职工总结工作经验，不断提高专业水平。

2. 处理的类型

按照不同的分类标准，处理可以有以下几种划分：以时间为标准，可以分为日、周、月、学期、学年管理工作的处理；以内容为标准，可以分为专题性工作处理和全园性工作处理；以主体为标准，可以分为全园、部门和个人处理。

3. 执行处理的准则

（1）以计划及预期目标为处理的依据。

（2）以检查为处理实施的基础。

（3）重视理论总结与实践指导。

（4）动员全体教职工参与。

上述计划、执行、检查、处理四个工作环节构成了幼儿园完整的管理过程，这四个工作环节在幼儿园管理活动中，是互相联系、互相制约的统一体，虽然有着不同的作用和影响，但只有在整体中才能充分发挥它们的管理作用，才能对幼儿园工作实施有效的管理。

如何使用"戴明环"理论改善个人在专业学习中的不足？

第四节　幼儿园的目标管理

目标管理作为一种新的管理方法，在各领域的管理中都得到了广泛的应用。在幼儿园管理的实践中也经常会用到目标管理。

一、目标与目标管理的内涵

（一）目标的内涵与基本特征

1. 目标的内涵

目标是指某一个体、组织、群体在一定时期内通过实施各种活动想要实现的预期结果。包括结果实现的程度、标准或状态。目标既可以是物质形态的目标，也可以是观念形态的目标。

2. 目标的基本特性

（1）层次性。总目标可以被分解为不同层次的小目标，这些小目标有序排列形成层次结构。

（2）网络性。被分解的各个具体目标之间不仅是层级关系，而且各目标构成了一个相互影响、上下贯通、彼此融会的网络，通过各种具体的活动，各类目标之间相互联系、相互促进，使总目标得以实现。

（3）多样性。个体需求与实践活动的多样性决定了目标的多样性，在由各级各类具体目标构成的网络中，目标之间有主要和次要之分、重点和一般之分。

（4）时间性。任何目标的达成都有时间限制，只不过有时是弹性要求，有时是刚性要求。

（5）可考核性。目标有定量目标和定性目标。不管是定量目标还是定性目标，确立的目标应当可以通过一定的手段来考核。模棱两可、无法考核的目标不能起到目标导向作用。

（二）目标管理的内涵及发展历史

1. 目标管理的内涵

目标管理是以目标为中心进行管理活动的一种现代管理方法。目标管理的具体形式多种多样，但基本内容都是一样的。我们认为，目标管理是管理者围绕组织与个人制订目标、实施目标、评估目标、更新目标所展开的一系列管理活动。其内容是动员全体员工参与目标的制订并保证目标的完成；其目的是通过目标激励，最大限度地调动员工的积极性；其核心是注重工作成果和成果评价，强调"自我控制"；其标志是"组织目标与个人目标融为一体"；其特点是以"目标"作为各项管理活动的指南，并以实现目标的绩效评价其贡献大小。[①]

2. 目标管理的发展历史

1954年，美国著名管理学家、"现代管理学之父"彼得·德鲁克提出了目标管理的思想。他在《管理的实践》一书中第一次提出了"目标管理和自我控制"的主张，认为"企业的目的和任务必须转化为目标"，如果某个领域没有目标，那个领域将会被忽视；不是先有工作后有目标，而是先有目标后有工作，管理者应当通过对目标的管理来动员和协调全体人员的行动，实现组织的目标。德鲁克的目标管理思想，后来又经管理学家施莱和孔茨等人的完善和具体化，成为具有实效的管理方法，广泛运用于企业管理、行政管理、军事管理等领域，同时也被引进了教育管理领域。

实践证明，这种管理方法在管理实践中是富有成效的，尤其有利于实现管理对象的自我控制和自主管理。但这种管理方法也存在重目标而轻过程的问题，对过程的指导相对较弱。

二、幼儿园目标管理的作用

幼儿园目标管理是运用目标管理的思想和方法进行的幼儿园管理活动。实施幼儿园目标管理具有以下作用：

（一）导向作用

明确的目标能够引导实践行动指向特定的方向。目标的明确度与管理的成效成正比，即目标方向×工作效率＝管理效能。幼儿园实施目标管理，有助于提高管理者全面贯彻党和国家教育方针的自觉性，坚持全面和谐发展的幼儿园培养目标，有助于管理者摆脱官僚主义作风，站在全局的高度审视幼儿园的工作，通过目标管理引导全体教职工自主管理，自觉协同，共同实现幼儿园的总目标。

（二）凝聚作用

组织的共同目标对组织人群具有凝聚作用。成功地运用目标管理的思想和方法，明确幼儿园的总目标和各级分目标，将幼儿园的目标与全体教职工的个人目标高度融合，能够极大地激发全体教职工的工作热情，调动其工作的积极性、主动性和创造性，群策群力为实现幼儿园工作目标而努力。

（三）动力作用

目标具有动力的作用。人的任何有意识的行为都是有目的的。人如果没有了目标就没有了行动的基本动力。就幼儿园管理而言，科学可行、明晰正确、广泛

---

① 张燕，邢利娅. 幼儿园组织与管理［M］. 北京：北京师范大学出版社，2002：112.

认同的幼儿园工作目标是一种强大的内在驱动力，对全体教职工的具体行动具有引发和推动的作用，能够促进全体教职工为实现共同的目标而努力。

（四）激励作用

明确可行且富有吸引力和挑战性的目标具有激励作用。幼儿园工作目标如果能把幼儿园的利益与个人的利益恰当结合，把目标的可行性与挑战性恰当结合，那么这样的工作目标就会对全体教职工具有吸引力，同时也会对全体教职工起到激励的作用。全体教职工为实现目标积极进取，在实现目标的过程中其自我价值不断得到实现，并促使教职工主动寻求新的、更高的起点，激励教职工朝着确定的目标更加积极努力地工作。

（五）评价作用

目标是评价幼儿园工作的基本标准。幼儿园的整体工作和各岗位的工作成效如何，需要用幼儿园的总体目标和各个岗位的分目标来衡量，达成度越高则工作越有成效。依据既定目标进行评价，可使园领导在评价中减少主观性，增强客观性和公正性，同时也可增强全体教职工自我评价与自我控制的意识。

三、幼儿园的目标及目标确立

（一）幼儿园总目标的结构

【视频】幼儿园的目标及目标确立

幼儿园总目标的结构是由幼儿园的性质、职能决定的。幼儿园工作主要包括教育工作和管理工作两大类，两类工作的目标就是教育目标和管理目标，统称为幼儿园工作目标。

1. 幼儿园教育目标

幼儿园教育目标是教育目的在幼儿园教育阶段的具体化，是幼儿园培养幼儿的规格和要求，它决定着要把幼儿培养成什么样的人，即教育对象的质量标准。《幼儿园工作规程》第一章第三条以"任务"的形式对我国学前教育的培养目标进行了概括性的表达"遵循幼儿身心发展特点和规律，实施德、智、体、美等方面全面发展的教育，促进幼儿身心和谐发展"，将目标作为任务的指向包含到任务中，把侧重点放在了目标的实现上。第一章第五条提出了幼儿园体、智、德、美各方面教育的具体目标，对幼儿园教育目标的内容进行了较详细的规定，体现了国家、社会对新生一代培养的总要求。幼儿园应根据学前教育的总目标，结合本园实际情况，确立本园的教育总目标，然后将幼儿园的教育总目标按照目标管理的方法层层分解，具体化为各层次的可操作性目标。比如，大、中、小年龄班的目标，学期教育目标，月、周、日教育目标，再具体到每个活动的教育目标。通过各层次分目标的实现，最终实现学前教育的总目标。

2. 幼儿园管理目标

幼儿园管理目标是指把幼儿园办成什么样的规格和水平的管理要求和标准。

幼儿园设置与存在的根本价值，就在于通过幼儿园教育为社会发展和幼儿发展服务。幼儿园的管理活动是从幼儿园教育活动中分化出来的相对独立的活动。良好的幼儿园管理对幼儿园教育目标的实现能起到保障和加速作用，幼儿园管理的根本目的就是促使幼儿园更加优质高效地实现其教育目标，为幼儿健康快乐地成长服务，为家长服务。幼儿园通过建立相应的管理机构，制订规章制度，明确工作人员岗位职责，开展保教、总务、安全、卫生等业务管理活动，改善办园条件，开展教科研及改革活动，开展评估活动等，来保证幼儿园教育活动的顺利开展，保证幼儿园教育目标能够优质高效地实现。

3. 教育目标与管理目标的关系

教育目标是管理目标确定的依据，而管理目标又是教育目标实现的保证，两者是辩证统一、相互影响的关系。幼儿园工作总目标既包括幼儿园教育目标，又包括幼儿园管理目标。确立幼儿园工作总目标，应该在正确的办园指导思想引领下，将管理目标与教育目标恰当整合，充分发挥幼儿园管理的保障作用，又好又快地实现幼儿园教育目标。

（二）确立幼儿园管理目标的依据及要求

1. 幼儿园管理目标确立的依据

（1）理论政策。科学理论和反映党和国家要求、社会需求的政策，是幼儿园管理目标确立的重要依据。对幼儿园管理领域产生指导作用的科学理论主要包括哲学理论、管理理论、教育理论、学前教育改革和研究动态等；政策依据主要有党和国家的有关方针政策，各级地方政府相关管理政策、要求、指示等。重视这些依据可以确保幼儿园管理目标的科学性和方向性。

（2）社会环境。社会环境主要指幼儿园所在地区的社会状况，具体包括所在地区的政治、经济、文化、社会、科技、教育、环境等方面。幼儿园在确立管理目标时，必须要对各方面的社会环境进行分析和预测，主要包括了解当前社会环境对学前教育的影响，了解社会特别是本地区发展对幼儿成长的要求，了解幼儿园所在社区人口结构及发展趋势，了解国家教育发展趋势及其对幼儿园发展的影响等内容。

（3）本园情况。幼儿园自身的主客观条件，也是管理者确立管理目标的重要依据。幼儿园的主观条件是指管理者及教职工的素质状况，具体体现为相关人员的知识水平、心理素质、领导能力，以及幼儿园的凝聚力、环境氛围等；客观条件包括幼儿园的人、财、物等条件状况，现有的工作基础、发展现状等。只有符合幼儿园实际情况和需要的幼儿园管理目标，才真正富有实际操作性和可行性。

☞【案例】未雨绸缪谋发展

总之，幼儿园管理目标的确立需要考虑理论政策、社会环境和幼儿园自身的情况，只有这样才能够全面了解幼儿园的内外环境，在此基础上分析幼儿园的优势与劣势，机遇与挑战，确立科学合理、切实可行的目标。

2. 幼儿园管理目标确立的要求

（1）实事求是，从实际出发。管理者应尊重幼儿园所处的历史和现实条件，按照当前社会发展趋势对学前教育的客观需求确立管理目标，避免从个体主观愿望和意志出发确立管理目标的错误做法。在确立管理目标时，首先管理者要全面系统地了解幼儿园的实际情况，了解幼儿园所处的社会环境，掌握确立管理目标所需要的客观性、整体性信息；其次管理者要对这些情况进行客观的、实事求是的分析；最后在立足事实的基础上，管理者将发展目标与现实需求密切结合，确立具有先进性、可行性、操作性的管理目标。

（2）因地制宜，体现办园特色。办园特色对幼儿园的生存发展具有十分重要的意义，它是幼儿园赖以生存和发展的重要条件之一。因此，确立管理目标要因地制宜、富有独创性，把国家及社会对幼儿园的现实需求与本园的实际情况相结合，制订既能体现办园特色，又能满足社会发展需求和幼儿发展需求的管理目标。

四、幼儿园目标管理过程

幼儿园目标管理过程与一般管理过程大致相同，包括幼儿园目标管理的计划阶段、执行阶段、检查总结阶段。

（一）计划阶段

计划阶段包括确定目标和分解目标两个环节，通过论证决策、层级分解和定责授权三项活动完成计划。

1. 论证决策，确立目标

论证决策是指选择目标的活动，包括明确上级任务、调查研究、分析比较、预测未来等一系列目标论证决策活动。它要求目标方向正确、内容具体明确，是目标管理的关键一步。幼儿园发展的总体战略目标具有一定的方向性，起着提升教职工工作积极性的作用，在管理工作中，管理者要将这种战略目标进一步具体化、可操作化，提出年度主要的工作计划和安排。

教育的迟效性决定了教育过程持续时间较长。幼儿园的保教活动就是促进幼儿德、智、体、美、劳全面和谐发展的教育过程。因此，幼儿园需要通过详细科学的论证，制订长期发展规划，确立长期发展目标，从幼儿园整体和长远发展的视角，统筹兼顾、长短结合地安排全园的各项工作，切实保证幼儿园各类管理目标和教育目标的实现。

2. 层级分解，形成目标体系

在确立幼儿园总目标的前提下，为了确保总目标的实现，还需要对目标进行逐级分解，使其转化为各方面较具体的、可操作的和便于检验的部门目标与成员个人目标。这样就构成了一个层级分明、完整有序的目标体系（图2-2），最终使目标落实到组织中每个成员身上，明确个人在完成总目标中应担负的责任和具体的工作任务。

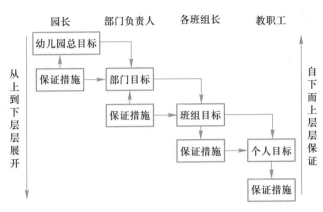

图 2-2　目标体系图

该目标体系要求分目标要与总目标方向一致，内容上下贯通；同一层次的分目标在内容和时间上要协调、平衡；各分目标应简明扼要，有具体的目标值（定性或定量）和完成的时限。

3. 定责授权，权责明确

在幼儿园管理目标体系建立后，管理者还需要实行定责授权，在任务明确的基础上，建立目标责任体系，使全体教职工都明确自己的工作内容、应承担的责任、应享有的权利。同时，管理者还需要明确各部门的责任范围、具体任务、数量质量要求等指标。

（二）执行阶段

这一阶段主要包括目标的咨询指导、检查控制、调节平衡三项工作。

1. 咨询指导

在执行阶段目标管理主要通过咨询指导来推动工作的开展，咨询指导是目标管理中具有特色的管理行为。在幼儿园管理中，目标管理很少对具体的工作发布命令，而是通过咨询指导，出主意想办法，必要的时候提供人、财、物、技术、信息等方面的支援，指导或帮助教职工解决实现目标过程中所出现的问题。

2. 检查控制

检查不仅包括管理者对教职工具体工作进行的检查，还包括教职工应有权益享有情况的检查。控制是通过检查及时反馈信息，纠正出现偏差的管理行为。幼儿园目标管理的控制应重视培养教职工的自我控制意识，管理者要多重视对幼儿园生存发展等关键工作的控制，避免事无巨细地干涉各项工作。

3. 调节平衡

调节平衡是在幼儿园目标管理实施过程中，对预定目标的进度和各项管理要素的组织和协调工作，有意识地协调可以提高管理计划的均衡性，确保幼儿园总目标的实现。

（三）检查总结阶段

1. 考评成果

按照目标管理方案中的目标要求，对工作目标的达成情况进行评价。

2. 实施奖惩

按照目标成果和奖惩制度，依照奖优罚劣的原则对承担目标责任的集体或个人实施奖励或处罚，以达到激励的目的。

3. 总结经验

总结目标实施过程中取得的成果和经验，找出存在的主要问题，为今后的工作提供经验参考，为下一阶段新目标的确立提供基础性依据。

以上各个阶段的工作是连续的、不可分割的，形成相互影响、相互依赖、完整的目标管理过程。实施目标管理应当重视管理过程的连续性和整体性。

【理解·反思·探究】

1. 你怎样理解幼儿园管理的概念和本质？
2. 幼儿园管理包括哪些内容？
3. 幼儿园管理有哪些基本原则？
4. 简述"戴明环"管理过程理论。
5. 怎样确立幼儿园的管理目标？

【实践训练】

☞【案例】在分班上引入竞争机制

1. 扫描二维码，阅读案例"在分班上引入竞争机制"。试分析案例中体现出的管理原则，并说明其作用。

2. 案例：某幼儿园新入职了两位男教师，他们的加入为该园师资队伍增添了新气象。园长招聘时曾承诺：两位男教师只要能做到学期末考核成绩为合格，就能获得每年涨工资 150 元的奖励。如今这两位男教师已在该园工作 5 年了，每年工资比同期招聘的女教师的工资多了 750 元，所以同时参加工作的几位女教师就提出质疑：大家都是同时参加工作的，凭什么男教师的工资要比女教师的高？

试运用本章所学内容回答以下问题：

（1）园长的做法是否妥当？

（2）园长应该采用什么方法留住男教师？

第三章　　　　幼儿园管理体制

【学习目标】

知识目标：

- 理解幼儿园管理体制和领导体制的基本概念。
- 深刻理解党组织领导的园长负责制的内涵与结构。
- 理解幼儿园组织机构设置的内涵、意义以及设置原则和依据。
- 理解幼儿园规章制度的内涵，把握制订幼儿园规章制度的原则。

能力目标：

- 能对园长工作职责进行分析和评价。
- 具备初步的幼儿园组织机构设计能力。
- 能拟定幼儿园规章制度。
- 具备初步的幼儿园规章制度执行能力。

【案例导入】

　　某幼儿园园长认为，法是治园的基础，在依法治园的过程中，应注意以下几点：其一，园长牢固树立依法治园的观念。其二，注重教育法制的宣传。其三，加强规章制度的建设。其四，要以身作则，率先垂范。其五，要赏罚分明，照章办事，不能任人唯亲、因人而异，更不能随心所欲、专横跋扈。①

　　你如何评价该园长的观点？

第一节　幼儿园管理体制概述

☞【拓展阅读】
管理体制和领导体制

　　什么是管理体制？管理体制和领导体制之间的关系是什么？我国幼儿园采取什么样的领导体制？这些问题是本节要讨论的主要问题。

一、幼儿园管理体制和领导体制

　　幼儿园管理体制是指幼儿园管理系统的机构设置、职责权限及隶属关系、组织制度等多方面综合的结构体系。管理体制对幼儿园管理来说是具有决定性意义的根本性制度，对办园方向和幼儿园工作具有直接的、全局性的影响。② 为加强对幼儿园的领导和管理，国家先后颁布了《幼儿园管理条例》和《幼儿园工作规程》等一系列法规文件，使幼儿园的管理工作逐步走上了科学化、制度化的轨道。幼儿园管理体制的核心是幼儿园的领导体制。

☞【拓展阅读】
《关于建立中小学校党组织领导的校长负责制的意见（试行）》

　　幼儿园领导体制是幼儿园领导机构体系和有关规章制度体系的综合，其核心内容是对幼儿园组织系统内的领导机构、领导权限、领导关系及领导活动方式用制度化的形式进行的规范。幼儿园领导体制是决定幼儿园工作由谁决策、由谁指挥的根本性的组织制度，规定着幼儿园领导者的产生、职责、权限、地位和隶属关系，对幼儿园管理具有决定性意义。

二、党组织领导的园长负责制

☞【拓展阅读】
学前教育行政管理体制

　　为了进一步加强党对基础教育的领导，2022年1月，中共中央办公厅印发了《关于建立中小学校党组织领导的校长负责制的意见（试行）》，要求公办幼儿园参照执行。党组织领导的园长负责制是我国公办幼儿园基本的领导体制。民办幼儿园党的工作按照有关规定执行。

（一）全面理解园长负责制

　　1989年，国家教育委员会颁布的《幼儿园管理条例》第二十三条规定："幼

---

① 郭彩芬. 治园方略探析 [C]. 上海：中国首届幼儿园园长大会，2006.
② 张燕. 学前教育管理学 [M]. 北京：北京师范大学出版社，2009：102.

儿园园长负责幼儿园的工作。"1996 年正式颁布的《幼儿园工作规程》第九章第五十二条明确提出："幼儿园实行园长负责制。园长在举办者和教育行政部门领导下，依据本规程负责领导全园工作。"2016 年修订的《幼儿园工作规程》第五十六条再次确认："幼儿园实行园长负责制。"根据《关于建立中小学校党组织领导的校长负责制的意见（试行）》，公办幼儿园应参照施行"党组织领导的园长负责制"。这是新时期幼儿园领导体制的重大变革。2016 年，中共中央办公厅印发《关于加强民办学校党的建设工作的意见（试行）》，要求高度重视民办幼儿园党的建设，根据学前教育特点，落实民办学校党建工作的要求。党组织领导的园长负责制是指幼儿园在上级宏观领导下，以党组织全面领导为核心，同园长全面负责、教职工民主管理有机结合，为实现幼儿园工作目标，充分发挥领导职能的"三位一体"的幼儿园领导体制。作为一个结构概念，党组织领导的园长负责制反映幼儿园内部领导关系的结构方式，是个人负责与各方面制约关系的统一，具体可以从以下三个方面来理解：

1. 幼儿园党组织全面领导幼儿园工作

幼儿园党组织履行把方向、管大局、作决策、抓班子、带队伍、保落实的领导职能。党组织领导的园长负责制的实行，有利于加强党的领导，充分发挥政治核心作用。幼儿园建立党组织会议制度、党政联席会议制度，建立健全党组织统一领导，党政分工合作、协调运行的工作机制，保证园长依法依规行使职权。

2. 园长对幼儿园工作全面负责

园长作为幼儿园的法人代表，对外代表幼儿园，对内统一指挥和管理幼儿园工作，对上级承担起幼儿园管理的相应责任。园长应遵循有关法规，服从上级教育行政部门和直接隶属行政部门的领导，接受幼儿园党组织的领导和教职工大会或教职工代表大会的监督，充分调动全园教职工的积极性，努力办好幼儿园。

3. 教职工民主参与管理

党组织领导的园长负责制是一种民主集中制的管理制度。《幼儿园工作规程》规定："幼儿园应当建立教职工大会制度或者教职工代表大会制度，依法加强民主管理和监督。""幼儿园应当建立园务委员会。园务委员会由园长、副园长、党组织负责人和保教、卫生保健、财会等方面工作人员的代表以及幼儿家长的代表组成。园长任园务委员会主任。"幼儿园通过建立教职工代表大会制度和园务委员会等，形成了相应的民主管理和监督机制。教职工代表大会和园务委员会是广大教职工对幼儿园工作进行民主管理和民主监督的组织形式，确立了教职工作为幼儿园工作主体的主人翁地位，这既是社会主义制度性质的体现，同时也是现代管理所要求的，全员参与管理，集思广益，群策群力，提高管理水平。

（1）教职工大会或教职工代表大会可以建立定期会议制度，其主要职责是维护教职工民主管理的权益。教职工代表大会的职责及工作内容具体包括：第一，听取园长的工作报告，审议办园方针、发展规划、教育改革方案、管理制度以及经费使用等有关幼儿园建设和改革的重大问题，提出意见和建议；第二，团结教育广大教职工，支持园领导正确行使职权；第三，关心教职工生活，决定有关教职工生活福利的重要事项，维护其权益；第四，监督评议园长和其他管理人员的工作和业绩。

（2）园务委员会是园长决策的咨询审议机构。园长定期召开园务会议，遇重大问题可临时召集，对规章制度的建立、修改、废除，全园工作计划，工作总结，人员奖惩，财务预算和决算方案，以及其他涉及全园工作的重要问题进行审议，从而提高决策的科学性，避免失误。园务委员会要建立定期或不定期召开会议的工作制度，由园长主持园务会议。不设园务委员会的幼儿园，上述重大事项由园长召集全体教职工商议。

☞【拓展阅读】
扮好园长的"导演"角色

（二）切实落实党组织领导的园长负责制

党组织领导的园长负责制是我国幼儿园领导体制的改革和完善，需要在以往经验的基础上不断实践，切实有效地落实。落实党组织领导的园长负责制需要完善以下条件：

1. 简政放权，自主办园

1985年，中共中央《关于教育体制改革的决定》的颁布，标志着我国教育体制的根本转型。从以前的计划式管理向"地方负责，分级管理"的自主式管理方向转变。上级行政管理部门需要转变思想，改变以往大包大揽，随意干涉，甚或代替园领导行使职能的作风，并积极创造条件，大胆放权。上级行政部门对园领导的职权要给予足够的尊重，让园领导对幼儿园的工作能够真正做到全面负责，使幼儿园真正成为独立的办园实体，面向社会自主办园。上级行政管理部门应该将工作重点放在对幼儿园进行有效的监督和指导，提供咨询和帮助上。

另外，幼儿园上级主管部门或举办者与幼儿园管理者之间的关系也需要处理好。幼儿园上级主管部门或举办者需要做好幼儿园领导的选拔任用工作，需要做好对幼儿园的服务和支持工作。当园领导被选定，领导班子建立起来之后，就应当放权给幼儿园，上级主管部门或举办者就不应过多干涉幼儿园的具体业务管理，并积极帮助幼儿园自主办园，主动发展。

2. 完善制度，强化督导

放权不等于放手。为了保证党组织领导的园长负责制发挥其应有的作用，教育行政部门和幼儿园上级主管部门需要完善相关制度，强化对幼儿园的监督和指导；需要制定科学完善的园领导选拔任用制度及幼儿园管理工作规范，制定对园领导工作及其履行职责的奖惩规则，对幼儿园的管理和保教质量进行科学的评价和督导。完善制度、强化督导是有效落实党组织领导的园长负责制的基本保障。

3. 选贤任能，重视培养

实行党组织领导的园长负责制，园领导的办园自主权得以扩大，同时对园领导的专业素质也提出了更高的要求。具体而言，园领导要有高尚的道德修养、健康的心理素质和正确的办园思想理念，要有丰富的专业知识及管理能力，要有较为丰富的办园经验，能够独当一面，自主地和创造性地开展幼儿园各项管理工作。这就需要上级部门严格依据《幼儿园工作规程》和《幼儿园管理条例》，以及 1996 年颁布的《全国幼儿园园长任职资格、职责和岗位要求（试行）》和 2015 年颁布的《幼儿园园长专业标准》等法规文件的要求，通过一定的程序把好园领导的选拔任用关，保证园领导的基本素质。同时，上级主管部门和教育行政部门还应当加强对园领导的培训，鼓励他们自主学习，实践反思，并为他们参加岗位培训、提高培训等提供支持，将选拔任用和培养培训紧密结合，不断提高园领导的专业素质，保证党组织领导的园长负责制的有效实施。

总之，只有在幼儿园管理上简政放权，加强督导，不断提高幼儿园领导的专业化水平，才能够真正落实党组织领导的园长负责制。

小组讨论

联系实际谈一谈你对党组织领导的园长负责制的认识。

第二节　幼儿园的组织机构

事物的结构往往决定事物的性质和功能。幼儿园的组织机构同样决定着幼儿园的性质与功能，是幼儿园管理体制中不可回避的重要问题。

一、幼儿园组织机构的内涵和设置意义

（一）幼儿园组织机构的内涵

幼儿园组织机构是幼儿园依据学前教育及组织管理的规律和相关的政策法规，对幼儿园的人力资源按照一定的形式和结构加以合理整合所构建的部门、岗位和人员的结构系统。它既是人们在幼儿园共同目标下结合起来的社会实体单位，又是为实现这一目标任务进行分工合作、实施管理职能的一种管理机制。幼儿园的机构设置就是为了有效实现幼儿园的目标任务，划分部门岗位，明确分工职责，确立不同部门岗位之间的关系，构建幼儿园系统组织机构的过程。

☞【拓展阅读】

幼儿园组织机构的特点

（二）幼儿园组织机构设置的意义

组织是幼儿园管理的一项重要职能。管理是相对组织而言的，没有组织就没有管理。幼儿园组织机构设置的意义具体表现在以下几个方面：

1. 教育活动的载体和管理工作的工具

幼儿园组织机构是幼儿园教育活动的载体，同时也是发挥幼儿园管理职能和实现管理目标的工具。没有幼儿园组织机构，幼儿园的保教工作及管理工作将无所依托。幼儿园管理的基础性和前提性工作就是建立合理的幼儿园组织机构，并通过它来开展幼儿园的各种教育活动和管理工作。

2. 合理组织和利用管理资源

建立科学合理的幼儿园组织机构，可以将幼儿园的人、财、物等管理要素合理地加以组织和利用，从而高效地完成保教幼儿和服务家长的双重任务，有效地实现幼儿园的工作目标。幼儿园组织机构不健全、结构不合理会影响资源有效、充分地利用。另外，机构臃肿、人浮于事也会造成各种资源的浪费。

3. 放大幼儿园组织的功能

一个合理的幼儿园组织机构是内外各要素高度整合的有机体，具有高度的内外协调性。一方面通过合理的幼儿园组织机构与规范来协调全体教职工的意志和行为，统一目标，一致步调，形成合力；另一方面，通过幼儿园各部门和岗位人员的信息沟通和相互协调，使幼儿园的各项活动更加符合规律性，更加科学而有效。当以上两个方面同时发挥作用时，便会出现复合叠加现象，产生聚合放大作用，从而放大幼儿园组织的功能。

二、幼儿园组织机构设置的原则和依据

幼儿园组织机构设置是一项专业性较强的工作，既要遵循组织机构设计的基本原则，还要依据上级有关规定，结合本园实际。

（一）组织机构设置的原则

1. 目标任务原则

幼儿园组织机构的设置是为了有效实现幼儿园的目标、任务。因此，幼儿园组织机构设置首先要考虑幼儿园实现目标、任务的要求。幼儿园管理者要明确组织的总目标和总任务，以及不同层次、不同阶段的具体目标和任务。围绕目标实现，因地制宜地开展组织机构设置工作。

2. 分工协作原则

分工与协作为一件事的两个侧面，是不可分割的。分工是为了明确责任，达到协作的目的；协作是为了各岗位人员协同配合，取得效果。[1]幼儿园有管理、保教、后勤、卫生等多项工作，每个部门和班组内部也有多种不同的工作，合理的分工会提高各岗位的工作效率。只有各岗位人员相互协调配合，步调一致，才能更好地实现幼儿园的各项目标。因此，幼儿园管理者在重视岗位分工的同时，

① 苏东水. 管理心理学 [M]. 4 版. 上海：复旦大学出版社，2002：290.

还需要关注不同部门和岗位之间的协作。比如,幼儿园班级的幼儿园教师和保育员,他们有各自的职责,但是只有相互配合才能搞好班级工作。

3. 责权一致原则

责权一致原则是指设置幼儿园组织机构要坚持责任和权力相一致的基本要求。有责任无权力或责任大权力小,会无法履行责任;有权力而责任不明,可能导致职权滥用。只有责权一致才能保证岗位职责的有效履行。所以,责权关系是组织机构设置的重点,也是发挥组织职能的关键。设置组织机构要使组织中各部门、岗位和成员知道自己要完成的任务和要做的事情,做到职责清楚,责任分明。同时组织还应赋予各部门、各岗位相应的权力和利益,做到在一定的职务或岗位上,有一定的权力,负一定的责任,并得到一定的利益,这样才能真正实现职责和权力的有机统一,把责任真正落到实处。

4. 合理结构原则

幼儿园组织机构设置需要关注结构的合理性,建立适宜的结构体系。跨度适当、层次合理,各部分有机联系的组织机构才能高效地发挥领导和管理职能,提高管理效率。合理的幼儿园组织机构没有固定的模式,需要根据国家有关政策和幼儿园的实际情况灵活把握。

5. 统一指挥原则

幼儿园管理工作的顺利开展,需要建立良好的指挥系统。幼儿园应当只有一个行政指挥中心,每个下属部门或人员只有一个直接上级领导,只接受一个上级领导的指挥,避免出现"多头领导、政出多门"的情况。

(二)组织机构设置的依据

幼儿园组织机构的设置除了要遵循一些基本原则外,还需要依据上级的有关规定和幼儿园的实际情况。

1. 依据上级的有关规定

为了规范幼儿园的管理,国家和地方教育行政部门出台了相关的规定,提出了不同类型幼儿园组织机构设置的基本要求。例如,《幼儿园管理条例》《幼儿园工作规程》《幼儿园教职工配备标准(暂行)》等法规文件,对幼儿园的基本条件、审批程序、招生、编班、教职工配备等方面作了规定。幼儿园组织机构设置必须把握国家和地方教育及相关行政部门有关文件的内容和精神,并将其作为幼儿园组织机构设置的基本依据,根据规定设置幼儿园的组织机构,做到依法办园。由机关、企事业单位、社会团体等主办的幼儿园进行机构设置,还需要遵守主办单位的有关规定。

2. 依据幼儿园的实际情况

幼儿园组织设置还要考虑幼儿园的实际情况。幼儿园人员配备与编制一般涉及以下因素:

（1）办园条件。由于地域社会条件、地方政策、幼儿园性质、举办者的实力等方面因素的影响，幼儿园的办园条件各不相同，相应地在人员配备、机构设置方面也会有不同。

（2）规模大小。即幼儿园招收幼儿的人数及班级数。不同规模幼儿园的组织机构应当有所区别，规模越大，组织机构会越复杂。

（3）服务内容。全日制、半日制和寄宿制幼儿园的人员配备应该有所不同，供应餐点和不供应餐点的幼儿园的人员配备也各不相同。

（4）机构类型。不同类型的幼儿园所需人员有所不同，组织机构的设置也会不同。比如，公办园、民办园，独立设置幼儿园和附属幼儿园，一般幼儿园与示范性或实验性幼儿园等。

总之，幼儿园的机构设置在遵循国家和上级部门规定的前提下，要从本地和本园的实际情况出发，因地制宜，科学合理地设置幼儿园的组织机构，提高管理效率，保证保教质量。

三、幼儿园组织机构与编制

（一）幼儿园组织机构的构成

一般来说，幼儿园的组织机构由行政组织和非行政组织构成。

1. 行政组织

行政组织是指以园长为核心的行政组织体系。园长是幼儿园的最高行政领导，园长主持园务委员会和教职工代表大会，对幼儿园的重大问题进行决策，是幼儿园的行政决策层；规模较大的幼儿园还会设 1~2 名副园长，辅助园长的工作。园长之下根据幼儿园的情况一般会设有保教、后勤等中层岗位，其职责是贯彻执行幼儿园的各项决策，研究决定本部门的工作，负责各自岗位的管理工作，属于执行层。班级或班组等职能部门是幼儿园的基层工作单位，主要职责是在园长、保教主任及相应管理部门的领导和管理下，承担保教幼儿的工作和其他具体工作，在幼儿园组织机构中属于操作层。这样，就构成了由决策层、执行层、操作层构成的完整的幼儿园行政组织体系。

2. 非行政组织

非行政组织指幼儿园的党群组织，主要包括幼儿园基层党组织（党支部）、共青团组织、工会等。党支部发挥领导作用，负责保障监督幼儿园的办园方向，对广大教职工进行思想政治教育工作，教育党员发挥先锋模范作用，团结教职工努力完成各项任务；共青团组织、工会等群众组织通过各项活动发挥其对幼儿园党政工作的辅助作用。比如，组织青年突击队，开展文娱体育活动，组织政治学习或业务学习，搞好生活福利工作等。总之，非行政组织在幼儿园管理中起领导、保障、监督、辅助的作用，是幼儿园组织机构不可或缺的组成

☞【拓展阅读】
幼儿园组织机构的几种典型结构

部分。

上述只是幼儿园组织机构的一般情况，在幼儿园管理实践中由于实际情况不同，幼儿园组织机构的构成是多样化的，并没有统一的幼儿园组织机构模式。不同类型、不同规模的幼儿园，在机构设置、职能部门划分及人员配备上都有所不同，组织机构的设置要根据幼儿园实际情况灵活把握。

（二）幼儿班级编制和教职工编制

幼儿园的组织机构确定之后，接下来的重要任务是幼儿班级编制和教职工编制。幼儿班级编制和教职工编制直接影响着幼儿园工作的质量和效率。

1. 幼儿班级编制

幼儿班级是以一定方式编排的相对独立的幼儿园教育活动的集体。幼儿班级编制是指在一定的教育思想和政策指导下，结合幼儿园的实际情况，以不同的方式组织幼儿班集体的活动。

【视频】幼儿班级与教职工编制

我国大多数幼儿园采取的是"年级制"的编班方式，即按照年龄将幼儿编成不同的班级，通常为小班、中班、大班，有的幼儿园还设有托班（2—3岁）。同年龄并列的两个以上的教学班设年级组。一些规模小、幼儿少的幼儿园采取了不同年龄混合编班的方式。由于幼儿年龄小，身心稚嫩，生活经验少，自我保护能力较弱，需要保教人员的精心照料，所以一个班的人数不宜过多。根据《幼儿园工作规程》第十一条的规定，幼儿园各年龄班的人数应该分别为：小班（3—4周岁）25人，中班（4—5周岁）30人，大班（5—6周岁）35人，混合班30人。寄宿制幼儿园每班人数酌减。

【拓展阅读】幼儿园多样化的编班方式

幼儿园的整体规模也需要适当控制。规模太小、班数太少会造成教育资源的浪费，但是规模太大又不利于幼儿园精细化的管理，影响管理质量和教育质量。幼儿园规模的控制应该以有利于幼儿身心健康，有利于保教活动开展，有利于幼儿园管理为原则。按照《幼儿园工作规程》第十一条的规定，幼儿园规模"一般不超过360人"。但是，现实中许多幼儿园的人数超标，给幼儿园的管理带来了巨大的压力。另外，幼儿园"大班额"现象在一些幼儿园普遍存在，影响班级保教活动的正常开展，影响幼儿身心全面、和谐地发展。

幼儿园是社会公益性的教育机构，在关注经济效益的同时更要重视社会效益的发挥，幼儿班级编制和幼儿园规模的控制应当自觉遵守国家的有关规定，以保证管理质量和教育质量，促进幼儿健康快乐地成长。

2. 教职工编制

由于幼儿园教育对象的特殊性，幼儿园教职工的编制就显得尤为重要。编制过多会造成人力资源浪费，编制不足会影响保教质量。在一些幼儿园，尤其是一些民办幼儿园，出于减少支出的考虑，存在严重的岗位不齐、人员不足问题，严重威胁幼儿的安全，影响幼儿园管理工作和保教工作的正常开展。

　　为了进一步规范各类幼儿园的用人行为，教育部于 2013 年颁布了《幼儿园教职工配备标准（暂行）》，提出了各类幼儿园教职工配备的合格标准，即最低标准。《幼儿园教职工配备标准（暂行）》明确规定："幼儿园教职工包括专任教师、保育员、卫生保健人员、行政人员、教辅人员、工勤人员。幼儿园保教人员包括专任教师和保育员。幼儿园应当按照服务类型、教职工与幼儿以及保教人员与幼儿的一定比例配备教职工，满足保教工作的基本需要。"具体配备标准如下：

　　（1）不同服务类型幼儿园教职工与幼儿的配备比例

　　不同服务类型幼儿园教职工与幼儿的配备比例如表 3-1 所示。

表 3-1　不同服务类型幼儿园教职工与幼儿的配备比例

服务类型	全园教职工与幼儿比	全园保教人员与幼儿比
全日制	1∶5~1∶7	1∶7~1∶9
半日制	1∶8~1∶10	1∶11~1∶13

　　（2）专任教师和保育员配备

　　《幼儿园教职工配备标准（暂行）》要求幼儿园应根据服务类型、幼儿年龄和班级规模配备数量适宜的专任教师和保育员，使每位幼儿在一日生活、游戏和学习中都能得到成人适当的照顾、帮助和指导。全日制幼儿园每班配备 2 名专任教师和 1 名保育员，或配备 3 名专任教师；半日制幼儿园每班配备 2 名专任教师，有条件的可配备 1 名保育员；寄宿制幼儿园至少应在全日制幼儿园基础上每班增配 1 名专任教师和 1 名保育员；单班学前教育机构，如村学前教育教学点、幼儿班等，一般应配备 2 名专任教师，有条件的可配备 1 名保育员；对所辖社区或村级幼儿园（班）负有管理和指导职责的中心幼儿园，应根据实际工作任务和需要增配巡回指导教师；招收特殊需要儿童的幼儿园应根据特殊需要儿童的数量、类型及残疾程度，配备相应的特殊教育教师，并增加保教人员的配备数量。幼儿园应根据当地学前教育发展的实际情况，增设教师岗位类别和数量，满足本园发展和保教工作的需要，并确保在教师进修、支教、病产假等情况下有可供临时顶岗的保教人员。

　　《幼儿园教职工配备标准（暂行）》对不同服务类型幼儿园各年龄班和混龄班班级规模、专任教师和保育员的配备标准进行了规范（见表 3-2），并要求寄宿制幼儿园每班幼儿人数酌减。

表 3-2　幼儿园班级规模、专任教师和保育员配备标准

年龄班	班级规模／人	全日制		半日制	
		专任教师	保育员	专任教师	保育员
小班（3—4 岁）	20～25	2	1	2	有条件的应配备 1 名保育员
中班（4—5 岁）	25～30	2	1	2	
大班（5—6 岁）	30～35	2	1	2	
混龄班	＜ 30	2	1	2～3	

（3）其他人员配备

这里的其他人员指园长、卫生保健人员、炊事人员、财会人员、安保人员等。《幼儿园教职工配备标准（暂行）》规定：园长的设置要求 6 个班以下的幼儿园只能设 1 名；6~9 个班的幼儿园不超过 2 名，即一正一副；10 个班及以上的幼儿园可设 3 名，即一正两副。卫生保健人员要求根据《托儿所幼儿园卫生保健工作规范》配备。即按照招收 150 名幼儿至少设 1 名专职卫生保健人员的比例配备卫生保健人员，招收 150 名以下幼儿的可配备兼职卫生保健人员。幼儿园应根据餐点提供的实际需要和就餐幼儿人数配备适宜的炊事人员。炊事人员与幼儿配备的比例：提供每日三餐一点的幼儿园应当达到 1：50，提供每日一餐两点或两餐一点的幼儿园应当达到 1：80。在园幼儿人数少于 40 名的供餐幼儿园（班）应配备 1 名专职炊事员。财会人员和安保人员要求根据国家和地方有关财会工作和安保工作的规定配备。幼儿园应根据实际需要配备数量适宜的教职工，积极实行一岗多责，提高用人效益。

四、幼儿园组织机构管理改革

随着学前教育的发展、幼儿园数量的增多和办学模式的多样化，幼儿园管理体制改革逐渐成为幼儿园实行高效管理的重要手段。

（一）加强组织机构的制度化建设

幼儿园组织机构的设置和运转需要系列化制度的保障。幼儿园组织制度的建设和完善，有利于提升幼儿园内部活力，增强自主权，提高管理效益。一些幼儿园对组织机构管理进行改革，实行岗位目标责任制、岗位聘任制、检查考核制和绩效工资制，取得了显著的效果。

（二）协调幼儿园与外部的关系

幼儿园是社会大系统中的一部分，依据系统论中的环境适应性原理，幼儿园需要适应其所处的社会环境，只有这样才能较好地生存与发展。幼儿园的组织机构也是社会大组织机构中的一部分，幼儿园组织机构的改革需要协调好幼儿园与

☞【拓展阅读】
组织机构的制度化建设

外部相关部门和单位的关系。所以，幼儿园管理体制改革不仅仅限于园内的改革，还要处理好与上级主管部门、其他相关行政部门的关系，处理好与家长、社区及周边环境的关系，处理好与其他幼儿园交流、合作、竞争的关系等。具体内容可以参考本书第十二章"幼儿园公共关系管理"的相关章节，这里不再赘述。

第三节　幼儿园的规章制度

常言道"没有规矩，不成方圆"，幼儿园管理同样需要一系列的规章制度。

一、幼儿园规章制度的内涵和作用

（一）幼儿园规章制度的内涵

幼儿园规章制度是为了实现幼儿园目标，根据党和国家有关方针、政策、法规，按照保教工作规律和幼儿园实际情况，采用条文的形式，对全园教职工的工作、学习和生活等行为活动提出的具有约束力和一定强制性的准则和规范。[①] 规章制度的建立和执行，可以使幼儿园管理工作程序化、规范化、科学化。幼儿园规章制度涉及幼儿园各个方面的工作。比如，各部门、人员的工作制度与岗位职责，各项工作的日常管理制度，对各类活动协调管理的规定等。

（二）幼儿园规章制度的作用

1. 导向作用

幼儿园规章制度依据学前教育工作规律、党和国家相关政策法规以及幼儿园的实际情况制定，它既是保教业务工作的准则，也反映了国家政策要求、社会道德规范和本园的优良文化传统，能为全体教职工指明行动的方向。

2. 规范作用

规章制度是组织活动的准则，对组织成员的行为有强制规范作用。幼儿园规章制度明确了幼儿园各岗位的职责、权利和义务，对一些常规性工作的目标、内容、过程与方法，以及工作中不同岗位之间的协作关系等进行了详细的规定，使相关机构和人员在工作中有章可循，从而发挥对教职工行为的制约、规范作用。

3. 保障作用

幼儿园规章制度为幼儿园各项工作提供基本的制度保障。幼儿园各项工作的顺利开展需要各岗位工作人员明确职责、掌握规范、协调配合。规章制度具有规范性、强制性，制约各岗位工作人员按一定的要求去行动，避免混乱无序的状态。

☞【案例】从无序到有序

---

① 刘艳珍，马鹰. 幼儿园组织与管理［M］. 北京：北京师范大学出版社，2011：47.

二、幼儿园规章制度的层次与类型

幼儿园规章制度具有系统整体性，是由不同层次和类型的制度组成的制度体系。

（一）幼儿园规章制度的层次

幼儿园规章制度按照颁布的主体大致可以划分为以下两个层次：

1. 政府政策法规

国家和地方各级政府为了指导和规范幼儿园工作，制定了有关的法律和政策法规。比如，《中华人民共和国教育法》《中华人民共和国教师法》《幼儿园管理条例》《幼儿园工作规程》《幼儿园教育指导纲要（试行）》《3～6岁儿童学习与发展指南》等；地方各级政府制定的学前教育行政法规、管理办法等。国家通过制定法律和政策法规，实现对学前教育机构的宏观指导和控制。幼儿园管理者应当认真学习有关教育和学前教育的法律和政策法规，同时还要向全园教职工广为宣传，以便大家全面深刻地理解法律和政策法规的精神，自觉遵照执行，实现依法治教。

2. 园内规章制度

园内规章制度是幼儿园依据国家法律和教育行政部门制定的政策法规，结合本园实际自行制订的规章制度。建立健全幼儿园内部规章制度，是办好幼儿园的一项基础性工作。①

（二）幼儿园规章制度的类型

幼儿园规章制度的类型主要有四大类：全园性规章制度、部门性规章制度、各类人员岗位责任制，以及考核与奖惩制度。

1. 全园性规章制度

全园性规章制度即适用于整个幼儿园的规章制度，与部门性规章制度相区别，对全园具有相应的规范约束效用，具有组织和指导全园的共同活动，统一各类人员行为，建立全园工作常规和行为规范的作用。

2. 部门性规章制度

部门性规章制度即规范某部门工作，适用于部门所辖领域的规章制度。建立和完善幼儿园各部门的规章制度，可以起到明确各层次、各部门工作任务和职责的作用。

3. 各类人员岗位责任制

岗位责任制是明确每个工作岗位的职责，规定每个岗位的工作任务、内容、质量与数量的制度。岗位责任制在幼儿园各项规章制度中处于核心地位。岗位责

☞【拓展阅读】
幼儿园各类规章制度

☞【案例】幼儿园安全接送制度

---

① 张燕. 幼儿园管理［M］. 北京：北京师范大学出版社，1997：59.

☞【案例】副园长的岗位职责（主管教学）

任制的制订要依据学前教育政策法规、保教规律、幼儿园实际等。

4. 考核与奖惩制度

考核制度主要对幼儿园各岗位工作人员履行岗位职责和完成工作任务的情况进行检查评定。奖惩制度是在考核评定基础上，对集体或个人进行奖励或惩罚的制度。依据奖惩制度及时进行奖优罚劣、奖勤罚懒，能起到鼓励先进、鞭策后进的作用。

三、制订幼儿园规章制度的原则

规章制度的制订是一项十分严谨严肃的工作，在制订过程中要遵循以下几个方面的原则：

（一）政策性和科学性原则

幼儿园规章制度首先要符合国家的相关法律法规，不能与国家的法律法规相矛盾。所以，制订和实施幼儿园规章制度是一项政策性很强的工作，要体现党和国家的教育方针和政策，要增强法制意识，实行依法治园；同时，幼儿园规章制度还要体现科学性。各项规章制度既要合乎教师的劳动特点，符合幼儿的身心发展规律，还应符合教育与管理的客观规律。各项规章制度要形成一个科学完整的制度体系，各项规章制度相互照应、目标一致，相互补充、相得益彰，没有互相矛盾的问题。

（二）民主性和教育性原则

民主性原则要求幼儿园规章制度的制订程序和具体内容要体现民主性。制度的制定要走群众路线，让教职工参与民主讨论，在集中正确意见、统一认识的基础上形成幼儿园的规章制度。这样，一方面可以使规章制度更切合实际，符合广大教职工的共同意愿；另一方面激发群众的积极性和参与热情，明确制度制定的目的，了解制度规定的内容，从而提高制度执行的自觉性。另外，规章制度要体现教育性，要有利于教职工基本素质和专业水平的提高，有利于幼儿健康快乐地成长。

（三）适应性和稳定性原则

制订幼儿园规章制度一定要注意适应性，符合幼儿园的办园性质、办学规模、人员配置、目标要求、设施环境、办园特色等具体要求。对其他幼儿园的规章制度可以借鉴并加以利用，但不能照搬照抄，应该考虑本园的特殊性和具体情况，酌情进行修订。规章制度只有具备了适应性才能切实落实，才能发挥规范的作用。规章制度需要不断地完善，但必须保持相对的稳定。只有通过长期的贯彻落实，才能从最初的被动遵守逐步内化为自觉自愿的服从，形成自觉的行为习惯。幼儿园规章制度如果经常朝令夕改，必然使教职工无所适从，失去制度的严肃性和约束性。

（四）简明性和可操作性原则

幼儿园规章制度的条文要简明具体，避免过于烦琐，缺少实质性的内容；避免模棱两可的内容。幼儿园规章制度要有明确的业务规范要求、工作程序和基本方法，对各岗位工作人员具有指导价值，便于实际操作。

☞【视频】执行幼儿园规章制度的基本要求

四、执行幼儿园规章制度的基本要求

要充分发挥幼儿园规章制度作为管理手段的作用，关键在于制度的贯彻执行。幼儿园管理者应当做好以下几个方面的工作：

（一）注意宣传、培训

规章制度的贯彻执行，不能仅仅依靠行政命令，必须在提高认识的基础上，强调自觉精神，因此，必须注重规章制度的宣传。通过讲解、讨论等多种形式，反复宣传各项规章制度，理解和把握规章制度的目的和意义、基本内容和基本要求，使每位教职工都能够了解、认同，进而达成共识。操作性强的规章制度还要对教职工进行培训，提高其执行规章制度的能力。规章制度的宣传要持之以恒，这样才能增强教职工的是非观念，提高自我调控能力，养成遵纪守法、照章办事的习惯。

（二）提高规章制度的执行力

管理者的规章制度执行力直接影响幼儿园规章制度作用的发挥。提高规章制度的执行力需要从以下几个方面入手：第一，熟练掌握幼儿园规章制度。管理者要率先深刻理解和把握幼儿园规章制度的目的、意义、内容条款和具体要求，了解规章制度间的相互关系，整体把握幼儿园规章制度的体系。第二，带头遵守幼儿园规章制度。管理者必须以身作则，带头遵守各项规章制度。第三，严格执行幼儿园规章制度。坚持规章制度面前人人平等的原则，维护和保障规章制度的严肃性。第四，坚持民主性和群众性原则。规章制度执行过程中应当充分重视和尊重教职工的主动性和积极性，提高执行规章制度的自觉性。第五，把握好幼儿园规章制度的灵活性。明确各项规章制度的意义和作用，在坚持基本原则的基础上，处理好规章制度严肃性和灵活性之间的关系，避免过分机械地执行规章制度。

（三）建立健全监督指导和评价奖惩机制

规章制度的执行需要建立健全监督指导、评价奖惩机制。现实中不是所有的人都可以有效地进行自主管理，这就需要监督和指导。必要的监督和指导能帮助教职工遵守幼儿园规章制度，尤其是在幼儿园遵章守纪的良好风气没有形成之前，各项规章制度只有在严格的监督下，才能切实发挥管理手段的作用，在全园建立良好的工作秩序，保证各项工作顺利进行；同时，要建立科学合理的评价奖惩机制，通过评价及时发现问题，将评价结果与奖惩适当挂钩，奖罚分明。

（四）创建遵规守纪文化

遵规守纪文化的形成是幼儿园制度建设的最高境界。所谓遵规守纪文化即自觉遵守组织纪律和规章制度的精神风尚。在幼儿园管理中，管理者应注意表彰那些长期自觉遵守规章制度的教职工，树立先进典型；对违纪人员要按照规章制度及时处理，并提出改进要求。在幼儿园形成一定的集体舆论，有助于提高教职工的认识水平和维护制度规范的责任感，相互督促、共同遵守，使遵规守纪的观念逐步深入人心。在规章制度的贯彻执行过程中，管理者应有意识地引导教职工，将外部的规范内化为行为主体共同的觉悟意识，从而强化责任感，培养良好的工作作风，并在全园形成遵规守纪的良好园风。

【理解·反思·探究】

1. 如何有效落实党组织领导的园长负责制？
2. 怎样建立有效的幼儿园组织机构？
3. 幼儿园规章制度的内涵和作用是什么？
4. 简述幼儿园规章制度的层次和类型。
5. 如何制订幼儿园规章制度？
6. 执行幼儿园规章制度有哪些基本要求？

【实践训练】

☞【案例】是否
该让她接走孩子

1. 扫描二维码，阅读案例"是否该让她接走孩子"。如果你是案例中的园长，将会如何处理？
2. 参观一所幼儿园，画出该幼儿园的组织机构图，并对该园的组织机构和规章制度的建立情况进行分析和评价。

模块二
幼儿园工作管理

□ 第四章　幼儿园卫生保健管理

□ 第五章　幼儿园安全管理

□ 第六章　幼儿园保教工作管理

□ 第七章　幼儿园总务管理

□ 第八章　幼儿园班级管理

第四章　　　　　幼儿园卫生保健管理

【学习目标】

知识目标：
- 理解幼儿园卫生保健工作的意义，明确幼儿园卫生保健工作的任务。
- 掌握幼儿园卫生保健管理的内容。
- 把握幼儿园卫生保健管理工作的实施。

能力目标：
- 能对幼儿园卫生保健管理的内容进行系统分析。
- 具备初步的幼儿园卫生保健工作计划制订和组织实施能力。

【案例导入】

2014 年 3 月，西安市两所幼儿园的家长相继发现自己的孩子在幼儿园服用了不明药物，有家长发现孩子带回家的白色药片上面写着"ABOB"字样，这是一种俗称"病毒灵"的广谱抗病毒处方药，主要用于治疗呼吸道感染、流感等。之后吉林、湖北等地多所幼儿园也被曝出违规给幼儿集体服药。据报道，很多民办幼儿园即使不给幼儿服用处方药，也存在在流感季给幼儿服用板蓝根、凉茶等非处方抗病毒药的做法。幼儿园究竟该如何做好幼儿的防病工作？行使监督职责的教育主管部门又该做些什么？

第一节　幼儿园卫生保健工作的意义和任务

☞【视频】幼儿
园卫生保健工
作的意义

幼儿园保教工作强调保教结合、保育优先。幼儿园卫生保健工作是保育工作的重要内容。

一、幼儿园卫生保健工作的意义

幼儿园卫生保健管理是幼儿园管理的一个重要方面，是为保证幼儿身心正常发展而采取的各种措施。卫生保健工作在幼儿园工作中具有多方面的意义。

（一）幼儿健康成长的保障

夸美纽斯曾经指出："儿童比黄金更为珍贵，但比玻璃还脆弱。"[1] 幼儿园卫生保健工作的对象是发展中的、不成熟的幼儿，其身体和心理都具有很强的可塑性。幼儿生长发育迅速，但各器官的生理功能尚不完善，机体的免疫功能低下，适应环境的能力较差，对疾病的抵抗力较弱，对外界危险的意识较差，缺乏一定的自我保护能力，容易受到伤害。幼儿的行为习惯和个性正在逐渐形成。所以，幼儿园必须通过卫生保健工作，保证幼儿营养均衡，加强体育锻炼，落实防病措施，培养幼儿良好的卫生习惯，保障幼儿健康成长。

（二）保教结合原则的基本要求

幼儿园是幼儿生活与活动的场所，是集体保育和教育的机构。《幼儿园教育指导纲要（试行）》提出"幼儿园必须把保护幼儿的生命和促进幼儿的健康放在工作的首位"。《托儿所幼儿园卫生保健管理办法》也提出"托幼机构应当贯彻保教结合、预防为主的方针，认真做好卫生保健工作"。由此可见，幼儿园卫生保健工作是幼儿园工作的重要组成部分，是做好保教工作的基础和保障。

---

① 夸美纽斯. 夸美纽斯教育论著选［M］. 任宝祥，等译. 北京：人民教育出版社，2005：35.

（三）幼儿园集体教育形式的需要

幼儿园是对"幼儿"这一特殊群体实施集体保育和教育的机构，是幼儿除家庭之外接触最多的地方，也是容易出现传染病流行和集体性安全卫生事件的地方。因此，幼儿园必须做好各项卫生保健工作，坚持卫生保健工作与教育工作并重，科学安排幼儿的一日生活，提供合理的营养膳食，创设安全的环境，进行疾病的防治和生活卫生常规的培养，建立体检制度等，使在集体中生活的幼儿增强体质，避免传染病的蔓延，保证幼儿健康成长。

二、幼儿园卫生保健工作的任务

幼儿园卫生保健工作的任务是采取各种措施，保护幼儿的生命安全与健康，促进幼儿生长发育，增强其体质，使幼儿具有保持和增进健康的初步能力，养成健康和安全生活必要的习惯与态度，为幼儿全面发展奠定良好的基础。幼儿园卫生保健工作的任务如下：

（一）创设良好生活环境，保障优良卫生条件

《幼儿园教育指导纲要（试行）》指出："幼儿园应为幼儿提供健康、丰富的生活和活动环境，满足他们多方面发展的需要，使他们在快乐的童年生活中获得有益于身心发展的经验。"良好的环境也是实现教育目标，促进幼儿德、智、体、美、劳全面发展的重要途径和手段。因此，幼儿园应根据本园条件，因地制宜，为幼儿创造良好的室内外生活环境。幼儿园场地、设施等符合安全、卫生、教育的要求，力求达到净化、绿化、美化、儿童化和自然化，如活动室光线充足、通风良好，幼儿活动空间宽敞，幼儿使用的桌椅、玩具等安全且适合幼儿的发展特点与需要等。

（二）建立合理生活制度，培养良好卫生习惯

生活制度是指根据幼儿身心发展的特点，对幼儿在园内的主要活动环节，如入园、进餐、睡眠、游戏、户外活动、教育活动、离园等在时间、顺序、次数、内容以及间隔等方面作出规定，并固定下来形成一种制度，使幼儿园生活管理科学化、规范化，以促进幼儿健康成长，养成良好的生活习惯。

幼儿园应该参照教育行政部门和卫生部门制定的卫生保健制度，依据幼儿的年龄特点，同时考虑幼儿园的实际情况、季节的更替、地区的特点和家长的需要等因素，科学合理地安排幼儿的作息时间，动静交替、劳逸结合，室内活动与室外活动均衡分配，有组织的活动与自由活动合理安排，集体活动、小组活动、个别分散活动比例适当。保证幼儿有足够的户外活动时间，如正常情况下幼儿户外活动时间每天不少于 2 小时，寄宿制幼儿园每天不少于 3 小时，高寒、高温地区可酌情增减；两餐间隔时间不少于 3.5 小时，进餐时间为 20~30 分钟，餐后安静活动或散步 10~15 分钟；3—6 岁幼儿午睡时间根据季节以 2~2.5 小时为宜，

3 岁以下幼儿日间睡眠时间可适当延长。

全体保教人员应认真执行一日生活制度和作息时间表，规范操作程序，但也不能过分机械刻板，特殊情况可以灵活处理，尽量从幼儿的身心需要出发，使生活管理科学化、规范化。

（三）提供合理膳食，保证营养均衡

食物营养是幼儿生长发育的重要物质基础和保证。幼儿新陈代谢旺盛，但各系统和器官的功能还未发育完善，如果不能从饮食中获得充足而均衡的营养，生长发育就会受到影响。

为幼儿提供科学合理、营养均衡的膳食是幼儿园卫生保健工作的重要内容。卫生保健人员要协同总务部门，根据不同年龄幼儿的生理特点以及生长发育的需要，制订科学的膳食计划与带量食谱，1~2 周需更换一次。定期计算和分析幼儿进食量与营养摄取量，按需要选择和采购每日的食材，并保证新鲜、安全。广泛听取厨房人员、教师、卫生保健人员以及家长的意见和建议，研究菜肴的科学合理搭配，保证幼儿各类营养素摄取均衡，烹饪食物注意色、香、味、形俱全，以增强幼儿的食欲。

幼儿膳食应当由专人负责，建立有家长代表参加的伙食管理委员会，并定期召开会议，进行民主管理。工作人员的食物与幼儿的食物要严格分开，幼儿伙食费专款专用，每月向家长公布账目，接受家长的监督。

（四）完善卫生制度，防控疾病流行

☞【拓展阅读】
儿童入园（所）
健康检查表

幼儿园要贯彻"预防为主"的卫生工作方针，加强传染病预防控制工作。建立预防接种、消毒隔离、体格检查、环境和个人卫生等制度，完善各种防病措施，提高幼儿的免疫力，保护幼儿的生命安全和健康。坚持做好新生入园体检工作，幼儿经体检合格方可入园。如果在入园体检中发现有疑似传染病的幼儿，应当让其暂缓入园，及时确诊治疗。幼儿离开幼儿园 3 个月以上，需要重新按照入园检查项目进行健康检查。

入园后，幼儿园应每年为幼儿进行身高、体重、视力、听力、牙齿等生长发育检测，建立幼儿健康档案，认真核对登记，及时汇总，发现问题及时处理或报告。按计划免疫要求，积极配合有关部门做好幼儿计划免疫登记工作。

卫生保健人员必须每天坚持晨检，认真做好一摸、二看、三问、四查工作。[1]一摸，摸额头看有无发烧，颌下淋巴结有无肿大；二看，看咽部有无充血、口腔有无溃疡、手心有无水疱等，并观察幼儿的精神状态以及眼睛、耳郭等；三问，问幼儿饮食、睡眠、大小便、体温及咳嗽等健康情况；四查，检查幼儿有没有携带别针、纽扣、小刀、剪刀、玩具枪、滚珠、硬币等不安全物品，发现问题

---

① 张燕. 幼儿园管理［M］. 北京：北京师范大学出版社，1997：153-154.

及时处理。在传染病流行期间更要加大检查力度，发现患儿立即隔离、治疗，防止传染病在园内的传播和蔓延。如果接受家长委托喂药，带班教师应当做好当日药品交接和登记，并请家长签字确认。幼儿园、带班教师和卫生保健人员，都无权私自给幼儿服用任何处方、非处方药物。幼儿园的所有工作人员必须持健康证上岗。教师、保育员、厨师、门卫等在上岗前都应当在由县级以上卫生行政部门指定的医疗卫生机构进行健康检查，尤其应对肝、肺器官进行全面检查，并在取得《托幼机构工作人员健康合格证》后方可上岗。上岗工作以后也需定期体检，保证身体健康，防止疾病传播。

☞【拓展阅读】
托幼机构工作
人员健康检查
表

（五）开展体育锻炼，增进幼儿健康

幼儿园增强幼儿体质最积极有效的措施就是注重体育锻炼。体育锻炼有利于增强幼儿各器官、各系统的机能，提高幼儿对外界环境变化的适应能力，增强抵抗力，促进幼儿动作的协调灵敏。因此，幼儿园应有目的、有计划、有组织地开展经常性的体育活动，并注意利用自然因素开展"三浴"（空气浴、日光浴、水浴）活动等。体育锻炼也可以结合幼儿园的日常活动进行，如户外游戏、散步、早操等；幼儿园还可以组织春游、秋游、夏令营、运动会等，使幼儿在多方面得到锻炼。

体育锻炼要遵循循序渐进的原则，锻炼内容、强度以及持续时间要符合幼儿的年龄特点。体育锻炼既要持之以恒，也要注重采取多样化方法，综合运用各种锻炼方式，将专门的锻炼与生活中的锻炼相结合，动作训练与游戏活动并举。体育锻炼时要加强安全防护，依据幼儿的不同体质和需要提出锻炼要求，不能强求一致。

（六）做好家长指导工作，共同搞好卫生保健

幼儿的全面发展和健康成长，以及幼儿园良好的保教效果离不开家长的配合与支持。幼儿园作为专业的保教机构，应对家长进行幼儿健康教育，宣传健康知识，提高家长的卫生保健意识，争取家长的积极配合。如定期开展健康知识讲座，讲授有关幼儿常见病及传染病、幼儿常见的心理问题及矫治、幼儿一日生活各个环节的卫生要求、意外急救处理等内容，也可以通过宣传板、幼儿园网站、多媒体通信工具等多种途径向家长宣传健康知识。

第二节 幼儿园卫生保健管理的内容

幼儿园卫生保健管理的内容主要包括环境管理、健康管理和生活管理。

一、环境管理

幼儿园环境是指幼儿本身以外的影响幼儿发展或者受幼儿发展影响的幼儿园中的一切外部条件和事件。幼儿园环境主要包括心理环境和物理环境。

（一）心理环境

幼儿园的心理环境应该人际关系和谐，充满温暖，尊重幼儿的兴趣、需要和愿望，对幼儿施以无私的、无差别的爱。

1. 良好的师幼关系

在幼儿园中，幼儿与教师的关系是最基本的人际关系之一。幼儿与教师的关系不融洽，甚或关系紧张，会成为幼儿厌学甚至心理失调的重要原因。教师面对的是一群情绪自控能力差、生活自理能力弱、对成人依赖性强的幼儿，工作烦琐、细致，压力、责任较大，这一切都可能引起教师的心理紧张，产生厌倦和烦恼，而这种消极的情绪会通过教师的言行对幼儿产生负面影响。因此，幼儿园教师必须具备良好的心理调适能力，建立良好的师幼关系，创设有益于幼儿心理健康的环境。保育员负责照顾幼儿的饮食起居，与幼儿接触频繁，关系密切，他们的心理素质、言谈举止对幼儿的身心健康影响也很大。保教人员应注意满足幼儿的合理需要，民主、平等地与幼儿交往，为幼儿提供创造和表现的机会，尊重幼儿的年龄与个性特点。幼儿园平时要加强对保教人员的教育培训，普及心理健康知识。

2. 友好的同伴关系

随着年龄的增长、认识能力的提高、活动范围的扩大，幼儿与同伴交往的机会和时间与日俱增，同伴关系对幼儿身心发展的作用越来越大。在幼儿园中，教师要善于利用集体活动的机会，帮助幼儿建立友好的同伴关系。例如，轮流设置值日生、气象播报员，使每一个幼儿都有同等的机会承担为他人和集体服务的工作；鼓励性格内向、胆小羞怯、行为退缩的幼儿积极参加集体活动，与同伴交往；利用游戏、故事学习各种礼貌用语等。幼儿通过各项活动逐渐摆脱自我中心，逐渐学会考虑他人的感受，乐意关心和帮助别人，更好地融入集体。教师要注意观察幼儿与同伴之间的关系，并及时发现幼儿的问题，找出原因，帮助他们与同伴友好相处。

（二）物理环境

幼儿园的物理环境主要包括幼儿园的场地、建筑、设备等方面。幼儿园的物理环境是否符合卫生安全标准，对生活在其中的幼儿来说至关重要。幼儿园的建筑布局和功能分区要合理完善，各功能室的配置应能保证生活制度和卫生制度的顺利执行，便于幼儿进餐、户外活动、游戏等的开展，便于控制传染病的流行。通风、采暖、采光以及人工照明等应符合科学卫生标准，幼儿使用的桌椅、橱柜、床、盥洗用具等都应符合幼儿的生理特点。玩教具的选购和制作要以安全、卫生为首要条件，能引起幼儿的兴趣，同时能促进幼儿身体、智力、情绪、情感及人格的健康发展。

幼儿园室内外环境卫生管理具体要求如下：

1. 室外环境卫生管理要求

（1）室外环境整洁、美观，公用墙面按幼儿园统一规划布置，不随意更改，教育幼儿不在涂鸦墙以外的墙面上乱涂乱画。

（2）不随意乱扔果皮、纸屑等杂物，不随地吐痰，保持操场、花坛、走廊等场所的整洁。

（3）场地做到雨天无积水，窨井、下水道等有定期灭虫消毒措施。

（4）绿化带有专人负责管理，绿地无杂草、花坛无杂物，定期修剪，教育幼儿不随意攀折花草树木。

（5）操场或过道不随意停放自行车或堆放建筑垃圾等杂物，保证幼儿活动的安全和道路的畅通。

2. 室内环境卫生管理要求

（1）由教师、保育员负责活动室环境的清洁卫生工作，墙面完好无损、布置美观，教育幼儿不抠墙，不弄脏墙面。

（2）不随意在墙上拉线、钉搁板等，确保室内整洁。

（3）建立健全环境清扫制度与"四定"制度（定人、定物、定时间、定质量）。每周一大扫、每天一小扫，分片包干，层层落实。

（4）保育员要管理好室内的设备和自己的工作用具，如抹布、拖把、扫帚等物品按固定地点放置，不随意乱放。

（5）保持厕所清洁无尿垢、无臭味，定期打扫走廊，擦玻璃窗，保持园内走廊清洁、玻璃窗明亮。

（6）保持各活动室无积尘、无蜘蛛网、无垃圾，并做好灭蚊蝇、灭鼠、灭蟑螂工作，做到室内无卫生死角。

（7）仓库内存放物品不宜过多，应离地、离墙，防虫害和霉变。物品要按类摆放、排列整齐。

卫生保健人员负责环境卫生的检查工作，发现问题应及时与有关部门和人员联系并妥善处理。

二、健康管理

健康管理是指对个人或人群的健康危险因素进行全面管理的过程。[①] 幼儿

① 刘艳珍，马鹰. 幼儿园组织与管理［M］. 北京：北京师范大学出版社，2011：152.

☞【拓展阅读】

幼儿健康的主

要标志

园的健康管理是指具有相关健康知识和实践技能的工作人员对幼儿身心健康的管理。下面主要介绍以班级为单位的健康管理。

幼儿园以班级为单位的健康管理包括心理健康管理和生理健康管理。

（一）心理健康管理

幼儿园应为幼儿营造自然和谐、安全温暖的环境氛围。根据社会心理学家阿尔伯特·班杜拉的理论，自我效能感是个体对自己的行为能力的信念。[①] 如果父母和照顾者能够利用幼儿乐学的时机进行教育，那么大多数幼儿的自我效能感都会发展到较高水平。自我效能感可以应用到如吃饭、上厕所和穿衣服等所有与幼儿健康有关的任务中。让每个幼儿都保持高的自我效能感对于教师和保育员而言是一项重要的目标。在生命早期，使个体获得积极的自我概念是一项非常重要的发展任务。通过适宜的学习内容培养幼儿的安全感和自信心有助于幼儿积极自我概念的确立。

榜样的力量是无穷的，对爱模仿和易受暗示的幼儿来说更是如此。教师在班级管理中可通过树立自身健康的形象，引导幼儿进行榜样学习，从而达成管理目标；也可以通过活动告诉幼儿有生气等消极情绪是正常的，但是不能乱发脾气，引导幼儿通过一些正确方式来表达和发泄不良情绪。

班级里可能会有个别幼儿表现出某些异于常人或异于以往的特殊行为，如吮吸手指、遗尿、口吃、攻击性行为、多动等，教师应多关注这些幼儿，了解幼儿行为背后的原因，从根本上解决问题；如果问题比较严重，教师应及时建议家长咨询专业的心理医生。

（二）生理健康管理

☞【拓展阅读】

生理健康管理

的原则

生理健康管理的内容大致分为以下四个方面[②]：

（1）幼儿日常生活习惯的健康管理，如正确洗手的方法，穿脱、整理衣服的习惯，勤洗脸洗澡，保持衣着整洁，关心周围环境的卫生等。

（2）幼儿饮食与营养的健康管理，如愿意独立进餐，进餐习惯良好，不挑食、不偏食，主动饮水等。

（3）幼儿身体方面的健康管理，如了解身体外形，认识并学会保护五官，初步了解换牙、护牙的知识，能够积极配合疾病的预防与治疗等。

（4）幼儿安全方面的健康管理，如了解并遵守日常生活中的安全知识与规则，认识有关的安全标志，掌握应对意外事故的常识等。

① 荷尔瑞恩，希尔德布兰德. 幼儿园管理［M］. 5版. 严冷，赵东辉，高维华，等译. 上海：华东师范大学出版社，2011：232.

② 刘艳珍，马鹰. 幼儿园组织与管理［M］. 北京：北京师范大学出版社，2011：152.

三、生活管理

生活管理是指保教人员为了保证幼儿身体正常发育、心理健康成长，围绕幼儿饮食起居需要进行的管理工作。

（一）生活管理的意义

1. 保障幼儿身心健康成长

幼儿在园的一日生活包括饮食、如厕、睡眠、穿脱衣服、学习、游戏等。生活管理可以满足幼儿在园生活的物质需要，促使幼儿养成良好的生活态度、生活习惯等，促进幼儿身心健康发展。

2. 满足家长与社会的需要

良好的生活管理，一方面可以为幼儿健康快乐地成长提供保障，从而使家长放心，解除家长的后顾之忧；另一方面社会需要将幼儿培养成为具有独立工作能力、竞争合作精神，奋发向上的新一代。

3. 保证其他保教工作的开展

没有规范的生活管理，幼儿生活的各个环节会出现混乱，幼儿的营养、卫生、安全无法保障，生活常规、良好习惯也难以养成，幼儿对具有各种规则的教育和游戏活动也会难以适应，从而对其他保教工作造成消极影响。良好的生活管理无疑会为其他保教工作的顺利开展提供基本保证。

（二）生活管理的方法

幼儿良好的卫生、保健、安全等方面的生活习惯，是幼儿学会生活、健康成长的基础。在对幼儿日常生活进行管理时，保教人员所采取的方法应符合幼儿的年龄特点与个性特点，以及具体的教育情境。

生活管理的常用方法主要有以下几种：

1. 模仿法

模仿是幼儿的本能。幼儿获取经验和知识的主要途径就是模仿和尝试，所以根据这一特点，保教人员必须改变以往单一说教的方式，采取一些更为直观、有趣的教育方法，让幼儿在观察、模仿中主动、自觉地学习。

2. 作品教育法

优秀的儿童文学作品集审美、娱乐、教育等功能于一身。教师应善于运用儿歌、故事、戏剧等文学作品，调动幼儿的学习兴趣，进行生活常规教育。

3. 游戏法

幼儿喜欢在有趣的活动中接受教育，教师可以充分利用教学游戏和创造性游戏对幼儿进行生活常规教育。

4. 奖励法

对幼儿的良好行为表现及时给予肯定与表扬，可以激励、巩固其良好行为。

奖励可以是物质的，也可以是精神的。为了提高幼儿的自信心和学习兴趣，教师可在班里开辟"我学会了"专栏，把每个幼儿的照片贴在专栏里，并根据生活常规教育要求进行评价记录。

5. 榜样示范法

榜样示范法是指引导幼儿学习榜样，规范幼儿的行为，从而实现管理目标的方法。榜样是多种多样的，可以是幼儿身边的人，也可以是文学作品中的人物；可以是同伴榜样，也可以是成人榜样。其中，教师尤其要注意自身正面榜样的树立。

6. 行为练习法

行为练习的目的在于强化幼儿正确的道德认识，使幼儿正确的道德行为转化为良好的习惯。行为练习可以分为两种：自然生活环境中的行为练习和特意创设环境中的行为练习。行为练习法也可以渗透到游戏中去。

7. 图示法

图示法是将抽象的常规要求用直观形象的画面展示出来，并注上简单的文字提示。

8. 教育引导法

生活常规的内容涉及健康、社会、语言等多个领域。因此，教师可将生活常规教育融入有目的、有组织、有计划的集体教学活动中，以直观生动的方法，让幼儿理解生活常规的内容；以活泼多样的形式引导幼儿练习，形成动力定型，最终养成良好的习惯。

9. 随机教育法

在幼儿的一日生活中蕴含着许多教育契机，教师要善于捕捉这些有效的教育契机，及时实施教育。

小组讨论

幼儿园卫生保健管理与幼儿家庭环境的关系是什么？

第三节　幼儿园卫生保健管理的实施

☞【视频】坚持
"预防为主"方
针

为进一步推进幼儿园卫生保健管理的科学化、规范化、制度化，全面提升保教质量，幼儿园卫生保健管理在实施中应注意以下几个方面的问题。

一、坚持"预防为主"方针

幼儿园要认真贯彻执行"保教结合、预防为主"的管理方针，严格规范卫生保健管理。幼儿抵抗力差，容易感染疾病，且幼儿园是幼儿集体生活的场所，卫生保健工作稍有疏漏，就可能给幼儿造成伤害，为幼儿园带来不可估量的损失。因此，预防为主、防患于未然，是幼儿园卫生保健管理的根本要求。另外，幼儿园应当采取积极措施，如注重幼儿的体格锻炼，增强对疾病的抵抗力；重视常规训练，减少幼儿之间的冲突，增强幼儿的自我保护能力；进行必要的健康教育，培养幼儿的健康素养等。

☞【案例】当上级领导来检查时

二、加强组织和制度保障

（一）强化幼儿园卫生保健组织工作

幼儿园卫生保健工作的落实首先需要建立、健全卫生保健专项工作组织。幼儿园卫生保健工作是全体教职工的事，不仅卫生保健人员要参与，教师、保育员、勤务员、炊事员、门卫等也都有责任。幼儿园可以实行园长对卫生保健工作总负责制，并在此基础上成立卫生保健专项工作组织，如卫生检查组、膳食管理组、安全检查组等。各组实行在园长统一领导下的专项负责制，从而形成幼儿园卫生保健工作层层负责的局面。

（二）健全幼儿园卫生保健制度

幼儿园卫生保健制度是指为提高幼儿园卫生保健工作水平，预防和减少疾病的发生，保障幼儿身心健康所制订的一系列制度。常见幼儿园卫生保健制度包括健康检查制度、膳食管理制度、隔离和消毒制度、预防接种制度和体格锻炼制度、常见病管理制度、传染病管理制度、环境卫生和幼儿个人卫生制度、安全制度、健康教育制度、卫生保健登记制度、交接班制度、家长联系制度等。

（三）加强幼儿园卫生保健档案资料的管理

为了使幼儿园卫生保健工作更加科学规范，必须加强幼儿园卫生保健档案资料的管理。幼儿园应制作多种观察记录表格，从幼儿入园、幼儿一日在园、幼儿离园等环节观察记录幼儿身体、情绪、疾病、护理等状况，并建立幼儿健康档案，认真做好幼儿体格测量与评价、营养计算与分析、疫苗接种、疾病以及意外事故等资料的记录与存档工作，确保资料的真实性、连续性和完整性。幼儿园卫生保健人员应根据记录的各种数据及时与教师、家长沟通，并根据幼儿的成长情况制订有针对性的指导方案，促进幼儿健康成长。同时，幼儿园还应定期对全体保教人员进行卫生保健工作业务培训，定期进行健康检查，并将相关资料及时整理归档。

三、加强计划与检查指导

（一）幼儿园卫生保健工作计划的制订和执行

幼儿园卫生保健工作计划要根据幼儿园的总目标和当地学前教育管理部门

的指示和要求，结合幼儿园的实际情况制订，在幼儿园整体工作目标体系内建立卫生保健目标，明确幼儿园卫生保健工作的总任务和总要求。卫生保健管理机构中的各部门根据总任务和总要求，同时按照各自所承担的责任制订本部门的具体工作计划，使各项工作任务明确、具体，既有利于任务的落实，也有利于责任到人。具体操作如下：第一，卫生保健人员要根据全园卫生保健工作计划制订学期保健工作计划，内容包括：晨检和对幼儿一日生活各环节的观察；定期的幼儿体检，对体检结果的分析；按时完成计划接种，并做好记录；对经常性疾病的诊治，并做好统计工作；加强对流行病的预测，做好防治计划；对体弱幼儿的特殊护理等。第二，膳食管理员要根据全园卫生保健工作计划的要求及伙食管理委员会的研究结果，制订科学合理的月伙食计划及周食谱，保证幼儿能获得必需的营养。第三，卫生领导小组要根据全园卫生保健工作计划的要求，制订学期卫生工作计划，包括经常性和季节性卫生工作的内容及具体措施。如定期进行室内外环境清理工作，定期进行活动室、餐厅、食品操作室、卧室、盥洗室、玩具储藏室的清理和消毒工作，在流感、手足口病等流行性传染病的高发季节通过清理卫生死角、消毒、定期晾晒被褥等方式配合卫生保健人员做好预防和控制工作等。

总之，幼儿园卫生保健管理机构中的各部门既要各司其职，又要相互配合，只有这样，才能保证幼儿园卫生保健工作正常有序地开展。

（二）幼儿园卫生保健工作的检查与指导

以园长为首的幼儿园卫生保健管理机构要定期、不定期地检查卫生保健工作的实施情况，检查各项工作是否按计划执行、按制度办事，各种措施是否得力，各项工作是否责任到人，如果存在问题要及时找出原因，并修改、完善计划，确保卫生保健工作的有效开展。幼儿园卫生保健工作的检查可以通过实地观察、听取汇报、检查书面材料等方式来进行。

四、做好班级日常性卫生保健工作

班级是幼儿园的基层组织机构，班级工作人员和幼儿接触最多。幼儿园卫生保健工作应将班级日常生活活动及每日饮食起居中的保育工作作为重点。班级日常性卫生保健工作要注意以下几个方面。

（一）加强对幼儿每日健康状况的观察和检查

幼儿每日健康状况的观察和检查包括晨检和全日健康观察。卫生保健人员要认真对待每天的晨检，发现问题及时处理。同时，各班保育员在幼儿的全天活动中还要注意观察并做好记录，尤其对患病幼儿更要做好全天的观察，并按时帮助患病幼儿服药（见表4-1、表4-2）。

表 4-1　晨检及全日健康观察记录表

日期	姓名	班级	晨检情况	全日健康观察（症状与体检）	处理	检查者
			家长主诉与检查			

备注：记录晨检和全日健康观察中发现的幼儿异常情况。

表 4-2　在园幼儿带药服药记录表

日期	班级	姓名	药物名称	服用剂量和时间	家长签字	服药时间及签字

（二）为幼儿创设良好的生活环境和精神环境

在一日生活当中，幼儿园应为幼儿提供良好的生活环境和精神环境。良好的生活环境包括：安全的活动环境、良好的睡眠环境、干净的进餐环境、科学的作息安排。良好的精神环境可借助教师与幼儿、幼儿与幼儿之间的和谐关系以及适当的艺术熏陶来构建。教师平等地关爱幼儿、鼓励幼儿会使幼儿感受到爱与安全感；幼儿之间和谐关系的建立能使幼儿感受到被接纳和被重视；适当的艺术熏陶会给幼儿带来愉悦感和轻松自由感。良好生活环境和精神环境的创设能使幼儿保持平稳、愉快的情绪状态。在这种环境下，幼儿能大胆主动地表达自己的需求和见解，按自己的方式进行尝试和表现，从而促进幼儿健康全面的发展。

（三）注意幼儿生活护理和良好生活卫生习惯的培养

幼儿处于人生的初始阶段，各种良好习惯都要通过学习来获得，考虑到幼儿可塑性强但自控能力比较差的特点，教师除了在一日生活的各个环节中做好幼儿生活护理工作外，还要关注幼儿各种良好生活卫生习惯的培养。如自主进餐的习惯、独立如厕的习惯、清洁卫生的习惯等。根据幼儿的年龄特点，教师对幼儿良好生活卫生习惯的培养需要注意以下几点：第一，循循善诱，向幼儿提出明确而严格的要求；第二，不断鼓励，让幼儿在练习中慢慢养成良好的生活卫生习惯；第三，注意矫正幼儿行为中的小错误；第四，借助游戏活动，培养幼儿良好的生活卫生习惯；第五，幼儿园教师要以身作则，为幼儿做出表率；第六，家园配合，共同促进幼儿良好生活卫生习惯的形成。幼儿良好生活卫生习惯的培养是一件任重道远的事情，对此教师不仅要从思想上重视，更要把幼儿各种良好生活卫生习惯的培养贯穿一日生活的各个环节，并且要长期坚持。

（四）密切与家长的联系与配合

家长是孩子最亲近的人，也是孩子的第一任教师，对孩子的发展有着极为重要的影响。学前教育要特别重视家园的配合，教师通过与家长的沟通，能了解幼儿的各种习惯、喜好、身体状况、与人交往的方式、在家庭中的表现等基本信息，这些信息的获得使教师在教育中能有针对性地采取有效措施，帮助幼儿获得全面的发展。

幼儿园要更好地与家长取得联系，获得家长的配合，可以从以下几个方面进行努力：第一，幼儿园要定期召开家长会或家教沙龙，主动与家长进行教育探讨；第二，通过家园联系卡或布置作业的方式，要求家长针对幼儿园的教育内容和教育方法在家庭教育中给予配合；第三，教师要真诚地与家长保持密切沟通，与家长建立相互信任、相互理解的关系，最终实现家园共育的一致性和有效性。

【理解·反思·探究】

1. 简述幼儿园卫生保健工作的意义和任务。
2. 幼儿园卫生保健管理具体包括哪些内容？
3. 幼儿园卫生保健管理在实施中应注意哪些问题？
4. 怎样有效开展幼儿园班级日常性卫生保健工作？

【实践训练】

1. 参观一所幼儿园，了解该幼儿园卫生保健工作的制度建设、计划的制订和实施情况，并进行简要的评述。
2. 深入一所幼儿园，做幼儿园一日生活各环节卫生保健观察记录，并对观察情况进行评价。

第五章　　　　幼儿园安全管理

【学习目标】

知识目标：

- 理解幼儿园安全管理的意义和原则。
- 掌握幼儿园安全管理机制的主要内容。
- 了解幼儿园安全事件的起因。
- 掌握幼儿园安全事件的防范措施。

能力目标：

- 能对幼儿园安全管理机制进行分析。
- 根据幼儿园实际情况编写幼儿园安全工作预案。
- 能对幼儿园安全事故法律责任进行分析。

【案例导入】

2020年7月2日，贵州省毕节市赫章县发生了4.5级地震。"小朋友们，赶快躲到桌子下面！快点！"地震发生后，正在辅导大二班孩子画画的张老师拼命地大喊，大部分孩子听到张老师的话后立刻钻到桌子下面，可是还有几个孩子不明白发生了什么，依然站在原地。正在办公室的王老师、何老师立刻冲到活动室，把站着的几个孩子拉到桌子下避险。"当时来不及想自己，脑子里第一个想法就是让孩子们躲起来。"何老师事后回忆说。据监控视频显示，从地震发生到何老师把孩子们拉到桌子下只用了7秒钟时间。剧烈的晃动后，何老师果断做出决定——立刻往外疏散幼儿。此时，幼儿园的其他老师也加入疏散的队伍中，他们有序地将幼儿带到空旷的操场。王老师担心卫生间里有落下的幼儿，又拼命往回跑，仔细检查有无落下的幼儿。24名教师、176名幼儿、7秒钟躲到桌下，10秒钟逃离活动室……这个幼儿园成功上演了一场急速逃离。

请你思考：为什么该幼儿园在地震中能迅速成功避险，确保了全园幼儿和教师的安全？

第一节　幼儿园安全管理概述

幼儿园安全工作是各项工作的重中之重，受到各级政府的高度重视。幼儿园安全管理也是幼儿园管理的重要内容。

一、幼儿园安全管理的地位和意义

幼儿园安全管理是指对全园与安全相关事务的计划、组织、领导和控制等，确保园内工作能够顺利进行。在实际工作中，幼儿园各类人员、财产、环境、门禁、食品、用电、用水等，都存在安全问题。对人员来讲不仅包括身体安全，还包括心理安全。幼儿园不安全事件来源多样，涉及面广。本章主要围绕幼儿的安全来探讨幼儿园安全管理。

（一）幼儿园安全管理的地位

《幼儿园教育指导纲要（试行）》指出"幼儿园必须把保护幼儿的生命和促进幼儿的健康放在工作的首位"。《3~6岁儿童学习与发展指南》指出，幼儿阶段是个体身体发育和机能发展极为迅速的时期，也是形成安全感和乐观态度的重要阶段。2016年修订的《幼儿园工作规程》第三章为"幼儿园的安全"，进一步明确了幼儿园安全教育与安全管理工作的方向，强调"幼儿园应当把安全教育融入一日生活，并定期组织开展多种形式的安全教育和事故预防演练"。2017年印发的《国务院办公厅关于加强中小学幼儿园安全风险防控体系建设的意见》，对校园安全的预防、管控和处理分别做出了系统规定，说明国家在追求教育内涵发展的同时，依然把中小学幼儿园的安全问题摆在第一重要位置。2022年2月，教育部印发了《幼儿园保育教育质量评估指南》，在"幼儿园保育教育质量评估指标"中，将"保育与安全"设为重点内容，其中"安全防护"是关键指标之一。学前教育的五大领域，位于第一位的是健康。幼儿缺乏知识经验，缺乏独立生活能力，感知觉和动作发育尚未成熟，然而他们又活泼好动、好探索，识别危险的能力差，在日常生活中，很容易给自己和其他幼儿带来伤害。幼儿园的中心任务是保教，首要任务是安全，只有在安全的基础上，才能谈教育，才能谈幼儿的发展。因此，安全管理在幼儿园管理中处于首要地位，幼儿园必须高度重视安全工作，对全体幼儿的安全负责。

☞【拓展阅读】
《国务院办公厅关于加强中小学幼儿园安全风险防控体系建设的意见》

（二）幼儿园安全管理的意义

1. 保教活动根本价值的要求

幼儿园作为一个教育场域，所有保教活动的价值都应回归到促进幼儿成长和发展上。安全教育作为幼儿园的一项重要活动，是直面幼儿主体生长的实践活动。幼儿园应加强幼儿园安全管理工作，及时消除安全隐患，防患于未然，构建和谐平安幼儿园，完善幼儿园日常安全管理的行为规范，按照教育部《中小学幼儿园校园安全管理办法》制定相应规章制度，确保幼儿园内安全工作及其他常规工作的顺利开展。

2. 幼儿园保教工作顺利进行的前提

幼儿园安全工作是幼儿园顺利进行保育、教育的前提条件。只有做好了安全工作，才能避免幼儿在集体生活中意外事故的发生，保证幼儿园保教工作有序进行，保证入园幼儿的身心安全。也只有在保证幼儿身心安全的前提下，才能对幼儿进行其他方面的教育，否则一切都是空谈。

3. 赢得家长信任、社会认可的基础

幼儿园安全工作的好坏，关系到每个幼儿的生命安全，同时还牵动着幼儿家长的心。只有做好幼儿园安全工作，保障幼儿园不出重大安全事故，才能解除家长的后顾之忧，赢得家长的信任和社会的认可。

4. 为幼儿一生的平安幸福奠基

幼儿时期的身心发展状况对个体一生都有重要的影响。重视幼儿的身心安全工作，提高幼儿的安全意识，养成良好的安全习惯，可以为幼儿一生的身心健康奠定基础。

二、幼儿园安全管理的原则

幼儿园在加强安全管理时，应结合自身特性，遵循以下原则：

（一）预防为主原则

预防为主指幼儿园要主动发现可能存在的安全隐患，加强防范意识，采取合适的安全管理措施。各种安全事故总会带来不同程度的损失，尤其涉及幼儿生命与健康的损失往往不可弥补、无法挽回。所以，幼儿园安全管理要树立预防为主的意识，努力做到防患于未然。

（二）统一领导与分级负责相结合原则

幼儿园安全管理涉及幼儿园的各个方面，因此，幼儿园需要建立以园长为安全第一责任人的管理系统，统一领导全园安全工作。成立安全工作领导小组，将安全责任层层落实，与保教主任、后勤主任、教师、保育员、后勤人员等层层签订安全责任书，将安全工作落到实处。力争人人知道、人人关心、人人负责，安全工作不留死角。

（三）以人为本，"管""放"结合原则

以人为本是指幼儿园在安全管理过程中，应该把保障幼儿、教职工的基本人身安全作为首要任务，同时又要考虑幼儿、教职工的发展。幼儿园应为幼儿和教职工营造自然和谐的氛围，给幼儿和教职工安全感。有的幼儿园为了节省开支，不配备专门的卫生保健人员；有的幼儿园班额过大，给保教人员的班级安全工作造成巨大压力。这些都会给幼儿园安全带来隐患，应当尽量避免。同时，在幼儿园安全管理中，要处理好"管"与"放"的关系。不能因为怕出现安全事故，而处处限制幼儿、教师的活动。比如，有的幼儿园为了防止出现安全事故限制幼儿的自由活动、体育活动，取消春游、郊游、社区活动等，这些都是"因噎废食"的表现。"管""放"结合，要求幼儿园不仅要保护好幼儿，同时，也要遵循幼儿身心发展规律，尽量使他们在自然状态下快乐地生活和成长，避免过多的压抑与约束。幼儿园应当重视保教人员安全意识的培养，实行安全工作责任制，大胆放权，同时加强监督、检查和指导，充分调动保教人员的积极性、主动性和创造性，形成"全园上下，齐抓共管"的良好局面。

（四）制度规范与教育引导并重原则

幼儿园加强安全管理，一方面要重视安全制度建设，从园内安全到园外安全，从食品安全到器械安全，从园长的安全责任到教师的安全责任，凡是涉及幼儿园安全的环节都要制定科学合理、切实可行的规章制度，通过规章制度对相关人员的安全行为进行规范。另一方面要重视对教职工和幼儿的安全教育。幼儿园管理者一定要认识到增强幼儿和教职工的安全意识是减少安全事故的重要途径，也是幼儿园安全管理的重要任务。幼儿园安全管理应将制度规范、教育引导恰当结合，提高幼儿和教职工遵守安全制度的自觉性，保障安全制度的切实落实。

（五）快速反应原则

一旦发生安全事故，幼儿园应该第一时间启动相应的安全应急预案。涉及幼儿人身安全事故的，应当及时通知幼儿监护人。重大安全事故，应当及时通报教育主管部门，避免瞒报、漏报。幼儿园应及时采取相应的避险和抢救措施，尽量减少安全事故造成的损失。

第二节　幼儿园安全管理的机制与措施

做好幼儿园安全管理工作，需要完善的管理机制保障，需要在了解幼儿园安全事故起因的基础上，采取一系列的安全管理措施，其中包括法律手段。

一、幼儿园安全管理机制

幼儿园安全管理机制是使幼儿园安全工作持续、全面推进的各种管理组织、制度、方法与手段的综合。建立整体有效的安全管理机制，是幼儿园正常、有序、可持续运转的关键。

幼儿园安全管理机制具有系统性。如果把幼儿园安全管理系统比喻为一辆大客车，那么行驶的目的地是安全的自由王国；幼儿、教职工、幼儿园相关人员，以及幼儿园的财、物等是乘客；幼儿园安全管理的价值取向是方向盘；高度的安全意识、坚决的执行理念是能源；安全管理机制是发动机；安全责任制度是动力传导系统；控制危险点的措施是车身；园长是驾驶员。幼儿园安全管理系统的任何一个方面出现问题，幼儿园的安全工作就会出现相应的问题或隐患。因此，管理者不但要重视幼儿园安全管理机制的建立，同时还需要重视幼儿园安全管理机制的系统性，在安全管理方面整体谋划、统筹兼顾，建立完整的幼儿园安全管理机制体系。

幼儿园可以建立以下安全管理机制：第一责任人机制、安全教育与培训机制、安全会议机制、园长主任值班机制、园领导联查机制、安全约谈机制、安全管理记录追账式管理机制、安全信息沟通机制、班组安全工作每月考评机制、安全奖惩机制等。

幼儿园安全管理的最高境界是形成安全文化。全体教职工对安全管理有共同的价值取向，具备良好的安全习惯。全体教职工不但能做到安全自主管理，而且能积极为幼儿园安全管理出谋划策，事事提醒。这些良好品质和行为的形成绝非一朝一夕，必须经过一个从他律到自律的过程，这个过程离不开安全管理机制的支撑。

二、幼儿园安全事故的起因与防范措施

这里的幼儿园安全事故，主要是指在园幼儿的伤害事故，即在园幼儿在幼儿

园组织的园内或园外活动中，以及在使用幼儿园负有管理责任的设施设备时发生的人身伤害事故。

（一）幼儿园安全事故的起因

1. 幼儿身心发展的特殊性

（1）幼儿年龄小，容易出现意外。幼儿身心处于明显的未成熟阶段，身体各部分的器官比较娇嫩，动作协调性较差，识别危险和自我保护能力较差，加上活泼好动，所以极易出现安全问题。如幼儿在奔跑时，因躲闪不灵活与迎面跑来的其他幼儿撞在一起。由于缺乏生活经验，幼儿有时对自己行为产生的后果无法预见。如有的幼儿在玩跷跷板时，会不顾跷跷板另一端的同伴，突然走开，导致同伴摔倒。此外幼儿好奇心强，对周围事物很感兴趣，爱探究，善冒险，但又缺乏生活经验，因此很容易发生意外事故。

（2）幼儿体质特殊或者突发疾病。有些安全事件是由于幼儿的体质特殊或者突发疾病引起的，如先天性心脏病、癫痫，易过敏体质，易骨折等。幼儿入园时，教师要提前询问家长，认真做好记录，并及时向家长了解幼儿的特殊体质或疾病情况。有的家长担心孩子的疾病公开后会在园内遭受歧视，便不向教师说明情况。教师应和家长多联系、多沟通，将科学育儿理念传输给家长，打消家长的疑虑，更好地进行家园共育。

2. 幼儿园管理不善造成的伤害

（1）外来侵害。外来因素比较复杂，有不可抗力的因素造成的，如地震、台风等。更为常见的是由于幼儿园安全管理不完善而遭到来自社会的人为伤害。比如，因门卫制度不严格，设备不健全，人员不得力，外来人员趁机到幼儿园寻衅滋事；对幼儿园教职工素质、来源和社会关系审查不清造成安全隐患等。

（2）内部侵害。内部侵害是指由于幼儿园内部管理不严，教师专业水平低下、师德败坏，后勤等部门工作人员综合素质低、责任心不强、爱岗敬业意识淡薄等多方面的原因，所导致的内部伤害事件。幼儿园保教人员的过失行为常会对幼儿造成伤害，或延误和扩大伤害。比如，由于保教人员工作责任心不强，玩忽职守，导致安全事故频发。保教人员缺乏必要的安全和护理知识，伤害事故发生时，不知该如何应对，错过了抢救的最佳时机。

（3）幼儿园组织的大型活动或外出活动。幼儿园组织的大型活动或外出活动与幼儿园的常规活动相比，人员众多、程序繁多、监管困难，如果在活动之前不进行详细的安排和部署，就容易发生意外。如节日庆典活动（元旦、六一儿童节、端午节等）、亲子开放日活动、集体远足活动、运动会等。幼儿园在开展大型活动时，应该有足够的危机意识，在活动前制订详细的危机管理预案，对人员、场地、活动组织、潜在危险等进行细致的分析，排除踩踏、火灾等隐患，以保证大型活动的顺利进行。如果没有足够的安全意识，大型活动就可能沦为一场悲剧。如某幼儿园在组织亲子游戏时让家长和孩子一起踩气球，因为孩子弯腰过低，被爆裂的气球弄伤了眼睛。因此，幼儿园在举办此类活动时一定要做好安全教育，避免危险的游戏，安全防护措施务必到位。

3. 幼儿园设施设备不完善造成的人身伤害

《幼儿园管理条例》规定："幼儿园的园舍和设施有可能发生危险时，举办幼儿园的单位或个人应当采取措施，排除险情，防止事故发生。"这对幼儿园加强设备的管理和维修提出了明确的要求。有些幼儿园的建筑不规范，台阶过高，栏杆过低，楼梯过窄，极易发生安全问题。有的幼儿园把大型器械安置在比较硬的地面上，幼儿不慎掉下来容易摔伤；相关责任人不及时对大型器械进行检修等也会对幼儿造成一定的伤害。

☞【拓展阅读】
有关幼儿安全防范意识的研究

（二）幼儿园安全事故的防范措施

幼儿园安全事故的防范措施应该涉及全园的各个岗位和幼儿一日生活的各个环节。园长应该高度重视并教育全体教职工认真对待，全方位开展安全管理，形成"工作有人抓、隐患有人查、整改有人督、事情有人办"的安全管理机制，切实保证幼儿及幼儿园的安全和谐。具体的防范措施如下：

1. 加强安全教育，强化安全意识

安全意识是安全工作的认识前提。所谓安全意识是对安全和伤害事故的认知程度和警惕程度。研究认为，大部分儿童意外伤害是可以通过增强防范意识加以预防的，与国家的经济发展水平没有必然联系。加强安全教育，增强安全意识就可以有效减少幼儿伤害事故的发生。

☞【拓展阅读】
《托育机构婴幼儿伤害预防指南（试行）》

幼儿园在安全教育中，要努力使教职工具有以下安全意识：

（1）将安全工作放在首位。

（2）将安全管理与日常保教工作相结合，切实做到防患于未然。

（3）幼儿园一日工作虽然琐碎，但各个环节都不要松懈。

（4）大型玩具、班级玩具以及幼儿带入园的玩具，无论大小，一定要保证安全、卫生。

（5）组织幼儿游戏时要做到"放手不放眼，放眼不放心"。

（6）对幼儿园外来人员一定要登记询问，多加关注。

（7）严格遵守幼儿园各项规章制度。

（8）掌握基本的幼儿急救方法，熟悉幼儿园各种伤害事故应急预案，有及时汇报的责任意识。

（9）建立幼儿园各项安全台账，做好及时记录和总结。

（10）与家长及时联系和沟通，做好家园共育工作。

2. 建立健全完备的安全管理制度

制度不严、管理不善是幼儿伤害事故发生的主要原因之一。因此，幼儿园要从健全各项制度着手，切实抓好制度的落实工作。幼儿园必须建立安全岗位责任制，要做到事事有制度，人人有责任。从园长开始，层层签订安全责任书，明确每个部门、每个人的安全责任，将安全工作落实到每个人的工作之中，使全园上下职责明确、责任到人。

具体而言，幼儿园安全管理制度包括：幼儿园门卫管理制度、幼儿接送制度、交接班制度、班级幼儿外出活动制度、幼儿园一日活动安全制度、幼儿园消防安全制度、药品管理制度、幼儿服药制度、幼儿园消毒制度、设施安全检查制度、卫生保健制度、食品采购制度等。通过制度来加强管理，预防伤害事故的发生。

☞【拓展阅读】
常见的幼儿园
安全应急预案

在制定幼儿园安全管理制度时需要注意以下问题：

（1）明确相关工作人员的安全职责。

（2）明确教师工作以及幼儿活动、游戏的安全规则。

（3）严格执行安全事故上报制度，不可有意隐瞒幼儿伤害事故。

（4）建立安全应急信息互通机制，在幼儿伤害事故发生时，能保证通过一定的途径将信息第一时间传达给每位相关人员。

（5）在必要的地方展示幼儿园空间示意图，明确标注紧急疏散通道，以及全园水、电、燃气、暖气等的具体位置。

（6）建立各种伤害事故发生的预防机制，构建应急预案体系。

（7）在安全制度执行过程中，还应根据新情况对制度进行调整和完善。

3. 坚持和加强各项安全检查

幼儿园一定要监督检查到位，通过对内部设施及制度执行的安全排查，发现隐患，及时处理。定期对安全设施设备（操场和走廊里的红外线监控设备、应急灯、财务室的报警器、消防水管等）进行检查和维修，做好应急灯的检查充电工作，及时更换消防器材，保证各种设施设备能够正常工作。

4. 对幼儿进行安全教育和技能训练

确保幼儿安全，最根本的措施是对幼儿进行安全教育和技能训练，提高幼儿自身的安全意识，养成安全习惯，具备基本的自我保护技能和避险能力。

（1）在幼儿一日生活中进行安全教育和技能训练。幼儿的大部分经验是在生活活动中获得的。因此，安全教育的目标制订、内容选择、实施途径及效果评价都要贴近幼儿的真实生活。教师应关注幼儿一日生活细节中的安全保护问题，抓住现场契机及时对幼儿进行安全教育。例如，早上入园时，教师应仔细检查幼儿是否携带花生米、黄豆、珠子、棋子、刀片等物品，如若发现应及时提醒并说明危害；幼儿洗手时提醒幼儿开小水龙头，避免水喷溅弄湿地面，导致走路滑倒；下楼梯时告诉幼儿排好队，一个跟着一个走，以免发生踩踏事件；提醒幼儿进餐时不要说笑、打闹，以免食物进入气管发生危险等。

（2）在教学活动中进行安全教育和技能训练。在教学活动中，教学与安全应该是融为一体的，教学活动中有安全知识的教育，安全训练中又含有教育的价值，两者不可分离。幼儿园要利用教学活动中各环节的教育因素，通过各种渠道将安全知识、幼儿在日常生活中可能遇到的意外伤害以及预防措施、常见安全标志等告知幼儿，让幼儿形成安全意识。幼儿园可以开展一些自救游戏活动，创设情境让幼儿模拟表演，比如，组织幼儿进行防震、防火演练等，让幼儿对危险和逃生技能有更深的体验，学习如何使危害降到最低，掌握基本的逃生方法。

5. 提高幼儿的自我保护能力

（1）体育锻炼可以增强幼儿躲闪、奔跑等快速反应能力，提高动作的平衡性、灵活性。因此，幼儿园应给幼儿提供足够的时间和空间，合理地组织有一定强度和密度的体育活动，增强幼儿的体质，提高自我保护能力。

（2）幼儿缺乏判断和推理的能力，对某些事情的危险性往往觉察不到或理解不了。因此，单纯以知识传授的方式，即让幼儿背诵若干安全规则难以取得良好的安全教育成效。针对这一问题，幼儿园进行安全教育时应尽量避免说教的单一形式，应依据幼儿身心发展的特点，采用情感体验法、故事法、游戏模拟法、竞赛法等幼儿喜闻乐见的形式开展安全教育。

☞【案例】小口罩大作用

6. 重视对家长的安全教育

（1）对家长进行安全教育是幼儿园安全管理的重要内容。幼儿园安全工作离不开家长的有效配合。许多家长尤其是农村家长安全意识淡漠，缺少基本的安全知识和技能，以及科学保育的方法，为幼儿的安全带来隐患。幼儿园应当高度重视对家长的安全教育，不能只顾园内而忽视园外。

（2）幼儿园通过以安全为主题的家长会、亲子活动、主题报告、宣传栏、园报、网络多媒体资源，以及其他与家长交流的机会，积极向广大家长宣传安全知识。同时，向家长宣传科学保育的知识，避免家长由于缺乏保育常识而对孩子的身体和心理造成不必要的伤害。

小组讨论

如果你是幼儿园园长，你将采取哪些措施确保幼儿园的安全？

三、幼儿园安全事故法律责任的分析

幼儿安全事故，主要包括园内和园外各种保教活动中发生的事故，以及在幼儿园负有管理责任的园舍、场地内发生的造成幼儿人身损害后果的事故。在处理幼儿安全事故时，首先应该明确幼儿和幼儿园之间的关系，以及家长、幼儿园等相关人员和单位的职责。

（一）国家法律对幼儿园安全事故的解读说明

1.《中华人民共和国民法典》相关法律条文的解读

《中华人民共和国民法典》自 2021 年 1 月 1 日起施行。它是新中国第一部以"法典"命名的法律，开创了我国法典编纂立法的先河，是民事权利的宣言书和保障书，被称为"社会生活百科全书"。它的编纂与实施具有里程碑意义。

《中华人民共和国民法典》第一编"总则"第一章"基本规定"的第二条规定：民法调整平等主体的自然人、法人和非法人组织之间的人身关系和财产关系。该法条和原有的《中华人民共和国民法通则》的规定有一定区别，《中华人民共和国民法通则》强调的是公民，而《中华人民共和国民法典》强调的是自然人。因此涉及幼儿园安全的相关人员，不管是中国人、外国人或无国籍人，只要在中华人民共和国领域内或与中华人民共和国有关的案件都适用民法典。同时《中华人民共和国民法典》还增加了"非法人组织"这一范畴，即不具备法人资格，但是能够依法以自己的名义从事民间活动的组织，均在民法保护范围。因此从《中华人民共和国民法典》的适用范围来看，其涉及的群体更为广泛。

《中华人民共和国民法典》第二章"自然人"第二十条规定：不满八周岁的未成年人为无民事行为能力人，由其法定代理人代理实施民事法律行为。第七编"侵权责任"第一千一百八十九条规定：无民事行为能力人、限制民事行为能力人造成他人损害，监护人将监护职责委托给他人的，监护人应当承担侵权责任；受托人有过错的，承担相应的责任。

幼儿属于无民事行为能力人，如果幼儿侵犯了他人的利益，由他的监护人承担相应的侵权责任。这里涉及的一个重要问题是幼儿园或幼儿园教师是不是在园幼儿的法定监护人？《中华人民共和国民法典》规定无民事行为能力人将监护职责委托给他人的，监护人应当承担侵权责任。如果幼儿园是监护人，那么幼儿园就应该承担幼儿安全事故的所有责任。如果幼儿园不是在园幼儿的监护人，幼儿园又没有过错就不需要承担所有的责任。《中华人民共和国民法典》对监护的委托进行了严格的限制，"监护人将监护职责委托给他人的，监护人应当承担侵权责任"，这里的委托必须是书面的委托。

第七编"侵权责任"第一千一百九十一条规定：用人单位的工作人员因执行

工作任务造成他人损害的，由用人单位承担侵权责任。用人单位承担侵权责任后，可以向有故意或者重大过失的工作人员追偿。这一法条所涉及的问题是：幼儿园工作人员在岗位工作过程中给幼儿造成伤害的，谁是承担责任的法律主体？该法条进行了具体说明：幼儿园是承担责任的法律主体，但是幼儿园在承担自己相应的法律责任以后，可以追偿工作人员责任，即要求有故意或者重大过失的工作人员承担一部分责任。

第七编"侵权责任"第一千一百七十六条规定：自愿参加具有一定风险的文体活动，因其他参加者的行为受到损害的，受害人不得请求其他参加者承担侵权责任；但是，其他参加者对损害的发生有故意或者重大过失的除外。如果法定监护人同意幼儿参加体育活动或外出活动，但是因其他参加者的行为受到损害的，只要不是故意或重大过失的，幼儿园不承担侵权责任。对于活动组织者的法律责任，第一千一百九十八条规定：宾馆、商场、银行、车站、机场、体育场馆、娱乐场所等经营场所、公共场所的经营者、管理者或者群众性活动的组织者，未尽到安全保障义务，造成他人损害的，应当承担侵权责任。因此幼儿园如果涉及场地安全性问题，适用于本条规定。

《中华人民共和国民法典》第一千一百九十九条规定：无民事行为能力人在幼儿园、学校或者其他教育机构学习、生活期间受到人身损害的，幼儿园、学校或者其他教育机构应当承担侵权责任；但是，能够证明尽到教育、管理职责的，不承担侵权责任。例如，幼儿下午离园时进行拉火车游戏，一个拉一个，排队到幼儿园门口，幼儿甲松开前面幼儿乙的衣服，并将幼儿乙推倒，造成幼儿乙腿骨骨折。幼儿园要不要承担全部的责任？如果满足以下条件幼儿园便不承担责任：（1）班级里值班的教师都在岗；（2）教师都在维持秩序，关注幼儿当时的行动和活动；（3）事发突然无法阻止。如何证明当时事发突然？如果幼儿园有摄像头清晰地记录了当时的场景便能很好地证明，反之幼儿园就要承担相应的责任。

《中华人民共和国民法典》第一千二百零一条规定：无民事行为能力人或者限制民事行为能力人在幼儿园、学校或者其他教育机构学习、生活期间，受到幼儿园、学校或者其他教育机构以外的第三人人身损害的，由第三人承担侵权责任；幼儿园、学校或者其他教育机构未尽到管理职责的，承担相应的补充责任。幼儿园、学校或者其他教育机构承担补充责任后，可以向第三人追偿。例如，两名幼儿在周末溜进幼儿园玩耍，有一辆车在倒车过程中不慎撞倒其中一名幼儿。如果幼儿园大门是锁好的，实行的是封闭式管理，证明自己尽到了常规的管理职责，那么就不承担责任，司机应该承担全部责任。但如果幼儿园未尽管理职责的话就要承担补充责任，主要责任仍是司机。何时承担补充责任？前提一是有过错，前提二是侵权一方没有足够的能力进行所有的赔偿。

2.《中华人民共和国未成年人保护法》相关法律条文的解读

第二次修订后的《中华人民共和国未成年人保护法》于 2021 年 6 月 1 日起施行。"未成年人"在法律意义上指未满 18 周岁的公民。本次修订新增"网络保护""政府保护"两章，由 7 章扩展为 9 章，条文由 72 条增加到 132 条，修订几乎涉及原《中华人民共和国未成年人保护法》的每一个条文。

原法第三条规定"国家根据未成年人身心发展特点给予特殊、优先保护，保障未成年人的合法权益不受侵犯"，修订后的第四条修改为"保护未成年人，应当坚持最有利于未成年人的原则"，充分体现了对未成年人的利益保护。《中华人民共和国未成年人保护法》还规定在处理涉及未成年人事项时，应当符合下列要求：

（1）给予未成年人特殊、优先保护；

（2）尊重未成年人人格尊严；

（3）保护未成年人隐私权和个人信息；

（4）适应未成年人身心健康发展的规律和特点；

（5）听取未成年人的意见；

（6）保护与教育相结合。

第七条规定：未成年人的父母或者其他监护人依法对未成年人承担监护职责。国家采取措施指导、支持、帮助和监督未成年人的父母或者其他监护人履行监护职责。该法条明确了监护人和国家各自的责任，说明在一般情况下，幼儿园不是在园幼儿的法定监护人。

"总则"部分强调了"强制报告制度"，第十一条规定：任何组织或者个人发现不利于未成年人身心健康或者侵犯未成年人合法权益的情形，都有权劝阻、制止或者向公安、民政、教育等有关部门提出检举、控告。国家机关、居民委员会、村民委员会、密切接触未成年人的单位及其工作人员，在工作中发现未成年人身心健康受到侵害、疑似受到侵害或者面临其他危险情形的，应当立即向公安、民政、教育等有关部门报告。有关部门接到涉及未成年人的检举、控告或者报告，应当依法及时受理、处置，并以适当方式将处理结果告知相关单位和人员。该法在最大限度上保护未成年人的合法权益。

（二）在园幼儿安全事故的赔偿范围

对于发生的幼儿安全事故，责任方作出的损害赔偿分为直接经济损失赔偿和精神赔偿。其中，直接经济损失赔偿包括医疗费、营养费、误工费、护理费、交通费等；造成残疾的，还需要赔偿残疾用具费、生活补助费；造成死亡的，则需赔偿丧葬费、死亡赔偿金。

【理解·反思·探究】

　　1. 幼儿园安全管理机制包括哪些内容?

　　2. 幼儿园安全事件的起因主要有哪些? 如何有效防范?

　　3. 国家法律关于幼儿园安全事故责任的法律条文主要有哪些? 如何理解?

【实践训练】

　　1. 根据所学内容,编写一份幼儿园安全应急预案。

　　2. 搜集一个幼儿园安全事故案例,分小组运用相关的法律知识对案例进行讨论分析。

第六章　　　　　幼儿园保教工作管理

【学习目标】

知识目标：

● 理解保教工作是幼儿园全部工作的中心，保教结合是幼儿园工作的基本特点。

● 了解保教工作管理的组织机构、保教工作管理的过程、保教工作常规管理。

● 理解幼儿园课程管理的内涵、意义，明确幼儿园课程管理的层次与基本职能、幼
　儿园课程管理应关注的重点问题、幼儿园课程方案的编制与管理、园本课程的开
　发与管理。

● 明确幼儿园教研活动、科研活动的意义，把握提高教科研活动质量的措施和
　方法。

能力目标：

● 能将保教结合原则落实到幼儿园管理中。

● 能编制周活动计划和一日活动计划。

● 能对幼儿园课程方案和园本课程进行管理。

● 能对幼儿园教研活动和科研活动进行管理。

【案例导入】

何园长正在办公室里写工作报告，一位家长推门而入，责问何园长："何园长，你们园的老师怎么回事，罚我儿子半天不能玩！这么小的孩子，不玩还能干啥？亏你们园还是一级示范园呢！"何园长一听，愣了，园里从来没发生过这样的事情，是不是有什么误会呢？她见家长正在气头上，便递给她一杯水，请她坐下把事情原委说清楚。家长说："昨天，我接孩子回家，问孩子今天玩得怎么样？孩子说'老师让我半天不准玩'。我孩子也就 3 岁多，哪能半天不玩呢？"何园长说："我先了解一下情况，一定给您一个满意的答复。"于是，何园长找到了小二班王老师询问此事，王老师着急地解释："是这样的，明明昨天淘气，我就对他说再淘气就半天不准玩。但我只是让他安静地待了 1 分钟，并没有真正让他半天不准玩。"保育员也向何园长证明情况属实，何园长全明白了。小班幼儿不能正确理解教师的话，所以就引起了家长对教师的误会。何园长将事情的真相告诉了家长，并且向家长道歉。家长反而不好意思了，说："看来得去学习儿童心理学，谢谢园长！"事后，何园长没有批评王老师，而是与她一起探讨教育的方式方法，并建议她第二天主动向家长道歉。

请从幼儿园管理的角度分析，幼儿园如何避免或减少保教工作中的这类矛盾。

第一节　保教工作的地位与特点

保教工作是保育工作和教育工作的简称。保教工作是幼儿园全部工作的中心，它直接关系着幼儿的发展和幼儿园的教育质量。保教工作管理是幼儿园管理的中心，占有十分重要的位置，幼儿园的其他工作都围绕着保教工作开展，为实现育人目标服务。

一、保教工作是幼儿园的中心工作

保教工作是幼儿园全部工作的中心，是幼儿园质量最直接、最明显的体现。这是由幼儿园的性质和培养目标决定的。

（一）幼儿园是保教机构

幼儿园是保教机构，保教幼儿是它最主要的任务。幼儿园工作包括许多方面，主要有保教工作、卫生保健工作、总务后勤工作、师资队伍的建设等。其他工作都是为保教工作服务的。做好卫生保健工作，是为了更好地保育幼儿，保证幼儿的健康；做好总务后勤工作，是为了提供更好的物质条件和良好的环境，以确保保教工作的顺利实施；建设一支高素质的师资队伍是落实保教工作的关键。

从幼儿园整体工作来看，各项工作是一个有机联系的整体，每一项工作在这个系统中都有各自独特的作用，但在这个系统中，所有工作都应围绕保教工作展开，并为保教工作服务。

（二）保教工作是实现幼儿园培养目标的主渠道

《幼儿园工作规程》第三条指出，幼儿园的任务是"按照保育与教育相结合的原则，遵循幼儿身心发展特点和规律，实施德、智、体、美等方面全面发展的教育，促进幼儿身心和谐发展"。为了实现这一目标，必须将保教工作放在中心的位置上。保教工作是培养人才最直接的工作，保证保教工作质量是保证幼儿全面发展目标得以实现的前提。保教工作是实现幼儿园培养目标的主渠道。

二、保教结合是幼儿园工作的基本特点

保教结合是幼儿园工作的基本特点，也是幼儿园一贯坚持的原则。首先我们需要理解什么是"保教结合"。

（一）保教结合的内涵

☞【视频】保教结合是幼儿园工作的基本特点

"保教结合"是一个整体概念，"保"和"教"是学前教育整体的不同方面，同时对幼儿产生影响。

"保"指"保育"，即保护幼儿的健康。健康的内涵十分广泛，有身体方面的，有心理方面的，还有社会适应方面的。身体方面包括照料幼儿的生活，提供生长发育必需的营养，执行合理的生活制度，预防疾病和安全事故，开展多种多样的体育活动，增进幼儿体质，使他们具有健康的体魄；心理方面注重幼儿健康、积极的情感培育；社会适应方面主要培养幼儿探索环境、适应社会的能力，同时还要培养幼儿良好的交往能力，使幼儿不仅有与他人交往的勇气，又掌握与他人交往的技巧。[1] 以前我们更多的是重视幼儿的身体健康，而忽视了幼儿的心理健康，致使一些幼儿情绪不稳定、封闭、孤僻，不知道如何与他人交往。

"教"指"教育"，即按照德、智、体、美、劳的要求，有目的、有计划地对幼儿进行全面发展的教育。如合理安排幼儿的饮食、睡眠，帮助他们养成良好的生活习惯；丰富幼儿的知识经验，发展智力，使幼儿有良好的社会适应性，培养积极的情感和良好的个性品质。

保教结合，是指保教人员在各项活动中做到保中有教、教中有保，使二者相互联系、相互渗透，保教并重，从而使幼儿在得到细致照料的同时获得全面、健康、和谐的发展。

（二）保教结合是由幼儿身心发展特点决定的

保教结合成为幼儿园工作的基本特点主要是由教育对象——幼儿的身心发展

---

① 唐淑，虞永平. 幼儿园班级管理［M］. 南京：南京师范大学出版社，1999：36.

特点决定的。幼儿各系统、各器官还没有发育完善，各种心理特征、个性特征、生活习惯等还没有形成；身体活动能力、自我照料和独立生活能力等都较差；他们缺乏生活经验，有时难以避免生活中的危险。这些都决定了教师对幼儿所实施的教育既需要有生活上的精心照料和安全保护，也需要有必要的知识启蒙和能力培养。[①]如果只强调保育，幼儿园就失去了它作为专门的学前教育机构的职责；相反，如果只强调教育，幼儿的健康与和谐发展就无从谈起，因为只有在幼儿的生理需要得到满足的基础上，对他们实施全面发展的教育才成为可能。

三、保教结合原则在幼儿园管理中的落实

保教工作是幼儿园的中心工作。园领导应处理好中心和全局的关系，把主要时间和精力投入管好保教工作，提高保教工作质量和效率上。幼儿园其他方面的工作都应围绕保证保教工作顺利进行而开展，为保教工作创造良好条件，保证保教目标的最终实现。

（一）树立保教结合的管理思想

园领导要想做好保教工作管理，必须树立"保教结合"的学前教育思想、"保教结合"的幼儿园管理思想，把保教结合原则贯穿于幼儿园整个管理过程中，落实好保教结合原则。幼儿园应组织全体保教人员学习《幼儿园工作规程》《幼儿园教育指导纲要（试行）》《3~6岁儿童学习与发展指南》《幼儿园教师专业标准（试行）》等政策文件，强化保教人员的保教结合意识，把保教结合贯穿于幼儿园一日生活各项活动之中。如教师在指导幼儿绘画、书写或阅读的时候，不仅要关注幼儿作品的完成情况、阅读能力的培养，也要注意幼儿正确姿势、良好习惯的培养，关注幼儿脊柱发育、视力保护等一系列身体发育的问题。

（二）在幼儿一日生活中落实保教结合

幼儿园一日生活的各个环节都渗透着保育与教育，它们相互联系、相互渗透。《幼儿园教师专业标准（试行）》要求教师要"注重保教结合"，不仅将"一日生活的组织与保育"作为重要的专业领域要求，而且要求教师能合理安排和组织一日生活的各个环节，科学照料幼儿的日常生活，指导和配合保育员做好班级常规卫生保健工作，将教育灵活地渗透到一日生活中。保教人员要密切配合，充分利用一日生活中的各种教育契机，从生活活动、学习活动、户外活动及游戏活动等具体活动入手，做到既有分工，又有合作，对幼儿进行随机教育，将保教结合原则落到实处。

（三）通过评价导向作用，确保保教结合的落实

幼儿园的评价机制对幼儿园整体工作起导向作用，因此，管理者要重视幼儿

① 梅怀萍. 实施"保教"结合原则，全面提高幼儿素质 [J]. 镇江师专学报（社会科学版），1998（3）：123-124.

园各方面工作的评价，特别是对保教工作的评价更应该坚持保教结合的原则。在评价教师、保育员工作时要包括保育和教育两个方面，只是保育和教育两个方面的工作在两者本职工作的评价体系中要分清主次，所占比例要有所不同。管理者要使每一位保教人员都能得到科学、合理、公平、公正的评价，从而激发保育员和教师工作的积极性，最终达到促进幼儿身心全面和谐发展的目标，使幼儿园的评价机制成为幼儿发展的重要推动力量。

第二节　幼儿园保教工作管理的组织和实施

幼儿园保教工作目标的达成，离不开合理的组织机构的保障，以及有效的保教工作管理实施。

一、保教工作管理组织机构

保教工作管理组织机构，指幼儿园内部根据保教工作管理需要而设置的，具体管理幼儿园保教工作的、有机联系的部门或单位的整体。保教工作管理组织机构的建立应以充分发挥各职能部门的作用，提高保教工作管理的整体效能为基本准则。

（一）保教工作管理组织机构的设置

目前保教工作管理组织机构大致包括三个层次：高层（指挥决策层）、中层（执行管理层）、基层（具体工作层）。高层包括园长、副园长、园长助理。中层主要包括保教主任、教研主任等，他们在园长的领导下负责幼儿园保教工作的开展。基层指班组层面，是开展保教工作的第一线，各班班长、教研组长负责各班具体的保教工作管理（如图6-1）。

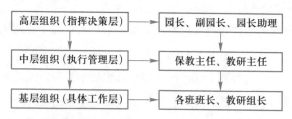

图6-1　幼儿园保教工作管理组织机构的层次

以上三个层次，从上到下是垂直领导关系。各层级又有自己的职权范围，各级管理者在自己的职权范围内创造性地开展工作。由于每所幼儿园的规模大小、人员素质状态等实际情况不同，幼儿园保教工作管理组织机构的模式也不一样。一般来说，六个班级或以上规模的幼儿园，需要配备专职保教主任。

（二）保教工作管理组织机构各层次人员的职责

1. 高层管理者的主要职责

高层管理者对全园保教工作起着统领作用。主要职责有：确定保教战略目标，制订全园工作计划；建立有效的保教工作管理组织机构以及规章制度；做好选人、用人工作；科学决策；深入联系群众；处理重大的非常规性保教工作问题；不断学习提高自己，以引导全园保教人员的专业成长等。

2. 中层管理者的主要职责

中层管理者应该具有较强的组织协调能力，既要获得高层领导的信任与支持，又要善于调动一线保教人员工作的积极性与主动性。主要职责有：做好高层领导的参谋助手；深入实际，了解信息；在园长领导下，负责指导各个班级保教工作的实施；检查基层组织和人员执行上级指令的情况，并及时反馈等。

3. 基层管理者的主要职责

基层管理者是全园保教目标、计划的具体实施者，是幼儿园保教工作组织的基本力量。基层管理者的主要职责有：研究制订本班工作制度；确定班级保教工作目标，制订保教工作计划；创设有利于幼儿身心发展的保教环境；全面安排幼儿生活、运动、游戏、学习活动；检查和指导本班教师和保育员的工作；组织本班的业务学习和教科研活动等。

二、保教行政事务性工作管理

保教行政事务性工作管理一般包括招生编班、幼儿学籍档案管理以及幼儿园一日生活和作息制度的制订等。

（一）招生与编班

《幼儿园工作规程》对幼儿园的招生与班额做了明确规定，幼儿园每年秋季招生，平时如有缺额，可随时补招。幼儿园对烈士子女、家中无人照顾的残疾人子女、孤儿、家庭经济困难幼儿、具有接受普通教育能力的残疾儿童等入园，按照国家和地方的有关规定予以照顾。企业、事业单位和机关、团体、部队设置的幼儿园，除招收本单位工作人员的子女外，应当积极创造条件向社会开放，招收附近居民子女入园。一般来说，幼儿园招生应贯彻"相对就近入园"原则，但是在当前市场经济的大环境下，很多幼儿园都在积极提高自身的硬件和软件，不断挖掘自身潜力，采取各项措施满足不同家长的需要，这也是市场经济带来的公平竞争。

幼儿园规模应当有利于幼儿身心健康，便于管理，一般不超过360人。幼儿园每班幼儿人数一般为：小班（3周岁至4周岁）25人，中班（4周岁至5周岁）30人，大班（5周岁至6周岁）35人，混合班30人。寄宿制幼儿园每班幼儿人数酌减。幼儿园可以按年龄分别编班，也可以混合编班。

（二）升班工作

幼儿园要在每学年定期对现有班级做好升班工作。如果幼儿园需要对班级保教人员进行更换，要提早进行安排，对班级幼儿档案资料及其他班级资料、家园联系资料等要做好交接工作。新来的保教人员要对班级整体状况和每个幼儿的个性特点、家庭情况、发展水平及时了解、及时沟通，以便能更快地适应，顺利开展保教工作。

（三）幼儿学籍档案管理

幼儿学籍档案管理是保教行政事务性工作管理的重要组成部分，学籍档案管理的主要作用是规范教育管理，维护正常的教育秩序，提高保教质量。

1. 入园前

幼儿在入园前需填写幼儿园提供的情况登记表，并按规定做好入园体检，将体检表、预防接种卡交给卫生保健人员登记存放。幼儿园在幼儿入园前应给每个幼儿建立健康档案，内容包括身高、体重、牙齿、视力等方面的健康指数；有无传染病史或慢性病史；预防接种是否按时、按程序完成；有无食物、药物过敏史等。如果幼儿患有肝炎、水痘等传染病则不能接收，应告知家长待幼儿病愈后再入园。对没有按时、按程序完成预防接种的幼儿，幼儿园要督促幼儿家长及时让孩子接受预防接种，避免抵抗力弱的幼儿染上传染病。

2. 入园后

每学期初，各班教师要核对班级花名册，根据情况及时修改信息，如家庭住址、联系电话等。教师每天都应做好幼儿缺勤统计，对没有按时来园又未说明情况的幼儿，教师要及时与家长取得联系，了解幼儿缺勤的原因。对中途转园或退园的幼儿，教师应及时登记备案。对幼儿的获奖证书，教师应该复印留存，并进行造册登记。

（四）制订幼儿园一日生活和作息制度

幼儿园一日生活和作息时间的编排，要在考虑班级数、场地等实际条件的基础上，根据幼儿年龄特点加以制订。[①]

1. 制订幼儿园一日生活和作息制度的意义

科学合理的生活和作息制度有利于幼儿的健康成长，如适当的户外活动可以提高幼儿的心肺功能；充足的睡眠有助于脑垂体分泌更多的生长激素，从而促进幼儿骨骼的发育。合理的生活和作息制度还有助于幼儿养成有规律的生活习惯。

☞【案例】某幼儿园一日生活作息制度

2. 制订幼儿园一日生活和作息制度的原则

制订幼儿园一日生活和作息制度，首先要考虑幼儿的年龄特点，幼儿年龄越

① 张燕. 学前教育管理学［M］. 北京：北京师范大学出版社，2009：198.

小，学习活动时间就应越短，因此，大、中、小班的作息时间应该有所区别。其次，作息时间还要根据季节变化进行相应的调整，如夏季应该适当延长午睡时间，夏季可以做早操，冬季则换成课间操。最后，作息时间还应遵循动静结合的原则，注意不同类型的活动交叉进行，防止幼儿过度疲劳，提高活动效率。

三、保教工作管理的过程

幼儿园保教工作管理过程主要包括三个环节：保教工作计划的制订、保教工作计划的实施、保教工作的检查与总结。

（一）保教工作计划的制订

保教工作计划指在一定时期内，为了实现幼儿园保教工作目标和任务，对保教工作的内容、措施等问题进行合理安排，以期达到保教工作目标的具体行动方案。保教工作计划对保教工作具有指导作用。能否科学地制订保教计划，关系到保教工作质量和幼儿的健康发展。

保教工作计划根据不同的分类标准，可以分为不同的类型（如表 6-1）。

表 6-1　幼儿园保教工作计划的类型

分类标准	类型
计划的范围	全园性计划
	部门计划 / 班级计划
计划的时间	学年计划
	学期计划
	月计划
	周计划
	日计划
	具体活动计划
计划的内容	行为习惯培养计划
	日常生活活动计划
	游戏活动计划
	各领域教育活动计划
	家长工作计划
	大型活动计划
	……

多种多样的幼儿园保教工作计划并不是孤立存在的，而是密切联系、相互渗透、有机结合的。下面我们主要探讨保教工作的学期计划、月计划、周计划和日计划。这四种计划是相关而递进的有机整体。上位计划对下位计划具有指导作用，下位计划是执行上位计划的具体方案。

1. 学期保教工作计划的制订

学期保教工作计划是指导一个学期班级保教各项工作全面、有效开展的整体性方案。学期保教工作计划制订包括现状分析、学期目标、具体措施、每月重点工作安排等要素。

（1）学期保教工作计划各要素制订的要点

第一，现状分析。这一部分主要分析幼儿上学期的发展状况和教育目标完成情况，主要结合"幼儿年龄特点"和"教师以往的经验"进行分析。先进行整体分析，再按领域和项目依次进行分析，保证分析的真实准确，既要兼顾整体又要兼顾个体。这是确定学期培养目标，选择教学内容和方法的基础。根据各班的具体情况，现状分析可详可略，也可有所侧重，但务必反映真实面貌。

第二，学期目标。这一部分是学期保教工作计划的重点。针对幼儿园保教工作计划和本班基本情况分析存在的问题，提出适宜的培养幼儿良好习惯以及情感态度、能力技能和知识经验等方面的目标。

第三，具体措施。具体措施是为实现学期保教目标制订的实施内容、途径和方法，使目标得以有效实现。制订时需说明通过哪些手段、途径、形式实现所列举的学期保教目标。在制订时把握"措施"与"目标"之间的不完全对应性和关联性，即一个目标可能需要多种措施去实现，一种措施可能实现多个目标。

第四，每月重点工作安排。每月重点工作安排是将学期保教目标、工作任务和措施分解，安排到每月中去，包括时间、内容，使人一目了然，更具目的性和可操作性。

（2）学期保教工作计划制订的原则

第一，遵循"分析掌握在前，目标在后"的原则。分析指分析之前幼儿发展状况、班级整体工作情况，掌握指熟悉本年龄段幼儿发展目标要求。

第二，遵循"立足园所、班级实际"的适宜性原则。

第三，遵循"年级组成员、班级成员全员参与、充分沟通"的原则。

2. 班级月保教工作计划的制订

班级月保教工作计划是学期保教工作计划的下位分解计划，因此，月保教工作计划比学期保教工作计划更详细，包括上月情况分析、本月各领域重点教学目标、具体活动措施和内容等要素。

（1）上月情况分析

主要针对上月保教目标执行和达成情况及幼儿发展情况进行分析，保证客观性、真实性，既要分析优势又要指出不足。

（2）本月各领域重点教学目标

在制订本月各领域重点教学目标时应注意以下几个方面：一是把握关联性。依据学期目标中每领域（项）的关键价值、幼儿上月发展情况、本月的特质对学期目标进行筛选、分解，确定月目标。二是把握目标的适宜性。目标不宜过大或过于具体。三是按领域及项目依次进行制订，体现本月重点。

（3）具体活动措施和内容

具体活动措施可按五大领域来写，即每个领域目标需要哪些措施去实现。为了便于指导月工作的开展，内容上可采用分类书写的方式，以增强目的性。制订具体活动措施还应把握"措施"与"目标""内容"之间的不对应性和关联性，即一个目标可能需要多种措施、内容去实现，一种措施、内容可能实现多个目标。同时应针对学期目标，结合季节、节日、幼儿当前的经验和发展的需要，整体考虑这个月重点要做些什么事，可以是级组活动、全园活动、主题活动、社区资源利用的提示等。

☞【拓展阅读】
某幼儿园班级月保教工作计划表

3. 班级周保教工作计划的制订

班级周保教工作计划是一周全部保教活动及相关工作的具体方案，是当月保教工作计划中某些内容的具体化，是保证月保教工作目标和周保教工作目标顺利实现的必要条件，也是日常保教活动目标与具体保教活动设计的依据。同时，班级周保教工作计划还是家长了解孩子在园一日学习、生活的窗口。班级周保教工作计划的制订一般包括上周情况分析、本周主要保教目标、本周主要预想活动内容。对幼儿的生活活动、户外活动、游戏、集体教学、区域活动等各项保教活动的内容、要求及指导重点进行全面的考虑，以确保幼儿在园健康有序地学习与生活。

（1）班级周保教工作计划制订的内容及要求

第一，上周情况分析。主要针对上周保教工作目标达成情况及幼儿发展情况进行分析，保证客观性、真实性，既要分析优势又要指出不足。

第二，本周主要保教工作目标。本周主要保教工作目标应是本周所有各领域突出的重点目标，表述要适宜，忌过于宽泛或过于具体。基于对上周情况的分析，先给每个领域、每项工作确定一个方向，然后筛选活动内容，最后确定每个领域、每项工作的重点目标。

第三，本周主要预想活动内容。主要包括以下几类活动：

● 晨间活动

晨间活动时间较短，主要分为幼儿陆续来园时段、幼儿基本来园到饭前集中两个时段。

晨间活动适合开展以下内容：在幼儿陆续来园时段一般开展自选活动，适合进行阅读、折纸、桌面玩具、自由交谈等活动，一般由教师根据幼儿的兴趣及近阶段幼儿发展情况、教育目标等选定几种活动，供幼儿自选，定期更换。幼儿基本来园到饭前集中阶段可安排集中活动内容，如主题谈话、故事讲述、儿歌诵读、新闻讲述等。

● 生活活动

生活活动重点关注幼儿生活卫生习惯、自理能力等方面，如喝水、进餐、穿脱衣服、值日生服务等。注意每周重点突出（针对幼儿最近最突出的问题），并注意循序渐进。

● 教育活动

一周教育活动内容要全面，尽量涵盖五大领域内容。教育活动内容要体现新旧内容的融合和适宜性。两个活动之间要注意动静交替，互不影响。内容之间要有关联性，相关的活动尽量放在同一天。

● 户外活动

户外活动包括集体游戏和分散自选游戏两部分。每周要有重点训练的运动技能，一般持续一周。集体游戏要求：每天的集体游戏要突出重点训练的运动技能。分散自选游戏要求：每周要有重点地投放、调整材料，每天有教师需要重点指导的材料。

● 活动区活动

活动区活动应根据上周幼儿游戏情况和本周重点目标确定。制订计划时尽量简要标出每个区域的指导重点，且呈现递进性。

● 离园活动

离园活动指前一个环节活动结束至幼儿离园前的集体等待环节。这一环节意在稳定幼儿一天的情绪，应组织轻松愉悦的活动；也可对一日生活进行简短回顾，融入一定的教育内容，可选择自由交谈、有目的的自选活动、故事欣赏、悄悄话时间、"今天的我最棒"、分享时刻等方式。幼儿仪表的整理为本环节必须开展的活动。

（2）制订班级周保教工作计划应遵循的原则

制订班级周保教工作计划应遵循以下原则：一是多样性和整合性原则。活动内容应尽可能丰富、多样化。内容安排要注意各领域的均衡，并考虑各领域的有机联系、相互渗透，这样有利于幼儿循序渐进地学习。二是稳定性和灵活性原则。一日安排要合理，保证每一项活动的时间和质量，减少隐性浪费、等待，并结合偶发事件和园本课程的需要灵活安排。三是适宜性和个体性原则。内容安排符合幼儿的年龄特点，注重个别差异，体现因材施教。表述语言应恰当，少用否定性语言。四是动静交替原则。教学活动和其他活动的安排应注意动静交替，第一个活动是安静的、动脑较多的活动，第二个活动就应该是身体活动较多的，且

☞【拓展阅读】
周教育活动计划表

最好是先静后动。

4. 班级一日保教工作计划的制订

班级一日保教工作计划是一日生活中全部保教活动的设计规划，是周保教工作计划在每天每项内容上的详细实施方案，包括目标，环境材料，内容、过程与指导重点，效果分析四个要素。班级一日保教工作计划，通常按照教师所带班次、环节安排制订，一般晨间活动、生活活动等环节的目标写在周计划内，可不体现在日计划中。下面以教育活动为例进行说明。

（1）目标

目标分两种情况：一是有参考教案的活动。列目标时应对照教材，仔细阅读原方案的目标、环节设计。分析思考目标和环节对本班幼儿的适宜性，明确每一个环节要实现的目标是什么，并进行调整，将重要内容写入自己的计划中，忌照搬照抄。二是无现成教案，需自己设计的活动（如主题活动、生成活动）。教师列目标时应进行分析，然后确定本次活动适宜的目标价值、重点、难点，活动策略及活动环节。

（2）环境材料

环境材料主要包括本次活动所需的场地、空间、教具、材料等。如中班语言活动"会动的房子"所需的材料：PPT课件，小松鼠、小乌龟头饰若干，大树、草原、海边等场地背景。

（3）内容、过程与指导重点

幼儿在园的一日生活是由各种不同类型的活动组成的。这些活动相互组合，构成了幼儿一日生活的若干个环节。为了制订计划的方便，教师通常将幼儿一日生活的若干个环节按时序排列，并根据阶段性计划（通常是周计划）来确定一日活动中各个环节的具体活动内容、指导要求及教师指导方式。一般来说，幼儿园一日生活的设计要求是：制订科学合理的生活和作息制度；活动形式多样，充分开展游戏活动；活动结构要紧凑，各环节转换要自然。

☞【拓展阅读】

××幼儿园一

日活动程序表

班级一日保教工作计划蕴含着教师的教育思想、教育理念和教育智慧。设计班级一日保教工作计划应注意以下几点：一是环节设计的目的性。教师要有目标意识，在基于对教学内容分析和对幼儿水平了解的基础上，考虑每一个环节及目的。避免为追求外在的"热闹场面"设计一些与目标没有直接关系的环节。二是要始终思考"幼儿在活动中要获得什么？""我应该如何设计来促成幼儿的发展和目标的达成？"并以这两条线索去设计活动，每个环节都要写明"让幼儿做什么，怎么做，达到什么目的"或"教师做什么，达到什么目的"。三是重难点及策略的体现。要将本次活动的重点、难点列于其中，并思考适宜的指导策略。四是重点语言的体现。如环节过渡、转换的引导语言，针对重点问题的重点提问语言等。

（4）效果分析

效果分析即把幼儿在活动中的表现与目标进行链接——评价教育活动的效果，通过观察大部分幼儿完成活动的情况来判断和分析目标达成的情况以及活动内容、方式的适宜性。分析时要保证及时性和客观性。

（二）保教工作计划的执行[①]

保教工作计划的执行指将幼儿园保教工作目标、方案付诸实践的过程。它是达到预期目标的根本途径，是整个幼儿园保教工作实质性的一环。保教工作计划的执行要注意以下几点：

1. 管理者要做好协调工作

幼儿园内外的人力、物力、财力是顺利实现保教工作计划的潜在资源，这些资源要充分发挥作用，需要园长把园内各部门之间、园内外相关资源有效地组织起来，协调各方关系，加以合理调配，使资源发挥最大的作用。同时，园长需调动幼儿园上下级、所有保教人员的工作积极性与主动性，形成合力，促进幼儿园保教计划的执行。

2. 管理者要赋予教师在课程执行中的自主权

《幼儿园教育指导纲要（试行）》指出："教育活动的组织与实施过程是教师创造性地开展工作的过程。"管理者在幼儿园保教计划的执行过程中，应以平等、尊重与合作的态度与教师沟通，在保教计划执行中给予教师宽松、自主的环境，允许其自主生成弹性的、开拓性的课程。这样的管理方式可以使教师在执行保教计划的过程中形成自主管理的工作状态。同时，有利于教师创造性地执行保教工作计划。

3. 管理者要视保教工作计划执行过程为研究过程

保教工作计划执行过程中会出现多种可能影响保教活动的复杂因素，因此管理者和保教人员不能机械呆板地完全按照保教工作计划行事。管理者应经常深入保教实践一线，善于发现日常保教工作的实际问题，认真研究解决问题的策略，把保教工作计划执行的过程变成研究的过程，在执行中研究，在研究中执行，最大限度地实现保教工作目标。

4. 计划执行要严肃性与灵活性相结合

保教工作计划是经过科学程序制订的，一经制订，应该严格执行，以保证计划的严肃性。如幼儿园的学期保教工作计划就不能随意变更。当然，幼儿园的工作环境是不断变化的，因此，在维护计划执行严肃性的同时，也应根据幼儿园的实际情况进行适当的调整与变动。

---

① 屈玉霞. 幼儿园经营与管理 [M]. 北京：科学出版社，2011：107-108.

5. 稳步推进与提高执行效率相结合

学期保教工作计划的执行是一项需要较长时间周期的常规工作，管理者需要将长期的工作任务进行分解，合理分工，团队成员积极合作，促使保教工作有序、稳步地开展；同时，管理者需要想方设法提高计划执行的效率，保教工作计划在执行过程中会面临较为复杂的情况，管理者需要妥善处理保教工作计划执行中的偶发或突发事件，抓住保教活动的重点和难点，分清轻重缓急，合理安排时间，保证整个计划顺利高效地执行。

（三）保教工作计划的检查与总结

1. 保教工作计划的检查

检查指对照计划对执行阶段的活动和成果进行诊断和评价，肯定成绩，发现问题，纠正偏差。检查是保教工作管理的重要环节，执行计划如果没有检查，计划就可能流于形式，无法保证计划执行的效果。检查伴随计划执行过程。保教工作计划的检查应注意以下问题：

（1）检查要以目标为依据，以计划规定的要求为标准，有目的、有步骤地进行。如学期计划一学期制订一次，要在开学之前进行检查；月计划一个月一次，要在前一个月底之前进行检查；周计划、日计划一般一周检查一次，在前一个周五之前进行检查。

（2）检查要实事求是，避免形式主义，走过场。

（3）检查形式、方法要多样。将定期检查和不定期检查，全面性检查和专题性（单项）检查，领导检查、群众检查和自我检查等相结合，采用观察、座谈、讨论、文本查阅等多种检查方法。

（4）检查既要注意工作结果，又要注意工作过程。

（5）检查必须与指导相结合。

2. 保教工作计划的总结

总结可以得出经验教训，探讨工作规律，成为下一周期计划制订的依据，增强工作的预见性与自觉性，促进保教工作管理水平的提高。保教工作计划的总结应注意以下问题：

（1）总结要以工作目标、计划为依据，在平时做好材料的积累工作。

（2）总结要实事求是，以检查的客观结果为基础。

（3）总结工作应组织成员参与，充分发挥总结的教育作用和激励作用。

（4）总结应注重分析、探讨规律，并上升为理论，为下一阶段的工作提供依据并指出方向。

总之，保教工作管理过程中的计划、执行、检查、总结四个环节构成了一个完整的管理周期，下一个新的管理周期是建立在上一个管理周期的基础上的，其过程呈现为周而复始、螺旋上升的状态（见图6-2）。

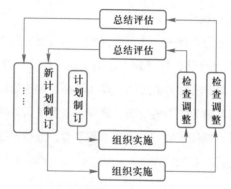

图 6-2　幼儿园保教工作管理过程各环节的关系

四、保教工作常规管理

保教工作常规，是指为了保证日常性保教工作有序而有效地开展，依据保教工作规律，基于日常保教工作实践制定的日常性保教工作规范。加强保教工作常规管理，是建立正常保教秩序，开展保教研究，深化保教改革，提高保教质量，完成幼儿园保教任务的基本保证。保教工作常规管理是通过园长或业务园长（园长助理）—保教主任—教研组（年级组）—班级实施的。贯穿其中的是管理者的主导作用和被管理者的主体地位，两者相互作用，双向共振，形成合力。[①] 保教工作常规管理通常包括以下内容：

（一）计划常规

指各类保教工作计划的制订。保教工作计划有不同的分类方法。全园的保教工作计划是对幼儿园保教工作的长远发展和近期发展的规划，通常由园长或业务园长（园长助理）负责组织制订。班级学年或学期的保教工作计划需依据全园保教工作计划，针对班级幼儿状态、家长情况、本班教师情况制订，通常在保教主任的指导下，由班长组织班级教师制订。计划具体的制订方法参见前面的相关内容，这里不再赘述。

（二）制度常规

指各种保教工作管理制度的建立。制度是行为和活动的准则，各类保教工作计划的完成需要相应的保教工作管理制度来保障。完善的制度可以保证幼儿园保教工作的正常进行，形成良好的工作程序。

1. 建立保教工作制度

建立保教工作制度可以使各级保教管理层明确其任务和职责，加强科学管理。如各类保教工作计划制订制度、备课制度、教研制度、常规工作检查制度、保教人员岗位责任制度、保教人员考核制度、保教人员一日工作程序等。

[①] 王普华. 幼儿园管理 [M]. 北京：高等教育出版社，2005：78.

2. 建立班级一日保教工作程序

遵照幼儿园的性质、任务，根据幼儿身心特点及发展的需要，幼儿园必须建立科学的作息制度，将幼儿在园一日的各项活动进行详细的安排，提出保教人员一日工作程序化的工作要求和操作标准。保教人员的工作程序是将保教人员岗位责任制及生活常规结合起来，对保教人员在一日生活各个环节应做的工作进行具体分析，使岗位责任制规定的具体工作要求落实到人，明确具体的时间与地点，并规定完成程度与工作质量。建立班级一日保教工作程序，可以增强保教人员对幼儿全面负责的意识，加深对保教结合原则的理解，增强保教工作管理的科学性，促使保教工作管理常规化、程序化，达到高质量地完成保教任务的目的。

第三节　幼儿园课程管理

教育部 2001 年颁布的《基础教育课程改革纲要（试行）》明确规定："为保障和促进课程对不同地区、学校、学生的适应性，实行国家、地方和学校三级课程管理。"这就为包括幼儿园在内的各级各类基础教育机构提供了课程创新的空间。课程管理是幼儿园管理的重要内容。提升课程管理的水平和质量，是幼儿园管理的重要任务之一。

一、幼儿园课程管理的内涵和意义

（一）幼儿园课程管理的内涵

我国《教育大辞典》对课程管理的内涵作出如下界定："课程管理是对课程编订、实施、评价的组织、领导、监督和检查。"[1] 有学者认为，课程管理如同教育管理，有宏观与微观之分。即"我们可以将课程管理分为课程行政管理和学校课程管理。前者是国家对课程的行政管理，包括立法、课程政策的制定、课程标准的颁布、教科书的审定、学校课程实施和评价的监督。后者包括学校课程日常管理和学校课程领导，是学校对以下项目进行管理：课程目标的校本化确认，国家课程、地方课程的校本化选择和组织，课程实施和课程评价"[2]。显然，这里对课程管理的主体进行了较为明确的区分。

综上所述，幼儿园课程管理的内涵可以界定为"在一定的法规和政策的背景下，各级政府或学前教育机构对幼儿园课程的建设和实践过程进行的规范、引导和帮助，其根本目的是提升课程的成效，更好地促进幼儿的发展，同时促进教育

---

① 顾明远. 教育大辞典：第一卷 [M]. 上海：上海教育出版社，1990：201.
② 彭虹斌. 新课程背景下的校长课程管理 [J]. 课程·教材·教法，2005（11）：10-14.

者自身的发展"①。从管理主体的角度出发，幼儿园课程管理可以分为两个层面：学前教育行政的课程管理和学前教育机构的课程管理。前者指的是政府课程管理，其主要课程管理职责在于对课程的宏观调控，主要包括立法、课程政策的制定、课程标准的颁布、教科书的审定、幼儿园课程实施和评价的监督等。后者指的是幼儿园课程管理，课程管理的主体主要是园长、各级管理者和幼儿园教师，他们主要担当创造性地实施国家和地方课程以及开发园本课程等课程管理职责。

（二）幼儿园课程管理的意义

☞【拓展阅读】

幼儿园课程管理的意义

课程从计划到实施，从课程的决策、编制到教师与幼儿的体验，经历了几个层次的转换。课程管理的价值与意义集中体现在理想课程向实践课程的转化上。课程管理在课程价值达成过程中起着承上启下的关键作用。幼儿园课程管理的意义具体表现在以下几个方面：

（1）幼儿园课程管理是确保幼儿园课程目标得以实现的重要途径。

（2）幼儿园课程管理是课程实施成败的关键。

（3）加强幼儿园课程管理可以提升教师专业化水平。

二、幼儿园课程管理的层次与基本职能 ②

（一）幼儿园课程管理的层次

从管理层次的角度出发，幼儿园课程管理可以分为两个类别：一是政府职能部门的课程管理，二是教育机构自身的课程管理。政府职能部门的课程管理分为中央政府、省市教育行政部门、县（市）区教育行政部门三个层次。教育机构自身的课程管理分为园级管理、班级层次的管理和教师的自我管理三个层次。

（二）幼儿园课程管理的基本职能

1. 政府职能部门的课程管理职能

不同层次政府部门的课程管理职能是有区别的。中央政府主要是宏观管理，在了解全国幼儿园课程基本状况和主要问题的基础上，通过制定相关的法规和政策来实施管理；省市教育行政部门主要进行幼儿园课程的中观管理，依据国家有关幼儿园课程的法规和政策，结合本地的实际情况，制定本地幼儿教育的政策、规划，确保国家相关法规和政策能与本地的实际情况相结合，并得到贯彻和落实；县（市）区教育行政部门是幼儿园课程管理的重要层次，从行政的意义上说，县（市）区教育行政部门的课程管理是微观的管理，重在实践中管理，重在行动上管理。幼儿园是否贯彻国家有关的法规政策？有没有从实际出发创造性地开展课程建设？幼儿园课程建设的成效如何？幼儿园课程建设过程中面临的主要

---

① 虞永平. 关于幼儿园课程管理的思考 [J]. 学前教育，2005（4）：6–7.

② 高灿芳. 幼儿园园本课程的管理策略研究：以昆明市第三幼儿园为例 [D]. 昆明：云南师范大学，2006.

问题是什么？各类课程实施人员培训的重点是什么？等等，一系列与幼儿园课程建设紧密相关的问题就是在这个层次上发现和解决的。

2. 幼儿园自身的课程管理职能

幼儿园的课程管理分为三个层次：一是园级管理，是幼儿园作为一个组织，总体上对课程进行的管理。这类管理涉及课程的理念、课程的架构、课程实施人员的配备、课程实施成效的评价等。二是班级层次的管理，这类管理往往与实施相交融，并且是在实施过程中进行的管理。它涉及班级课程计划、一日活动的组织管理、具体课程资源的管理、家园联系工作的管理等。三是教师的自我管理，根据班级的工作计划和常规，教师管理自己的课程计划与实施。

与政府职能部门的课程管理不同，幼儿园的课程管理直接与课程建设的水平及实施成效联系在一起。当然，幼儿园的课程管理和政府职能部门的课程管理也是紧密相关的，这两类课程管理的不协调，会对幼儿园课程的实施成效产生消极的影响。

三、幼儿园课程管理应关注的重点问题

幼儿园课程管理具有重要意义，政府职能部门和幼儿园都承担着各自的管理职责。为了使幼儿园课程管理更加科学和有效，我们应该重点关注以下问题：第一，完善政策法规，提高管理能力；第二，明确管理目标，发挥园本作用；第三，加强幼儿园课程的过程管理；第四，科学评价，纠正偏差。[①]

☞【视频】幼儿园课程管理应关注的重点问题

四、幼儿园课程方案的编制与管理

由于各个幼儿园的自身条件不同，他园的课程经验和课程资源通常无法在本园直接使用，这就需要每个幼儿园针对课程改革的实际问题与现实需要，通过自己的研究、选择和重组，建立一套相应的幼儿园课程方案编制与管理方法，形成适合本园的、本土化的、相对稳定的、结构严谨的课程方案编制与管理系统。[②]

（一）幼儿园课程方案编制的内涵

幼儿园课程方案编制是指幼儿园根据课程目标、课程理念等对本园课程进行选择、策划、重组和创新，并在此基础上进行课程策划与课程设计的课程管理过程。对幼儿园来说，课程方案编制是以幼儿园的课程理念为指导，以幼儿园成员为主体，以幼儿园的课程实践为基础，以幼儿园的课程资源为载体，以幼儿园的课程管理为保障的课程管理过程。幼儿园课程方案编制不仅仅是对课程内容的简

---

① 张国平. 浅议幼儿园课程管理 [J]. 辽宁教育行政学院学报，2006（1）：55–56.
② 阎水金. 幼儿园课程方案编制与管理 [J]. 幼儿教育（教育科学版），2007（1）：22–26.

单编排，还承载了课程园本化、系统化、结构化和文本化的管理功能。[①]

（二）幼儿园课程方案编制的内容

为了确保课程方案的可操作性，幼儿园课程方案一般分为"幼儿园课程编制方案"（正本）和"幼儿园课程执行计划"（副本）这两个既有联系又相对独立的组成部分。幼儿园课程编制方案主要是从宏观视角对幼儿园的课程理念、课程目标、课程资源、课程关系、课程依据、课程编码和课程管理等内容进行系统的描述，大致包括编制背景、主体内容以及实施与管理三个部分。幼儿园课程执行计划实际上是幼儿园的课程执行方案或工作计划。只有当幼儿园课程编制方案转化为切实可行的课程执行计划时，才能确保幼儿园课程方案的有效实施。

（三）幼儿园课程方案编制的管理

幼儿园课程改革的实践表明，课程改革的预期目标和理想境界的实现取决于幼儿园课程管理的实际成效。

1. 幼儿园课程方案编制的管理目标

幼儿园课程方案编制的最直接目标是使幼儿园课程文本化，以加强幼儿园课程的系统性、适宜性和可操作性，逐步形成一个真正适合幼儿园自身需要的园本化课程方案。

2. 幼儿园课程方案编制中管理者的角色定位

为了加强对幼儿园课程方案编制的管理，管理者应该承担课程方案编制的决策与规划、研究与设计、修订与完善等方面的管理职责，承担着决策者、引领者、组织者、主持者等管理角色。管理者角色的准确定位是幼儿园课程方案编制走向有序化的管理保证。在幼儿园课程方案编制过程中，管理者的任务是为教职工提供参与课程方案编制的平台，引导教职工参与课程研究的实践工作，协调各方面关系，调动教职工的工作积极性，激发教职工的创造性。

3. 幼儿园课程方案编制的基本管理策略

从幼儿园课程方案编制的管理实践看，课程方案编制的基本管理策略为：坚持从实际出发，带动全体教职工参与课程方案编制；把握课程编制平衡，保证课程相对稳定，实现课程设计创新等。

五、园本课程的开发与管理

教育部 2001 年颁布的《幼儿园教育指导纲要（试行）》第三部分"组织与实施"指出："教育活动的组织与实施过程是教师创造性地开展工作的过程。教师要根据本《纲要》，从本地、本园的条件出发，结合本班幼儿的实际情况，制

[①] 上海市教委教研室. 幼儿园课程园本化：理论与实践的研究 [M]. 上海：上海教育出版社，2004：112.

定切实可行的工作计划并灵活地执行。"可见，幼儿园和幼儿园教师具有课程开发与管理的职责和权利。

（一）园本课程的开发

1. 园本课程开发的内涵

园本课程开发指幼儿园组织及其成员，以及其他相关人士，围绕幼儿园的保教目标，根据国家或地方的有关政策法规，从幼儿园的实际出发，充分发掘和利用园内外的各种教育资源，进行课程选择、课程重组、课程生成，形成规范化、个性化和系统化幼儿园课程的运作过程。[①]

园本课程开发的内涵体现在以下方面：第一，园本课程开发是一个持续的、不断完善的、动态的课程研发过程，既是一个过程，又是一个结果；第二，园本课程开发以幼儿园为基础，从幼儿园的实际出发，目的是更好地实现幼儿园保教目标，提高幼儿园的保教质量；第三，园本课程开发是一个民主协商的过程，参与人员除了幼儿园教职工外，也包括社会人士或团体以及课程专家等。

2. 园本课程开发的特征

园本课程开发与其他课程的开发相比，具有独特性、民主性、生成性、灵活性和整合性等特点。园本课程有利于保教人员深度参与课程的开发与建设，方便整合和利用园内外的课程资源，灵活机动地实施课程，使幼儿园的课程更加具有地方特色与园本特色。

☞【拓展阅读】
幼儿园园本课
程开发的特征

3. 园本课程开发的实施程序

园本课程开发应该立足于幼儿园的实际情况，解决幼儿园课程的实际问题。虽然每个幼儿园的实际情况不一样，采用的方法和策略也不一样，但是有些环节和程序是必不可少的。借鉴校本课程开发的一般流程，园本课程开发包括建立组织机构、分析现状、拟定目标、编制方案、实施与评价五大流程。[②]

（1）建立组织机构

如果某所幼儿园有开发园本课程的愿望，且已具备开发的实力，那么，这所幼儿园首先要做的工作就是建立园本课程开发的组织机构，成立课程开发委员会或相应的工作小组，该组织机构中的人员应有广泛的代表性，包括园长、教师、幼儿家长、幼儿、社区代表以及课程专家。一般而言，园长应是该组织机构的具体负责人，负责教学科研的业务园长要能协助园长进行具体的开发工作，教研组长与教师要有一定的研究与开发能力，幼儿家长与社区代表最好要了解一些学前教育知识，课程专家要能真正起到指导作用。这其中，自然不能忽略幼儿的参与。

---

① 上海市教委教研室. 幼儿园课程园本化：理论与实践的研究 [M]. 上海：上海教育出版社，2004：27.
② 陈世联. 幼儿园课程与活动指导 [M]. 重庆：重庆出版社，2007：66–70.

（2）分析现状

园本课程开发的组织机构成立之后，幼儿园首先要对现状进行分析，如幼儿园的优势与劣势，本园幼儿的身心发展水平、兴趣爱好、能力与需求，教师的经验、知识能力、对课程理论与课程开发的了解程度，教师的价值观与态度，园长的态度与办园理念，幼儿园课程的现状与优缺点，园舍、设备等相关资源的配置，幼儿园所在社区人员的价值观与社区资源，家长的期望与需求，专家支持，等等。

（3）拟定目标

园本课程开发目标包括相互联系的两个方面：一个是发展目标及其相应的开发成果；二是针对幼儿的课程目标，这个目标又可以分为一般目标、具体目标。

（4）编制方案

园本课程开发方案是幼儿园关于园本课程开发总体思路的概略性描述，包括园本课程开发的现状分析与规划意图、园本课程理论基础、园本课程所持的儿童观与教育观、课程总体目标、内容结构、组织实施与评价建议，以及保障措施等。

（5）实施与评价

园本课程的实施包括两个方面：一是课程内容的组织，主要指对知识技能和学习经验的排列和组合方式，例如，学科课程、综合课程、活动课程；二是教育过程的组织，包括三个方面的选择与组合：教育的途径、活动的形式、教与学的方法。课程评价包括对园本课程开发的价值、目标、内容、组织实施及效果等的评价。

（二）园本课程的管理

园本课程的开发受课程开发主体、课程开发理念、师资队伍、课程研究、课程发展机制等多种因素影响。因此，园本课程的管理应着重以下几个方面：

1. 多元主体协同开发

园本课程开发是根据国家、地方的规定和幼儿园的特点，由众多的参与人员共同决策完成的。园本课程开发不是管理者的专利，不是园长的个人行为，也不是少数骨干教师的特殊权利，而是幼儿园的组织行为。园本课程方案的形成是组织成员集体智慧的结晶，是组织成员能力互补的产物，应形成由管理者、教师、课程专家、幼儿、家长、社区代表等多方人士组成的多元开发主体。由幼儿园牵头形成园本课程开发组织机构，调动组织的一切力量，各开发主体派出相应人数的代表，行使自身权利，共同开发课程。

2. 构建科学的办园理念

理念是一所幼儿园的灵魂，"任何学校特色的形成，都需要有一个适应时代潮流和教育发展方向的先进理念作支撑"①。没有明确的办园理念，园本课程开发就极易落入"跟风""追潮流""千园一面"的怪圈。园本课程形成某种特色，实际上是一定办园理念的实践产物。作为精神层面的理念，存在于幼儿园全体教职工的头脑之中，幼儿园园长因其特殊的地位，其办园理念在园本课程开发与特色创建中起着关键作用，直接决定园本课程开展的状况。每一所幼儿园都有自己的文化传统和教育特色，因此办园理念也要体现本园独有的文化传统、社区特色、师幼特色，以及独特的办园宗旨和发展方向，这是园本课程开发的一个重要条件。

3. 加强师资培训

园本课程开发的重要前提是具有一支较高素质的教师队伍，他们是影响园本课程开发成功的重要因素。正如朱家雄教授所说："幼儿园课程不是谁都能编的，也不是谁都会编的。"②幼儿园要制订教师培养计划，为教师的成长创造一个宽松的环境，挖掘蕴藏在教师中的教育教学经验，并不断加以完善，使幼儿园优良的教育传统得到延续和发展；同时，幼儿园还应注重教师群体队伍的建设，发挥教师群体的力量。

4. 加强园本课程研究

园本课程研究是指对园本课程开发过程中所遇到的问题进行经常性科学研究并加以解决。改革需要理论的指导，实践需要科研的支持。园本课程开发必然要有"科研先导""科研兴园"的意识和行动，建设一支专兼结合的科研队伍，全方位、多视角地开展针对幼儿园自身特点的课程研究工作。适时监控、评估园本课程的创建过程；深入研究幼儿园的历史传统、现实状况、课程研发和创建的对策；同时，强化全体教师的科研意识，把园本课程的开发作为幼儿园保教工作的重点，使所有部门、所有教师都能关心园本课程的开发。

5. 建立园本课程发展机制

园本课程的开发不是个体的临时行为，而是幼儿园系统的、长期的行为，需要相应的发展机制作保证。管理者要通过课程方案编制保证园本课程发展方向、课程目标、课程原则、课程运作流程、课程内容和方法的相对稳定，从而保证园本课程管理系统的相对稳定。建立必要的教学规范和评价制度，加强对教学过程的全程管理，引导全体教师积极参与教学改革，创设灵活的、以游戏为中心的教学环境，建立教师组织教学行为的基本规范，建立教师参与课程实施的考核奖励制度和教学研究制度等。

① 胡永新. 学校特色评价的基本属性、功能与评价内容 [J]. 教育评论, 2003（1）: 20-23.
② 朱家雄. 幼儿园园本课程再议 [J]. 教育导刊（幼儿教育）, 2006（5）: 4-6.

第四节   幼儿园教科研工作管理

教科研工作是幼儿园工作的重要内容之一，不仅影响教师个体的教育能力，而且关系到幼儿园整体的保教质量。教科研工作管理是幼儿园教科研工作顺利开展的保障，是幼儿园保教工作管理不可忽视的重要内容，教科研工作的有效开展也有助于增强幼儿园其他管理工作的效果。

一、幼儿园教研活动管理

（一）幼儿园教研活动的含义

☞【拓展阅读】
幼儿园教研活
动的意义

《幼儿园工作规程》第五十九条指出："幼儿园应当建立教研制度，研究解决保教工作中的实际问题。"可见，幼儿园教研活动是针对教育实践中的问题或困难确定课题，通过研究改进工作，提高保教质量，更好地完成幼儿园教育任务，并且进一步促进幼儿园教育改革的一种活动。[①]它有两个基本目的：一是通过教研活动更好地开展幼儿园保教活动，以促进幼儿的全面发展；二是通过教研活动促进教师专业成长。

（二）幼儿园教研活动的意义

幼儿园教研活动的意义主要表现为：一是开展教研活动可以保证保教质量，二是开展教研活动可以提高教师的业务水平，三是开展教研活动可以提高教师终身学习的意识，四是开展教研活动可以培养教师的研究意识。

（三）幼儿园教研活动的任务

1. 通过教研活动进行集体备课

☞【视频】幼儿
园教研活动的
任务与组织形
式

知识、经验、能力不同导致不同教师对教材的理解和运用不同，为了提高备课质量，保证平行班保教质量的均衡，教师有必要进行集体备课。通过集体备课，平行班教师可以认真钻研教材，对保教工作中的重点、难点达成共识，为保教活动的组织与实施做好充分准备。在集体备课的过程中，青年教师有机会向老教师学习，促使自己尽快地成长。

2. 通过教研活动组织教师进行业务学习

《幼儿园工作规程》《幼儿园教育指导纲要（试行）》《幼儿园教师专业标准（试行）》《3~6岁儿童学习与发展指南》等是开展保教活动的纲领性文件，是幼儿园教师开展保教活动的基本规范；同时也明确了对幼儿园教师专业素质的基本要求。通过教研活动组织教师学习国家的教育方针政策和有关法规，能够进一步提高教师的政策水平和业务能力。另外，学前教育要以一定的学前教育理论做指导才能收到良好的效果。教师对理论的了解和把握是一个渐进的过程，在从教的

---

① 秦明华，张欣. 幼儿园组织与管理［M］. 上海：复旦大学出版社，2008：85.

任何一个阶段都应加强学前教育理论知识的学习，尤其要及时了解学前教育的新理论和发展动态，关注当前学前教育发展的热点问题。

3. 通过教研活动组织教育交流

教育交流可以促使教师相互学习、相互促进。观摩课、专题讨论、竞赛等是教育交流常用的几种形式。教育交流的效果如何，关键在于交流活动的组织。幼儿园每学期都要有计划、有组织地安排一些交流活动，为教师相互学习提供机会，创造条件。为了保证教育交流达到预期的效果，在交流的过程中，教师要积极参与、深入思考，把他人经验与自身实际有机结合起来。此外，交流的面要广，交流活动也可以跨园、跨地区，既可以走出去，也可以请进来，在交流中增加保教人员的相互了解，提高保教工作能力。

4. 研究教育实践中的热点、难点问题

热点、难点问题是教育中的突出问题，是没有定论仍需要进一步探讨的问题，这些问题需要教师去关注和研究。在教研活动中，大家各抒己见，可以更好地集思广益，深入了解此类问题，形成自己的见解，也可以继续深入研究。园长或保教主任要多关注学前教育发展的动态，及时掌握热点问题，以供教师教研，展开讨论。

（四）幼儿园教研活动的组织形式

幼儿园教研活动的组织形式即组织和开展教研活动的具体方式。从管理的级别层次来看，幼儿园教研活动的组织形式可以分为园级、教研组级、教师级三个层次。

1. 园级

园级是幼儿园教研活动组织形式的最高层，由园长总负责，具体事务性工作由主管保教的副园长或保教主任主持。园级层次的任务包括：根据上级的要求安排全体教师参加的政治和业务学习；制订本园教研制度；根据本园教育实际制订园级教研活动计划，对教研活动进行整体规划和设想；监督和检查下级教研组开展教研活动的情况。

2. 教研组级

教研组级是教研活动的实施层，教研活动主要通过教研组开展。目前许多幼儿园都采取年级组的方式，教研组与年级组合二为一，其好处是教研较为方便，随时都可以进行，不需要重新组织人员。教研组设组长1名，教研组长由业务骨干教师担任，要求有较高的业务素养和一定的工作能力，有较强的责任心。教研组长的职责包括：根据幼儿园的要求，结合园级教研活动计划，制订本教研组的活动计划；按时组织本组教师开展活动，并保证活动效果；做好活动总结，并及时向上一级教研组织汇报活动情况；接受上一级教研组织的监督和检查。

3. 教师级

教师级是教研活动的操作层。教研活动最终要靠所有教师的共同参与来完成。教师的职责包括：按时参加教研活动，制订和实施个人教研计划，把教研成果应用于幼儿园教育实际。

（五）组织幼儿园教研活动应注意的问题

1. 教研目标应明确具体

教研目标是教研活动的出发点和归宿，它预示着教研活动的行动路线。教研目标不仅要体现《幼儿园工作规程》的精神，反映正确的儿童观、教育观，还必须依据上级教研部门的要求，并结合幼儿园保教工作的实际。确定教研目标应对幼儿园实际情况进行分析，从幼儿发展状况、保教状况、师资状况、以往教研活动情况等方面找出存在的问题，通过分析，确定需要解决的重点、难点或关键问题，保证教研目标的可操作性。

2. 教研内容应针对性强

教研内容是围绕教研目标确定的，是为完成教研目标服务的。在具体的教研活动安排中，往往会出现教研内容与教研目标脱节，教研内容缺乏前后联系，甚至保证不了教研活动的开展等问题。为保障教研内容的针对性，教研活动计划中的活动安排应围绕教研目标，组织教师学习相关理论，引导教师研讨设计方案，组织相关的教学观摩和评析活动，体现教研内容的针对性，从而提高教研活动的实效性。

3. 教研形式应灵活多样

教研活动包括围绕教研重点组织教师开展的多种形式的学习活动，为解决问题而开展的研究、观摩、评析活动等。不同的教研形式各有利弊，灵活多样的教研形式有利于提高教研活动的实效性。

（六）结合本园实际，加强园本教研

1. 园本教研的概念

园本教研是立足幼儿园教育实践，以解决幼儿园保教工作中的实际问题为目的、以幼儿园教师为主体的行动研究。具体来说，园本教研的对象是幼儿园的保教实践，研究主体是幼儿园教师，研究场所是幼儿园，研究目的是解决日常保教活动中的各类问题。在新课程背景下，幼儿园课程的价值取向由传授知识变为促进幼儿发展，在教师的工作中许多问题都有待研究。同时，对教师的专业化水平也提出了新的要求。

2. 园本教研的特征

（1）园本教研是以问题为中心，围绕实践中遇到的具体问题展开研究，研究目的是解决实际问题。

（2）园本教研的设计和实施过程围绕行动，突出实践性，研究过程就是行

☞【拓展阅读】
园本教研与传统教研的不同

动的过程，即突出行动研究。

（3）判断园本教研的标准是园本教研的参与者带着主动性和积极性投入研究过程。

3. 园本教研的"三位一体"方法

教师的个人反思、团队的同伴互助、专家的专业引领是园本教研的"三位一体"方法，三者互相关联，也构成园本教研的基本环节。

（1）教师的个人反思。教师的个人反思是指教师对自己的教育教学活动进行的分析和思考，包括以保教活动为核心展现出来的教育观念、保教行为、保教效果等，用观察、审视、分析、研究等方式进行评价和思考，从而解决保教工作中遇到的问题，也成就教师自身的发展。教师个人反思的方法和形式很多，除了在教研现场的反思以外，写反思日记、教学反思、个人自传等也是常见的方法。

（2）团队的同伴互助。团队的同伴互助是指教师与同伴围绕教研课题进行的对话与合作研究，是园本教研的另一种基本方法，也是园本教研的标志性活动之一。同伴互助的途径主要有：第一，信息、知识、经验的分享。通过同伴互助，团队成员掌握的信息和知识经验可以有效地分享给其他成员，弥补个人在知识经验上的缺陷和不足，从而提高学习效率。第二，研讨与对话，直接给予团队成员专业上的支持。每一个成员从不同的角度和侧面表达的意见和建议，都可能从专业的角度完善个人对所研究问题的知识建构。第三，团队给予个人的支持和帮助，能使教师体验到安全、快乐与被关注等，有利于改善团队工作环境，并间接地提高工作质量。

（3）专家的专业引领。专家的专业引领是指各种高层次的专业研究者及一线名师作为指导者参与园本教研，从而提高教研的品位和水平。专业引领者有两种：一种是来自高校或教研机构的专家。他们重点从理论层面加以引领，并保证研究技术的科学性。另一种是来自幼儿园一线的名师。他们有基层工作的成功经验，对一线的教师和保教工作有深入的了解。名师引领有利于保证教研问题的真实性和研究的有效性，并且能够帮助教师灵活地选择切合情境的保教方法。这两种引领各有优缺点，为了保证教研活动的高水平和有效性，应当将专家与名师的引领恰当结合。

小组讨论

园本教研是教材、课程、教师与幼儿之间多视界的融合，是教师群体之间日常化的专业对话。园本教研不仅要关注活动的设计，还要关注活动中教师与幼儿的互动质量和效果，更要重视活动之后针对活动设计与实施的反思。如果你是某幼儿园的业务园长，针对某教师设计与实施的某一具体活动开展园本教研，你将组织教师们就这位教师活动前的设计、活动中的实施和活动后的反思讨论哪些问题？

二、幼儿园科研活动管理

（一）幼儿园科研活动的含义

教育科学研究是科学研究的一个分支，是人们用科学的方法对教育领域中的客观规律进行探索的过程。[①] 幼儿园科研活动是教育科学研究的一部分，是以幼儿园教师为主体的研究者对学前教育实践领域的客观规律进行探索发现的过程。《幼儿园工作规程》明确指出，幼儿园应当"根据幼儿不同的心理发展水平，研究有效的活动形式和方法"，"为教职工开展教育研究创造必要的条件"，教师肩负"参加业务学习和保育教育研究活动"的主要职责。

（二）幼儿园科研活动的意义

☞【拓展阅读】
幼儿园科研活动的意义

随着社会的发展，学前教育事业需要面对不断出现的新问题，如何看待和解决这些问题关系到学前教育工作的顺利开展，因此幼儿园需要用科学的方法不断研究新情况、新问题。教育科研越来越被幼儿园重视，通过教育科研提高教师素质、形成办园特色已经成为不少幼儿园的办园策略。"科研兴园"已逐渐成为幼教事业发展的必然趋势。幼儿园科研活动的意义具体表现为：幼儿园科研活动是国家教育法律法规和文件的要求，幼儿园科研活动能够促进教师专业成长，幼儿园科研活动是幼儿园整体发展水平提高的需要，幼儿园科研活动能够促进幼儿园管理科学化。

（三）幼儿园科研活动的组织

☞【拓展阅读】
园长在幼儿园科研活动中的角色

1. 园长要做幼儿园科研活动的带头人

在幼儿园的科研管理中，园长是第一责任人。园长的科研理念和科研行为直接影响幼儿园的科研质量。为了提高科研管理的实效，更好地促进教师专业发展进而提高保教质量，园长应正确定位自己的角色，即领导者、引导者、激励者。

2. 制订幼儿园科研工作计划，确定目标

幼儿园科研工作计划是开展科研活动的指导性文件，也是检验科研活动开展效果的依据。只有制订符合幼儿园教育实际的科学合理的计划，科研活动才能有序开展。科研工作计划主要由幼儿园科研活动的负责人来制订，计划的内容包括指导思想、工作目标、主要工作、方法步骤、保障措施等。

明确目标是科研工作的前提。目标可以起到导向和激励作用，幼儿园的科研工作目标应具体、详细，最好能有一些量化的目标。比如，本学期科研工作目标为完成1~2项园内科研课题，对科研能力强的教师要求在报刊上公开发表2~3篇论文。科研工作目标要符合幼儿园发展的实际，假如教师科研能力薄弱，则可

---

① 祁海芹. 幼儿园管理实务 [M]. 大连：大连理工大学出版社，2012：109.

以把培养教师科研能力作为今后发展的目标，具体的科研成果的规定要因人而异、因具体情况而异。科研工作目标按范围不同，可分为总目标和分目标；按时间不同，可分为长远目标和阶段目标。

3. 幼儿园科研管理规范化

（1）科研组织管理要规范化。第一，幼儿园要成立科研组织机构，为课题的完成提供组织保证。第二，积极组织教师申报课题，由科研组长及组员对课题进行全面论证，认真筛选，并向全园教师公布最后确定的课题。第三，将幼儿园的常规保教工作与科研相结合，将课题研究渗透于日常保教活动中，保证科研工作正常、有序地开展。

（2）科研活动过程要规范化。课题研究过程的规范性直接影响课题研究的质量和效果，规范课题研究过程，保证其落在实处至关重要。课题研究要固定领导人员和研究人员，定期总结汇报和研讨，园领导和课题组组长不定期地对课题研究情况进行检查，主持课题的教师每学期要对自己的课题进行评估小结，为课题研究下一步的深入开展奠定基础。

（3）科研材料管理要规范化。课题研究材料记录了课题研究开展的全过程，既是成果，也是重要的参考资料。从事课题研究的教师应该一起参与设计统一格式的研究表格，统一记录。此外，从事课题研究的教师还应定期将研究材料分门别类地整理好上交，以作为课题成果和向上级汇报的重要依据。

4. 建立和完善科研激励机制

为了鼓励教师积极从事科研活动，幼儿园要建立和完善相应的科研激励机制，对取得突出成绩的教师给予肯定，也为其他教师树立良好的榜样。激励的方式是多种多样的，各幼儿园要根据本园的实际选择合适的方式。

（1）汇编科研成果。每学年或学期末，园领导可以及时将教师的最终科研成果或阶段性科研成果，如活动设计、研究报告、论文等进行归类汇编，激发教师的成就感。园领导也可以组织科研成果交流活动，将科研成果及时应用于幼儿园教育实践。

（2）表彰奖励多样化。科研工作需要多方面人员的协作，为了扩大鼓励面，加强团队合作，幼儿园可以根据不同分工，进行分层次、多角度的表彰，如科研工作组织奖、科研指导奖、优秀成果奖等，对所有参与科研活动的教师都给予肯定。在评价和评比中应充分发扬民主，科学地开展评价，保证评价结果的公平与公正。奖励工作应将物质奖励和精神奖励相结合，鉴于幼儿园教师的职业性质和一般价值追求，应该更加注重精神奖励。

（3）适当与考评晋升挂钩。将科研工作与绩效考评、职称评定适当挂钩，是提高教师参与科研工作积极性的有效途径之一。幼儿园应建立教师的科研档案，完善相关的制度，将每位教师的科研工作情况与期末或年末绩效考评及职称评定、职务晋升适当挂钩，进一步促进幼儿园科研工作制度化、规范化和经常化。

【理解·反思·探究】

1. 为什么说保教工作是幼儿园的中心工作？

2. 保教结合的内涵是什么？如何在幼儿园管理中落实保教结合的原则？

3. 怎样有效开展幼儿园保教工作常规管理？

4. 怎样编制合理的幼儿园课程方案？

5. 如何进行园本课程的开发？

6. 幼儿园教研活动的任务有哪些？

7. 如何有效地组织幼儿园的科研活动？

【实践训练】

1. 请你编制一份幼儿园周活动计划和一份幼儿园一日活动计划。

2. 假如你是负责保教工作的业务园长，请试着设计一个园本课程简案。

第七章　幼儿园总务管理

【学习目标】

知识目标：

- 理解幼儿园总务管理的内涵、特点及意义。
- 了解幼儿园基础建设和办园条件管理。
- 把握幼儿园财务管理和财产管理的基本要求。
- 掌握幼儿园的膳食管理。

能力目标：

- 把握幼儿园总务管理的基本要求。
- 能设计幼儿园基本建设规划。
- 能开展档案管理工作。
- 能进行膳食管理工作分析。

【案例导入】

　　在一次××幼儿园行政工作会议上，即将退休的老总务组长李老师非常生气地说："上次会议，王园长让我推荐几个总务组长人选。会后，我找了几个我个人认为很有这方面能力的人谈了一下，谁知没有一个人愿意干，还说什么总务工作不重要，总务组长的地位低，你们说这话有多气人！"主管总务工作的副园长接着说："我在工作中也常遇到这种轻视总务工作的人和事，很苦恼，这种思想使我们园里的总务工作显得很被动。有些老师自认为所从事的工作是园里工作的中心，看不起干总务工作的同志。"

　　出现这样的现象，原因在哪里？你认为幼儿园总务工作是否重要？总务工作的主要内容有哪些？如何做好总务工作？

第一节　幼儿园总务管理概述

　　在幼儿园各项工作中，保教工作是中心，而总务工作是保障。幼儿园总务管理是幼儿园管理的重要组成部分。

一、幼儿园总务管理的内涵

　　总务工作也称后勤工作，是为保障各单位职能活动正常进行而开展的各种后方勤杂事务性工作。幼儿园总务管理是指管理者依据科学的管理原则，运用一定的管理方法、手段，激励后勤职工，优化资源配置，优质高效地实现幼儿园后勤保障目标的管理。幼儿园总务管理涉及面非常广泛，如基础建设、办园条件、财务财产、设施设备、教职工福利、膳食等。总务管理的任务在于动用各种管理手段，通过组织、指挥和协调后勤职工的活动，最大限度地发挥后勤保障力量，高质量和高效率地完成后勤工作任务，进而保证单位职能活动的顺利开展。幼儿园需要制订符合本园实际的总务管理制度，明确总务管理的职责与规范，确保幼儿园总务管理的有序运行。

二、幼儿园总务管理的特点

（一）服务性

　　总务工作是以服务为主要目的的工作，服务性是总务工作的根本属性。从事总务工作的人员虽然在不同的岗位，具体工作任务也不一样，但性质都是"服务全园师幼、服务保教"。幼儿园总务工作首先要创造良好的生活和工作条件，为师幼生活做好服务。其次，总务部门还要围绕"服务保教"来开展工作，为保教工作提供必需的条件，及时添置设备，从硬件配备上为幼儿园保教质量的提高提供保障。

（二）全面性

幼儿园总务工作涉及面广、门类多、事务杂。幼儿园总务管理既要处理园内人与人、人与物、物与物之间的关系，又要负责园外各种关系的协调与沟通。总务工作既要满足幼儿园保教和全园师幼生活的需要，又要考虑经费、物资、设备的经济效益和使用价值。总务工作者在处理事情的过程中必须整体、综合、全面地考虑问题。

（三）政策性

总务工作涉及财务经费、教职工福利、环境和基础建设等诸多方面，涉及很多党和国家的政策法规，比如，基建法规、财经纪律、工资调整及发放等。这就需要了解相关政策，严格执行国家有关政策制度，绝不能随意行事。

（四）时间性

"兵马未动，粮草先行"，这是我国历代兵家对总务工作在军事行动中的地位、作用所作的高度概括和评价，同时也强调了总务工作的时间性。总务工作的时间性具体表现在：第一，幼儿园保教工作对总务工作的时间有严格要求。第二，体现在"总务先行"方面。总务工作是幼儿园其他工作的物质保证，所以必须先行。第三，季节性强。比如，蔬菜食品的采购与保存就有很强的季节性，违背了季节的要求，就会造成损失。

（五）群众性

幼儿园总务工作大多是为广大教职工、幼儿和家长服务的，与他们的切身利益密切相关，必须始终接受他们的监督。总务管理必须发扬民主，坚持群众路线。相信群众、依靠群众，是做好总务管理的重要方法。

三、幼儿园总务管理的意义

长期以来，幼儿园重保教而轻总务。明确幼儿园总务管理的意义，可以端正人们对幼儿园总务管理的认识，关心总务管理。同时也能正确引导总务管理人员正确认识本职工作，增强服务意识。

（一）为保教工作提供物质保障

物质保障是幼儿园顺利开展保教工作的前提。幼儿园保教工作需要活动场所、玩教具、多媒体设备、图书资料、各种办公用具，以及卫生保健、水电暖等设施的保障。总务管理的核心任务是为幼儿园保教工作提供充分的物质保障，并提高幼儿园有限资源的利用率。总务管理可以使人、财、物等资源得以优化配置，使财尽其力、物尽其用，充分发挥现有资源的作用。

（二）提高教职工工作的积极性

总务工作不仅要为幼儿服务，还要为教职工服务。幼儿园的工作环境、后勤保障、福利等都会影响教职工对幼儿园的认同感、归属感，影响教职工工作的积极性。因此，优质的总务管理，能够帮助教职工解决后顾之忧，以饱满的热情，全身心地投入保教工作中。

（三）直接影响幼儿园的保教质量

幼儿园保育工作需要安全、卫生的保育设施条件，需要科学合理的膳食营养，需要宽敞明亮、绿色安全的室内外活动场地；幼儿园教育工作需要活动场地和设施设备，需要足够的符合安全卫生要求的玩教具，需要多媒体教育资源等。如果缺少以上基本条件，保教工作的质量将无法保证。做好总务管理，幼儿园保教质量的提升才会有物质保障。

四、幼儿园总务管理的基本要求

幼儿园总务管理是一项涉及全园的后勤保障工作，科学开展幼儿园总务管理，勤俭办园，更好地服务于保教工作，需要注意以下几点：

（一）必须服从全园管理目标

幼儿园总务管理系统是幼儿园管理系统的一个子系统，因此总务管理的目标必须围绕并为全园管理目标服务，要将全园管理目标视为总务管理目标的出发点和最终归宿。园领导要组织总务管理者学习管理理论和学前教育理论，确立为保教一线服务的思想，只有熟悉和深入保教工作的总务管理者，才能做好为保教服务的工作。同时，园领导也要通过多种途径和方式，在全园宣传总务工作的重要性，营造相互尊重、互助协作的工作氛围，促进总务管理目标的实现。

（二）以科学管理观念为指导

总务管理观念是指导总务管理的灵魂。第一，总务管理应树立科学的效益观念。既要关注经济效益，更要关注社会效益。不能只顾眼前利益，还要照顾幼儿园的长远利益，保持幼儿园的可持续发展。第二，总务管理应树立科学的决策观念。充分利用主客观条件，采用科学、有效的管理方案，争取尽量满意的效果。第三，总务管理应树立科学的创新观念。总务管理者要善于学习，接受先进的、科学的理论观点，要以敏锐的眼光发现旧方法存在的弊端，只有在理念、思路、方法上不断创新，才能真正做到推陈出新。

（三）实现财物效益最大化

提高效益是一切管理活动的中心，也是管理水平高低的重要标志。总务部门掌管着全园的经费、物资、玩教具等，要发挥这些财物的最大使用效益，就要求总务工作要克服"重钱轻物""重装备轻管理""重投入轻产出"的错误思想，努力提高现有资产的利用率。总务管理要对幼儿园各项物资财产进行严密细致的管理，真正做到定期检查、认真核对，这样才能心中有数，及时发现问题，确保幼儿园财产设施的安全完整，使幼儿园有限的财物物尽其用。

（四）遵循勤俭节约原则

幼儿园总务管理要严格遵循勤俭节约的原则，反对铺张浪费，充分利用现有资源。总务部门掌管着全园物资的采购、维护、维修等工作。物资采购要货比三家，仔细核实数量，认真对比质量，保证数量恰当、质量过关。重视现有物资设备的养护与维修，尽量延长使用寿命。提倡有效利用幼儿园、家庭的废旧材料，发动教师、幼儿和家长一起动手利用废旧材料制作玩教具，建设区角等。这样，不仅可以节省办园资金，还可以培养全园教师和幼儿的节约意识和动手能力。

第二节 幼儿园后勤事务管理

幼儿园后勤事务管理具体包括幼儿园基础建设和办园条件管理、财务和财产管理、后勤一般事务管理和教职工福利管理等。

一、基础建设和办园条件管理

《幼儿园管理条例》第 8 条明确规定：举办幼儿园应当具有与保育、教育的要求相适应的园舍和设施，而且必须符合国家卫生标准和安全标准。幼儿园应当依据国家有关规定，按照幼儿生长发育的需要，选定符合安全、卫生和教育要求的园址，进行幼儿园的基础建设并进行办园条件管理。幼儿园建筑设计应当依照《托儿所、幼儿园建筑设计规范》的要求进行规范设计。

☞【拓展阅读】《托儿所、幼儿园建筑设计规范（2019 年版）》

二、财务和财产管理

幼儿园的财务、财产管理是幼儿园总务工作管理的重要组成部分，它是通过价值形态对幼儿园资金运动的一项综合性的管理，渗透和贯穿于幼儿园一切经济活动中。[①]

（一）财务管理

1. 财务管理制度的建立

财务管理制度主要包括以下几种：

（1）收入管理制度。不论是何种性质的幼儿园，各项收费都必须严格执行国家规定的收费范围和标准，由财务部门报上级物价管理部门审批，办理收费许可证，并开具国家规定的合法票据。幼儿园的各项收入都应该交由财务部门统一管理核算，任何部门不得擅自挪用、截留幼儿园收入。财务部门应该根据幼儿园的实际需要统一印制园内结算、管理票据，以方便进行统一管理。

---

① 王绪池，郑佳珍. 幼儿园总务管理 [M]. 重庆：重庆大学出版社，2013：151.

（2）支出管理制度。幼儿园应该建立健全财务支出审批制度，幼儿园的支出应该严格执行国家有关财务规章制度规定的开支范围和标准，按照不同的经费支出类别和金额分级审批。有的幼儿园在有关部门取得指定用途的专项资金，对这部分钱要坚持"专款专用"，按照相关要求进行单独核算，并定期向主管部门报告资金支出情况，随时接受主管部门的检查和核实。幼儿园应该加强对支出的管理：一方面控制支出，杜绝浪费现象的发生；另一方面在教职工中宣传勤俭办学的观念，让全体教职工都能自觉形成节约意识。

🖝【拓展阅读】
财务管理方法
的创新

（3）预算管理制度。要想做到合理使用经费，必须加强对经费使用的计划管理，认真编制经费预算，严格执行经费预算。幼儿园的经费预算一般包括制订年度计划、各部门预算编制、财务部门审核预算、确认预算、下达执行五个阶段，在确定经费预算的过程中应遵循"统筹安排、优先重点、照顾一般"的原则。在确定了幼儿园的经费预算方案后，关键在于如何按照经费预算控制支出。当然，幼儿园在制订经费预算计划时掌握的情况有限，在执行经费预算的过程中倘若幼儿园外部因素发生了变化，管理部门应及时对经费预算进行调整。

2. 幼儿园财务管理常见的问题

（1）资金来源单一。幼儿园要完善办园条件，满足保教工作的基本需要，保证保教质量，就需要足够的资金保障。仅仅依靠财政拨款或收费的资金来源，往往不足以满足幼儿园生存和发展的需要。幼儿园应当充分利用社会资源，广泛融合资金，必要时要尽量争取企业投资、银行贷款或教育部门的扶持。同时，幼儿园可以利用幼儿园的现有资源为社会提供力所能及的服务，开展创收活动，扩大办园资金的来源。

（2）经费预算管理缺失。幼儿园进行经费预算可以帮助幼儿园优化资源配置，使幼儿园更合理地利用资源。目前，很多幼儿园的财务管理方式忽视经费预算管理，日常财务工作容易出现随意收支、开支庞大、资金失控的现象，造成资金漏洞，严重影响幼儿园各项工作的开展。所以，园领导应当高度重视经费预算管理，建立完善相关制度，并严格执行相关制度，使幼儿园经费预算管理制度化、规范化。

（二）财产管理

财产管理的目的是科学使用财产、严格管理财产，最大限度地发挥幼儿园财产的使用效益。

1. 建立健全财产管理制度

幼儿园的家具、玩教具、多媒体设备等都是幼儿园财产管理的对象。幼儿园首先应该建立健全财产管理制度，对财产进行科学分类，将不同种类的财产保管任务落实到个人，专人专管，严格执行领用、借用物品登记制度，总务部门应当定期对幼儿园的财产进行清点核对。财产管理可以实行"账卡物"三符合的办法，强化核算系统，防止资产损失，保证财产在数量上、质量上的完整和安全。

2. 树立全园爱护公物的风尚

制度的完善给幼儿园的财产管理提供了坚实的保障。但是，光靠制度的约束还不能达到很好的管理效果，幼儿园总务部门还应该注重对全园教师和幼儿进行爱护公物的教育，提高认识，统一思想，使"爱护财产光荣、损害浪费可耻"的观念深入人心，认识到幼儿园的财产物资是保证保教工作、教科研以及全园师幼学习、生活正常进行的物资条件，是幼儿园的公共财产，人人要关心，人人要爱护，逐渐形成爱护公物的幼儿园文化。总之，只有全员参与，幼儿园的财产管理才能真正获得令人满意的效果。

三、后勤一般事务管理

幼儿园后勤一般事务管理主要包括档案管理、常规性和突发性总务工作的管理。

(一)档案管理

幼儿园的档案是幼儿园历史与发展的见证，是一种非常有用的信息资源，是评价幼儿园办园水平的重要依据，是幼儿园进行保教改革、实施素质教育必不可少的资料。随着教学理念的提升和教育改革的深入，档案管理成为幼儿园后勤一般事务管理必不可少的组成部分。档案资料的管理需要注意以下几点：

☞【视频】幼儿园档案资料的管理

1. 重视档案管理工作

幼儿园档案管理的工作质量直接影响幼儿园的其他各项工作。因此，幼儿园要对档案工作高度重视，加强档案的收集、整理和利用，使幼儿园的档案资料为幼儿园教育和发展服务。首先，幼儿园要将档案管理要求和目标列入幼儿园学年工作计划，并将档案管理的考核列入幼儿园年度考核的范围；其次，幼儿园要为档案管理配备相关设施，并安排专门的工作人员分管档案工作，强化工作人员的职责，明确工作任务和要求，注意档案的防火、防盗、防浸水等；最后，幼儿园还要针对档案管理工作广泛听取意见和建议，不断改进档案管理工作，提高档案管理工作的质量。

2. 建立规章制度，规范档案管理工作

制度是做好档案管理工作的保障，幼儿园应该制订相关制度确保档案管理工作有序开展，如档案管理制度、档案查阅制度、档案保密制度、档案室安全制度等。幼儿园要从档案材料目录的建立，材料的收集、整理、分类、装订各方面规范档案管理工作，实现档案管理的标准化、规范化。

3. 科学收集、整理档案材料

档案材料收集是档案工作的第一步，也是非常关键的一步，只有收集的材料真实可靠才能体现档案管理工作的重要。幼儿园的档案材料大多来自保教一线，这就要求人人树立收集档案材料的意识。首先要在全体教职工中对档案的重要性进行宣传。其次，对档案材料送交的日期和相关要求应该明确规定。收集完档案材料后，应该及时做好整理分类工作，使材料条理化、系统化。幼儿园的档案可以分为园务档案、保教队伍档案、保教工作档案、设施设备档案等。园务档案包括上级文件档案、管理体制档案、目标管理档案、规章制度档案、财产物资档案等；保教队伍档案包括人员配置档案、教师档案等；保教工作档案包括保教常规档案、卫生保健档案、幼儿发展档案等；设施设备档案包括房舍资料档案、设施设备资料等。档案的摆放要分类，确定保存日期，档案存放不仅要便于取用，还要便于安全保管。再次，为了便于检索，幼儿园应有多种档案检索工具。如全引目录、案卷目录、专题目录等。最后，对超过时限且失去保留价值的档案要及时处理。

4. 重视档案管理员的素质提升

☞【案例】幼儿园档案工作

幼儿园档案管理工作涉及面广，种类繁多，要求档案管理员整体素质高，责任心强。随着社会信息化水平的提高和教育信息化的推进，档案信息数字化管理是幼儿园档案管理工作的必然趋势。如电子档案材料已经成为幼儿园档案管理较为普遍的载体之一。新的科学技术给幼儿园档案管理带来了生机和活力，同时也给工作人员带来了挑战，因此，只有不断提高幼儿园档案管理员的素质，才能适应和实现幼儿园档案管理的现代化。信息时代的幼儿园档案管理员除了具备过硬的思想素质和良好的业务知识水平外，还要掌握计算机的相关知识和技能，幼儿园应该组织档案管理员参加信息技术学习，提高其信息化档案管理能力。

（二）常规性和突发性总务工作管理

常规性总务工作是指根据幼儿园工作安排有条理、按程序开展的日常性总务工作。比如，幼儿园新学期开始前，总务部门要组织相关人员，做好设施检查、设备调试工作，排查安全隐患，保证新学期保教工作正常开展；开学后要做好各项日常的后勤服务工作，及时检查维护设施设备，妥善保管玩教具，做好档案记录整理工作等；期末要安排专人检查幼儿园的各种设施设备，发现损坏要及时登记在册，并做好维修工作，放假前要妥善封存幼儿园的设施设备。

常规性总务工作还包括夏季防暑、冬季防寒工作。如总务部门在夏季到来前要对全园的电风扇、空调等防暑设施进行安全检查，对有安全隐患的电器设备及时维修或更换，确保使用安全；此外，还可以每日喷洒防蝇、灭蚊剂，每日午点给幼儿增加绿豆汤，消暑解渴。冬季总务部门要加强对厨房制作的食物保温工作的监督，保证幼儿吃热饭、热菜，喝热汤。总务工作人员要对各班门窗的封闭情况进行检修维护，并及时调试暖气，或检查空调制热功能是否正常运作等。

除了常规性工作以外，幼儿园的总务工作有时还会面临一些突发性的事件。如天气突变、突发性疾病流行及其他突发性事件等，总务部门必须提前制订应急预案，妥善处理，确保幼儿园其他工作的顺利开展。

四、教职工福利管理

（一）教职工福利的含义与意义

职工福利是国家机关企事业单位，在工资、社会保险之外，根据国家有关规定，通过采取补贴措施和建立各种服务设施，对职工所提供的直接的和间接的物质帮助和生活服务。关于幼儿园教职工福利，《中华人民共和国教师法》明确规定：教师享有"按时获取工资报酬，享受国家规定的福利待遇以及寒暑假期的带薪休假"的权利。

☞【拓展阅读】

幼儿园职工福

利制度的特点

在幼儿园总务管理中，教职工福利管理是很重要的一项内容。幼儿园通过福利管理为教职工生活提供方便，帮助教职工解决生活困难，改善和丰富教职工的物质文化生活。福利管理不仅可以维护社会安定，还能促进幼儿园的发展。福利待遇的高低直接影响着教师的工作积极性和责任感，也影响着教师队伍的稳定性，所以幼儿园要认真对待福利管理。

（二）幼儿园教职工福利制度的主要内容

（1）满足教职工生活需要，使教职工获得优惠服务而建立的集体福利设施。如食堂、浴室等。

（2）满足教职工文化生活需要，为提高教职工身体、文化素质而建立的文体福利设施。如健身房、图书室、棋牌室、卡拉OK室等。

（3）满足教职工的不同需要，为减轻其生活负担而设立的福利补贴。如上下班交通补贴、防暑降温费、房租补贴、生活用品价格补贴以及生活困难补助等。另外，教职工可享受婚假、产假待遇等。

教职工是幼儿园的工作主体，园长和总务管理者要及时了解教职工生活中的问题和困难，根据本园实际条件，尽可能地抓好教职工福利工作，积极创造条件，帮助教职工减轻家庭负担，方便教职工的生活，使广大教职工有更多的时间和精力投入工作，最大限度地激发和调动教职工的工作积极性。

小组讨论

如果你是幼儿园后勤主任，你将如何使幼儿园物尽其用，财尽其力？

第三节 幼儿园膳食管理

《幼儿园教育指导纲要（试行）》提出："幼儿园必须要把保护幼儿的生命和促进幼儿的健康放在工作的首位。"健康的身体离不开健康的饮食。幼儿对营养素的需求与成人有所不同，只有科学合理地搭配和烹调食物，做好膳食管理工作，才能保证幼儿营养均衡，茁壮成长。

一、建立健全幼儿园膳食管理机构

幼儿园膳食管理机构是幼儿园膳食管理的组织保障。幼儿园膳食管理机构的建立和健全工作需要受到重视。

（一）成立膳食管理委员会

科学完善的膳食管理机制是幼儿健康成长的保证。幼儿园应该成立膳食管理委员会，由主管园长任主任，成员可以包括营养师或监管幼儿营养的卫生保健人员、食堂管理员、炊事员、保教人员和家长代表等。膳食管理委员会可以每月举行一次会议，对幼儿膳食计划、食谱制订、食物购买渠道等进行监督和管理，并作出科学客观的评价，以此促进膳食管理工作质量的提升。

（二）食物营养与安全培训管理

幼儿园应当定期组织营养师对膳食管理者和参与者进行食物营养与安全知识培训，对炊事员、保教人员等进行食物营养与安全知识掌握及执行情况的考核，并将考核成绩纳入奖金分配指标，为幼儿园膳食管理提供切实保障。

（三）食品卫生监督管理

膳食管理委员会或膳食管理者应该授权相关卫生保健人员对幼儿食物购买渠道和膳食实施过程的卫生情况进行监督和指导，对幼儿进餐环境进行考察评估，对不合格的地方提出整改，保证食品安全卫生，让幼儿吃着舒心，家长看着放心。

二、建立完善幼儿园膳食管理制度

完善严格的制度是有效管理的前提。幼儿园可以通过制订膳食管理制度规范膳食管理。

（一）幼儿园膳食管理制度的内容

科学而严格的幼儿园膳食管理制度是幼儿健康成长的重要保证，制度的制订应以各年龄段幼儿消化系统发育特点、季节变化以及当地的饮食习惯等为依据。[①]幼儿园膳食管理制度一般包括以下几种:《食堂卫生基本要求》《食堂管理制度》《食品采购制度》《食品验收制度》《幼儿饮食制度》《厨房及厨房工作人员卫生要求制度》《预防食物中毒制度》等。具体应包括以下内容:

（1）对食堂周边的环境要进行严格规定。

（2）对食堂的卫生，如灶面、工作间、休息室等地方的卫生要加强管理。

---

① 邢利娅. 幼儿园管理 [M]. 北京: 高等教育出版社, 2010: 172.

（3）对食堂员工的个人卫生要进行制度化管理。

（4）完善幼儿膳食工作的监督和检查机制。

（5）建立食品仓库管理制度。

（6）建立食堂的消毒制度。

（7）严把膳食安全关，对食品采购、复核和验收要以制度的形式严格规定等。

（二）实行食品卫生"五四制"

食品卫生"五四制"是1960年由卫生部和商业部联合下发的《关于食品加工、销售、饮食卫生"五四制"》文件中提倡的，是在食品生产、经营过程中应做到的基本卫生要求。

（1）由原料到成品实施"四不制度"：采购员不采购腐烂变质的原料，保管验收员不验收腐烂变质的原料，加工人员不用腐烂变质的原料，服务员不卖腐烂变质的食品。

（2）成品存放实行"四隔离制度"：生食与熟食隔离，成品与半成品隔离，食物与杂物、药物隔离，食品与天然冰隔离。

（3）用（食）具实行"四过关制度"：一洗、二刷、三冲、四消毒。

（4）环境卫生采取"四定制度"：定人、定物、定时间、定质量。划片分工，包干负责，层层落实。

（5）个人卫生坚持"四勤制度"：勤洗手剪指甲，勤洗澡理头发，勤洗衣服和被褥，勤换工作服。

三、科学编制幼儿食谱

编制科学合理的食谱，保证幼儿成长所需的各类营养素的平衡，是幼儿园膳食管理的关键一环。

（一）食谱编制

食谱编制应考虑以下要求：

1. 合理搭配

不同食物所含的营养成分各不相同，为了促进幼儿的生长发育，幼儿食谱应做到主食与副食搭配、粗粮与细粮搭配、荤食与素食搭配、干稀搭配，保证幼儿全面地摄取各类营养。早餐应保证足够的蛋白质、碳水化合物，如牛奶、鸡蛋、粥、面包等。午餐以含有蛋白质、脂肪、碳水化合物较多的富有能量的食物为主。晚餐宜清淡，以易消化为主。

2. 营养均衡

为了保证幼儿能从每日的膳食中获得生长发育所需的各类营养，幼儿园在制订幼儿食谱的过程中，应该细致地计算食物的营养配比，如注意一日膳食中蛋白质、脂肪、碳水化合物的比例、动物蛋白和植物蛋白的比例，以保证营养均衡。总之，幼儿园食谱制订要保证幼儿每天能充分摄取其生长发育所需的各类营养。

3. 考虑幼儿年龄特点

幼儿的消化能力比成人差，食物要专门制作，蔬菜切碎，瘦肉加工成肉末，尽量减少食盐和调味品的使用。幼儿的食物应该质地细软、容易消化。

4. 根据不同季节制订食谱

不同的季节有不同的新鲜蔬菜和水果。冬春季节是幼儿易发传染病的时期，充足的热量和蛋白质供给，能提高他们身体的抵抗力；春末夏初是幼儿身高增长加快的时期，为了保证生长所需的营养，幼儿园应提供牛奶、鸡蛋、鱼类、虾皮等含钙多的食品，补充维生素 D，促进幼儿骨骼发育；夏季天气炎热，影响幼儿食欲，容易导致缺铁性贫血，幼儿园可以让幼儿多吃鸡蛋、猪肝等动物性食品，以及冬瓜、番茄等新鲜蔬菜，清热解暑。

（二）食物选择

幼儿已经完成以奶类食物为主到谷类食物为主的过渡，食物种类也逐渐与成人接近。

1. 谷类

精加工碾磨谷类损失了大部分的维生素、矿物质、膳食纤维，应以粗制面粉和大米作为最基本的食物，每天 200~250 g 可以为幼儿提供 55%~60% 的能量，约 50% 的维生素 B_1 和烟酸。燕麦则有利于蛋白质、B 族维生素的补充。

2. 豆制品

大豆蛋白质富含赖氨酸，是优质蛋白，大豆脂肪含有人体必需脂肪酸"亚油酸"，因此，每天至少给幼儿提供 15~20 g 豆制品，特别是处于偏远、贫困地区的幼儿园，应充分利用豆制品来解决幼儿的蛋白质需求问题。

3. 蔬菜水果

蔬菜水果是维生素、矿物质和膳食纤维的主要来源，每天供给量应为 150~200 g，蔬菜水果最好选择当季的。

4. 食用油

幼儿烹调用油应选择植物油，尤其应选择含有人体必需脂肪酸"亚油酸"和"亚麻酸"的油脂，如大豆油。

（三）膳食安排

幼儿适合"三餐一点"制，3 岁幼儿可采取"三餐二点"制。一日各餐热量的分配以早餐占 25%~30%、午餐占 30%~40%、午点占 5%~10%、晚餐占 25%~30% 为宜。用餐的时间最好控制在 30 分钟以内。每天的食物要更换品种和烹调方式，一周内最好不要重复，还要注意色香味的搭配，激发幼儿的食欲。

☞【拓展阅读】
某幼儿园一周食谱

建议每周进食一次富含铁和维生素 A 的猪肝，每周进食一次富含碘、锌的海产品。

四、严格执行卫生要求

幼儿的膳食应该遵循严格的卫生要求，坚决执行各项卫生规定。

（一）食品、厨房卫生

厨房里的生食、熟食应分开放置，从园外购买的熟食要经过再次蒸、煮后方可给幼儿食用。厨房的位置要远离蚊虫多的地方，厨房里还应放置防蝇、防鼠器具，阻断病原菌污染食物。厨房要有良好的排烟、排水、排气系统，配备消毒装置，食具每次使用后应洗净消毒。厨房的洗菜池和洗碗池要分开，切生食和切熟食的刀和砧板要分开。食堂工作人员要注意保持厨房的清洁卫生。

☞【视频】严格
执行卫生要求
定期开展营养
分析

（二）食物贮存、烹调卫生

粮食类食物宜贮存在低温通风的地方，注意防霉、防虫鼠；叶菜类和浆果类水果不耐贮藏，应该即买即食；食物冷冻前应保持新鲜，减少污染，并在贮存期限内食用。目前市场上各类物资供应充沛，幼儿园最好选购新鲜卫生的食品，减少贮存量，缩短贮存期，以保证幼儿园膳食的质量。食物在烹调之前应认真洗净，蔬菜应用清水浸泡。要特别注意避免购买或食用霉变的食物，以免发生食物中毒。

（三）炊事员卫生

炊事员在工作中需保证身体健康并注意规范操作。炊事员每年要进行 1~2 次体检，如发现炊事员患有肝炎、肺结核等传染病应立即调离炊事员岗位，痊愈后经体检合格才能恢复工作。炊事员家属中如果有急性传染病患者，该炊事员也应暂时离开工作岗位，至检疫隔离期满才能上岗。此外，幼儿园要积极组织炊事员接受卫生知识培训，提高规范意识。炊事员要注意保持个人卫生，勤洗澡、勤洗头、勤剪指甲，工作时必须穿工作服，戴口罩，工作帽要能盖住头发。炊事员在烹饪时要严格遵守操作规程，工具、容器分开使用，定位存放，用后洗净消毒。

五、定期开展营养分析

《幼儿园工作规程》第二十一条明确规定："供给膳食的幼儿园应当为幼儿提供安全卫生的食品，编制营养平衡的幼儿食谱，定期计算和分析幼儿的进食量和营养素摄取量，保证幼儿合理膳食。幼儿园应当每周向家长公示幼儿食谱，并按照相关规定进行食品留样。"定期开展营养分析是幼儿园膳食管理不可或缺的重要工作。

（一）对幼儿膳食情况进行调查

膳食调查可以检查带量食谱、伙食计划实施情况以及幼儿实际膳食摄取情况，通过记账或称重的方法了解幼儿平均每日各种食物的摄入量、营养量，按照幼儿阶段所需营养素和热量的标准及比例，进行营养分析，评价在幼儿园进餐的幼儿膳食和营养摄入是否合理。膳食调查常常采用记账法，为了较为全面地反映幼儿园的膳食质量，一般以一个月为调查期限。

膳食调查首先要计算食物消耗量，调查开始和结束时，应对所有的食物品种、数量进行登记，对调查期间所购的食品也要登记，按照下列公式计算食物消耗量：

食物消耗量 = 调查开始时食物结存量 + 调查期间购入食物量 − 调查结束时食物剩余量

计算好食物消耗量后，再核算登记用餐人数，然后再计算出每个幼儿每天各种食物的消耗量，单位为克。最后再对照《常用食物营养成分表》计算出每个幼儿每天各种营养素的摄入量及热量摄入量。

（二）开展营养分析评价

幼儿园膳食调查得出数据之后，应该对幼儿园膳食进行以下几个方面的营养分析评价：

（1）营养素摄入量评价。蛋白质的摄入量应达到供给量标准的 90% 以上，低于 80% 被认为不足；其他营养素应达到供给量标准的 80% 以上，低于 70% 被认为不足。

（2）热能食物来源评价。谷类、薯类所供热能占总热能的比例，最好不要超过 70%。

（3）热能营养素来源评价。蛋白质、脂肪、碳水化合物所供热能，以 12%～15%、20%～30% 和 50%～60% 为宜。

（4）蛋白质食物来源评价。动物蛋白质和豆类蛋白质应占总蛋白质的 50% 以上。

（三）利用有关软件开展营养分析

教育部人文社科研究"九五"课题"幼儿营养教育和幼儿园膳食现代化管理的研究"课题组，在对幼儿膳食营养和幼儿园膳食管理状况进行调查研究的基础上，根据幼儿园膳食管理的需要研制了《幼儿膳食营养计算和评价系统》软件，很大程度上简化、规范了幼儿园膳食管理工作，给膳食营养分析工作带来了很大的便利。原来以人工手算方式进行幼儿园膳食营养分析，周期长，计算过程麻烦，容易出错且费时费工，往往收不到令人满意的效果。相关软件则将所需计算和评价的食物成分、调查方法、计算和评价项目数据、公式、表格等全部编成程序，操作者只需按使用说明或界面提示，将幼儿已摄入或计划摄入的各种食物量的原始数据输入，即可得出所有需要计算和评价的结果。因此幼儿园膳食管理要尽快普及计算机的基本应用技术，幼儿园行政主管部门要重视和支持幼儿园膳食管理人员利用计算机等现代化手段进行营养分析。

【理解·反思·探究】

1. 幼儿园总务管理的特点有哪些?
2. 幼儿园总务管理的重要性体现在哪些方面?
3. 做好总务管理应注意哪几个方面的要求?
4. 怎样有效进行幼儿园财务和财产管理?
5. 如何做好幼儿园档案管理工作?
6. 如何科学制订幼儿食谱?
7. 什么是食品卫生"五四制"?
8. 结合实例谈谈你对幼儿园膳食管理的认识。

【实践训练】

1. 对一所幼儿园的总务管理状况进行调查研究,写出一份调查报告。
2. 搜集 3~5 所幼儿园的食谱,按照幼儿园膳食管理的相关理论和要求进行分析和比较。

第八章　　　幼儿园班级管理

【学习目标】

知识目标:

- 理解幼儿园班级管理的内涵和内容。
- 掌握幼儿园班级管理的原则和方法。
- 理解幼儿园班级常规管理的意义,掌握班级常规制定与建立的方法。
- 掌握各年龄班管理的特点和要点。

能力目标:

- 能对幼儿园班级管理的内容进行分析。
- 能综合运用班级管理的原则和方法分析和解决实际工作中存在的问题。
- 能根据建立班级常规的要点分析现有常规的科学性和适宜性。
- 能初步对幼儿园不同年龄班进行有序管理。

【案例导入】

　　李老师新接手班级的幼儿缺乏自控能力，常把玩具到处乱扔。针对这一情况，李老师采用物品管理责任到人的做法，每个活动区设计一个徽标，并评选一个幼儿当小管家。每个活动区的小管家都有一定的职责，如"建筑区"小管家负责带领该区幼儿整理积木；"图书区"小管家负责检查图书破损情况和图书摆放，并带领该区幼儿及时修补图书等。每个周五，教师和幼儿共同评出优秀的小管家予以奖励。这样一来，无论是幼儿还是教师存取物品都成了一件轻松简单的事，而且由于物品摆放合理，班上的意外事故如幼儿被地上的东西绊倒，也明显降低。

　　请谈一谈该案例对你的启示。

第一节　幼儿园班级管理的内涵和内容

　　班级是幼儿园实施保育和教育的基本单位，是幼儿在园最基本的生活学习场所，良好的班级管理是顺利开展保教工作的基本保证。

一、幼儿园班级管理的内涵

　　班级是幼儿园组织、安排教育活动和生活活动，保教幼儿的基本单位。幼儿园班级由保教人员、幼儿、班级环境、保教活动等要素构成。按照《幼儿园工作规程》的要求，幼儿园可按年龄分别编班，主要分为小、中、大三个年龄班，也可混合编班。幼儿园班级管理是指保教人员在一定思想指导下，通过计划、组织、领导、控制等，充分利用相关的人、财、物等资源，运用适当的管理方法，优质高效地实现保教目标及班级发展目标，促进幼儿全面健康发展。幼儿园班级管理主要包括生活管理、教育管理及其他管理。

　　幼儿园班级管理是具有特殊规律性的实践活动，是提高保教质量的基本保证，教师必须予以高度重视。良好的幼儿园班级管理能够保障幼儿一日生活各项活动的顺利开展，促进幼儿身心健康成长，同时，也可以促进教师专业水平的提高。

二、幼儿园班级管理的内容

　　幼儿园班级管理要求协调好保教人员、幼儿及其他管理要素之间的关系。只有明确了幼儿园班级管理的内容，才能对有关的人、财、物进行合理组织和协调。幼儿园班级管理以生活管理和教育管理为中心，其他管理工作服务于生活管理和教育管理。

☞【拓展阅读】

幼儿园班级管理的意义

（一）生活管理

生活管理是保教人员围绕幼儿在园内的起居、饮食等生活方面的需要而从事的管理工作，目的是保障幼儿身体正常发育、心理健康成长。

1. 生活管理的意义

生活管理是开展幼儿园班级保教工作的前提和基础。生活管理可以满足幼儿在园生活的物质需要，培养幼儿良好的生活习惯，提高幼儿的自理能力。

2. 生活管理的内容

（1）学期初的生活管理主要是做好班级日常生活的准备工作。教师需要填写班级幼儿花名册，登记幼儿家庭情况，明确家长联系方式；调查幼儿家庭教养情况，初步了解幼儿的生活习惯，做好相关记录；对每个幼儿用的床、被褥、衣柜、毛巾、水杯等，做好便于幼儿识别的标志；布置活动室环境，合理规划室内场地，创建或更新班级区角，准备活动材料等；观察、记录和分析幼儿一日生活的表现，并结合通过家庭调查了解的幼儿家庭教养情况，制订班级幼儿生活管理计划。

（2）学期中的生活管理主要是做好班级每天的生活管理工作。保教人员需要在幼儿一日生活各环节中严格履行生活管理的职责：做好盥洗、餐饮、睡眠等各环节的管理；认真做好幼儿来园和离园的交接记录；做好对幼儿每天生活的观察和记录工作；保管好幼儿的生活与学习用品；坚持"每天一小扫，每周一大扫"，搞好班内外幼儿活动场地的清洁工作；根据幼儿园卫生保健制度，坚持对玩教具进行消毒，及时更换、清洗生活用品；按时登记幼儿防疫、疾病、传染病情况，加强对体弱幼儿的生活护理；定期或不定期地对班内的各项设备进行安全检查，并协助后勤工作人员做好幼儿园公共设施设备的安全检查工作；检查总结一周班级生活管理计划的实施情况，发现问题，查找原因，总结经验，及时调整下一周幼儿生活管理的工作内容与措施。

（3）学期末的生活管理主要是做好班级日常生活管理的总结和收尾工作。教师及时汇总平日对幼儿生活表现的观察记录，做好对幼儿生活情况的学期总结；对一学期的幼儿生活管理工作进行总结，找出问题，分析原因，并提出改进策略；认真做好学期末的家园联系工作，将幼儿一学期在园生活的总体情况告知家长，指导家长对幼儿假期生活进行管理。此外，教师还需要对集体用品、材料进行清点、登记和封存。

（二）教育管理

教育管理是教师通过明确幼儿园教育目标，精心设计与组织教学活动，并对教学活动结果进行评价的一系列工作。

1. 教育管理的意义

科学的教育管理能够保证学前教育的方向，落实《幼儿园工作规程》《幼儿

☞【视频】幼儿园班级管理的内容——教育管理

园教育指导纲要（试行）》等国家法规文件的培养目标、要求。科学的教育管理能够保证教育方法的科学化和教育过程的有效性，从而弥补家庭教育的不足。科学的教育管理是幼儿园保教质量的保障。

2. 教育管理的内容

（1）学期初的教育管理主要是做好教学计划和教学活动准备工作。教师通过家访和对幼儿的观察分析，初步估计班级幼儿发展水平，并做好分析记录；根据上学期（学年）的教学工作总结、幼儿的实际情况及班级条件，制订学期（学年）教学计划。该计划应包括计划制订的背景分析，阶段性的班级教学目标与内容，教学形式、方法、手段，教学活动所需条件的保障等。根据教学计划，准备并收集幼儿活动的操作材料，布置班级教学的环境，提前规划幼儿作品的存放处。保教人员共同制订各项教学活动的规章制度，建立班级教学活动的运转机制。对新入园的幼儿，保教人员要带领他们熟悉环境，了解班级情况及管理常规，初步建立良好的师幼关系。

（2）学期中的教育管理主要是月、周、日教学计划的制订和落实，教学活动方案的设计和实施，教学活动的检查、反思与调整等。每月初教师还要制订本月教学目标和教学进度。班主任召开班级教师会议，研究班级教学工作的具体内容，协调分工，对特殊幼儿制订相应的教学计划。每月末做好教学工作总结，收集并整理各种教学材料与资料，根据教学内容调整班级环境，更新主题墙面，为幼儿全面发展营造良好的环境。每周初教师需要根据月教学计划，提前制订周计划，安排每周教学活动，并撰写每日教学活动方案，提前准备好教具和相关材料。认真撰写教学笔记，记录幼儿一周的学习表现。每周末教师要整理幼儿的学习用品，做好归类归档工作。每天教师需根据教学计划，准备好当日教学活动所需的材料。教师在组织教学活动的过程中，应按照教学计划组织教学活动，处理好计划执行的严肃性和灵活性的关系，坚持"幼儿为本"的理念，充分发挥幼儿的主体性作用。教学活动结束后，教师应及时进行教学反思，认真做好教学过程和幼儿反应的记录；对个别幼儿进行特殊辅导，以确保教学活动的有效性。

（3）学期末的教育管理主要是整理教学活动方案、教学笔记和幼儿作品档案；做好幼儿一学期的评价工作，对幼儿的发展情况及学习表现进行总结，同时对照教师个人教学目标反思一学期的工作，并撰写工作总结；对教学活动的剩余材料进行清点与登记。[①]

（三）其他管理

幼儿园班级管理除了生活管理和教育管理外，还包括班级间交流管理、家庭

① 王劲松. 幼儿园班级管理［M］. 北京：北京师范大学出版社，2013：2-4.

教育管理、幼儿社区活动管理等。它们也是幼儿园班级管理的重要组成部分，可看作对生活管理、教育管理的补充，能保证幼儿园班级管理的有效实施。

第二节　幼儿园班级管理的原则与方法

实践中的幼儿园班级管理各具特色，但无论是何种管理都必须以幼儿为本，遵循幼儿身心发展的基本规律，从实际出发，以科学的管理理论和方法为指导，最终实现幼儿德、智、体、美、劳诸方面和谐发展的教育目标。

☞【拓展阅读】
幼儿园班级管理的原则

一、幼儿园班级管理的原则

幼儿园班级管理主要涉及三类人员：幼儿、教师、家长。三者间关系的和谐程度决定了班级管理的成效。班级管理要坚持四项基本原则，即主体性原则、整体性原则、家园合作原则和高效性原则。

二、幼儿园班级管理的方法

☞【视频】幼儿园班级管理的方法

在幼儿园管理实践中，行之有效的幼儿园班级管理方法可归纳为五类：规则引导法、情感沟通法、榜样激励法、目标指引法和环境熏陶法。

（一）规则引导法

规则引导法是指教师用简单易行的规则，提示和引导幼儿的行为，使其与集体活动的方向和要求保持一致，从而维持活动秩序的管理方法。规则引导法是幼儿园班级管理最常用、最直接的方法。教师在运用规则引导法时要注意以下几点：

（1）内容要简明扼要，简单易行，便于幼儿理解和执行。比如，"请用自己的水杯喝水"就比"大家喝水要讲卫生"更为简单易懂。

（2）要求要合理适度，既不能太严也不能太松。比如，集体教学活动时让所有幼儿手放在背后，不能放在桌上就过于苛刻了。

（3）所有教师在执行规则时都要保持一致性和一贯性。比如，一位教师午休时要求幼儿把脱下来的衣服叠放整齐，另一位教师却没有这样要求，幼儿就很难养成睡觉时将衣服叠放整齐的习惯。

☞【案例】萨拉再次如愿以偿了

（4）适时让幼儿参与规则的制订。比如，经常有幼儿将自己喜欢的玩具带到幼儿园，有些幼儿为争这些玩具发生争吵，教师就可以和幼儿一起讨论，如何能够做到大家一起玩玩具而不争吵。

教师在运用规则引导法时要有耐心，让幼儿在反复实践中掌握规则并形成习惯。

　　规则的引导可以有很多方式。有些规则可以通过环境暗示。比如，水杯格上的"大头照"可以帮助幼儿找到自己的杯子，地上的脚印串可以避免幼儿上下楼梯拥挤。有些规则可以直接正面示范。比如，洗手的方法、饭后擦嘴的方法，面向集体示范后，教师只需观察幼儿的执行情况，对个别幼儿进行指导即可。有些规则需要通过训练来掌握。比如，要求幼儿午休自己穿脱衣服，部分幼儿缺乏穿脱衣服的技能，教师可以在午休时耐心地指导和训练幼儿，也可以通过组织有趣的穿脱衣服游戏，使幼儿在游戏中理解和掌握相关技能。

（二）情感沟通法

　　情感沟通法是指激发和利用教师与幼儿之间，幼儿与幼儿之间，以及幼儿与环境之间的积极情感，促使幼儿产生积极行为的管理方法。

　　幼儿情绪具有易感性，特别容易受到暗示和感染，教师要注重把握幼儿的情感特点，对幼儿的行为加以影响和引导，以达到管理的目的。教师要想运用情感沟通法并达到理想的效果，就要善于观察幼儿的情绪表现，充分了解不同幼儿的情绪表达方式和情感需求，以便采取恰当的方式回应和引发幼儿积极的行为；教师还要经常对幼儿进行角色扮演、情境讨论、分享体验等移情训练，使幼儿学会站在他人的立场和角度体察他人的情绪、理解他人的情感，产生关心、助人等亲社会行为；教师还要保持和蔼可亲的形象，富有童心、爱心和耐心，为幼儿创设温馨愉快的情境氛围，并和他们进行积极的情感交流，从而使幼儿在爱的引导下自觉地融入集体。

（三）榜样激励法

　　榜样激励法是指教师通过树立榜样，引导幼儿学习和模仿榜样，从而规范幼儿行为的管理方法。模仿是一种重要的学习途径，也是幼儿学习的主要方式。教师在运用榜样激励法时要注意以下几点：

　　（1）选择的榜样形象要健康、具体、形象。榜样可以是幼儿身边的同伴，也可以是幼儿熟悉的故事中的人物或动物。榜样应该是幼儿易于感知和模仿的。

　　（2）树立榜样要注意公正性、权威性。特别是班级中的同伴榜样，其模范行为应该是得到大家认可的，只要在某一方面做得好就可以作为学习的榜样，不一定面面俱到。例如，星星是吃饭好宝宝，朵朵是助人为乐好宝宝，等等。要及时对幼儿的良好行为予以表扬强化，以巩固好的行为。

　　（3）注意塑造教师自身的榜样形象。幼儿具有向师性特点，作为环境的一部分，教师的一言一行都会被幼儿看在眼里，记在心里，成为模仿的对象。所以教师要格外注意自己的言行，给幼儿提供一个正面的、积极的模仿形象。

（四）目标指引法

　　目标指引法是教师从幼儿行为的预期结果出发，制订行为目标，引导幼儿识

☞【案例】小小
值日生

别行为正误，发展幼儿积极行为方式的管理方法。教师在运用目标指引法时要注意以下几点：

（1）目标要明确具体，便于幼儿理解和记忆。

（2）目标要切实可行，具有吸引力，适应幼儿的心理接受能力和行为能力。

（3）要让幼儿意识到与达到目标相关的行为，并努力去追求这种行为。[①]

（五）环境熏陶法

环境熏陶法是指创设积极向上的物质环境、文化环境、人际交往环境等，使幼儿置身其中，耳濡目染，在不知不觉中受到影响的管理方法。

《幼儿园教育指导纲要（试行）》明确指出："环境是重要的教育资源，应通过创设和有效地利用环境影响幼儿。"教育如果缺乏优良的环境，往往只能停滞在感知的层面，很难内化为情感。恰当的教育情境、富有感染力的气氛可使教育事半功倍。在运用环境熏陶法时，教师可以从以下几个方面入手：

（1）营造安全、温馨的心理情境，使幼儿自觉地在心中产生规则意识。如教师在与幼儿交谈时，要轻声细语，蹲下来与幼儿平等地交流。这样的心理情境暗示，可以帮助幼儿了解交往规则，使幼儿在活动中友好、细心、守秩序，形成一个温馨、和谐、自主的班级氛围。

（2）创设专门的教育情境来帮助幼儿建立生活常规和学习常规。教师可以通过故事、儿歌、游戏、角色扮演等幼儿喜爱的方式，让幼儿理解和接受常规，潜移默化地促进规则的内化。如为了让幼儿将玩具有序地放回原处，解决"只丢不拣"的问题，教师可以创编生动有趣的故事《玩具回家》，把常规管理内容故事化，让幼儿知道每一种积木宝宝都有自己的家，它们不喜欢住在别人家里。通过训练，幼儿学会了在游戏结束后将玩具归位。

（3）利用音乐的渲染暗示作用，提示幼儿遵守规则。在幼儿的一日生活中利用音乐情境建立规则，不仅可以引导幼儿在愉悦的音乐情境中完成任务，在不知不觉中遵守规则，也可避免教师过多的语言指挥。如在组织集体教学活动之前播放一段轻柔的音乐，暗示幼儿要安静下来；区域活动结束时播放一段节奏欢快的音乐，暗示幼儿要抓紧收拾材料；户外活动结束回活动室后播放一段《摇篮曲》，暗示幼儿回到座位好好休息；等等。[②]

（4）借助班级墙面、地面以及走廊等物质环境对幼儿进行直观、形象的教育影响。如在活动区贴上形象鲜明的图示，提示幼儿做什么或怎样做；又如配合教育活动主题进行环境创设，使幼儿直接获得某种情感体验和知识的启迪。

---

① 唐淑，虞永平. 幼儿园班级管理 [M]. 南京：南京师范大学出版社，1997：84.
② 金燕. 让"管理"更有效：浅谈幼儿班级常规管理策略 [J]. 科学大众（科学教育），2013（2）：111.

环境熏陶贵在坚持，只要一以贯之，经过一段时间，成效即在不知不觉中彰显。

幼儿园班级管理工作烦琐而又意义重大，直接关系着各项活动开展的质量，体现着班级整体的面貌。所以，教师要用心用脑，不断摸索、不断调整，用发展的眼光不断探索幼儿园班级管理的新思路，综合、灵活、创造性地使用各种管理方法，使幼儿园班级管理工作取得最佳成效，帮助幼儿更好地发展。

第三节 幼儿园班级常规管理

常规，顾名思义是指日常的规则。幼儿园班级常规表现为幼儿在一日生活的各个环节遵循的活动惯例和规范要求。

☞【拓展阅读】
幼儿园班级常
规管理的类型

一、幼儿园班级常规管理的重要性

（一）实现幼儿园教育目标的基础保障

《幼儿园教育指导纲要（试行）》明确指出："建立良好的常规，避免不必要的管理行为，逐步引导幼儿学习自我管理。"班级常规管理是发挥班级管理职能的基础，使班级中各种教学工作、生活指导、环境创设以及班级事务得以顺利开展。

（二）开展班级活动的必要条件

科学的班级常规管理有利于减少工作失误，提高工作效率，保障幼儿园教育目标的实现。班级常规管理对幼儿提出了集体性的要求，引导幼儿产生集体归属感，帮助幼儿获得新的行为模式，逐步适应幼儿园的集体生活，确保班级各项活动有序开展。

（三）培养幼儿良好的行为习惯

班级常规管理的目标是促进幼儿的全面发展。常规管理赋予幼儿认知、情感、行为的同步性，[①] 这种同步性明确了不被鼓励和接受的行为，从而也明确了被鼓励和接受的行为，并逐步帮助幼儿形成集体生活的各种行为习惯。心理学研究表明，幼儿阶段形成的良好行为习惯对人一生都有持久而重要的影响。科学的班级常规管理强调对幼儿自我管理能力的培养，尊重幼儿在班级管理中的主体地位，注重幼儿主观能动性的发挥。

---

① 钟启泉. 班级管理论 [M]. 上海：上海教育出版社，2001：225.

二、幼儿园班级常规的制订

制订班级常规，意味着确立一个班级成员"在团体要求和个人需求之间取得平衡的、持续的参照架构"①。科学合理的班级常规是有效进行班级管理的前提和基础，制订幼儿园班级管理常规需要注意以下几个方面：

（一）讲究政策导向和社会期望

制订班级常规应该根据国家现行的教育政策法规，用以人为本的教育思想和可持续发展观指导教育实践，重视幼儿自我管理能力的培养；制订班级常规还应充分理解社会舆论、家庭对幼儿的期望，充分理解幼儿的发展需要，在此基础上明确班级管理的行为准则。

（二）考虑年龄特点和阶段目标

班级常规的制订必须考虑幼儿的年龄特点，要求和规则要切合幼儿实际。只有符合幼儿年龄特点的班级常规才会在实践中顺利实施，才会对幼儿的健康成长起促进作用。如家庭和幼儿园对大班幼儿和小班幼儿的行为习惯有不同的期望。班级常规的制订必须符合幼儿的需要，还需要考虑不同年龄阶段的保教目标，以保证班级常规服务于各项保教活动。如中班幼儿有一个"学会自我控制"的保教目标，制订常规时可以具体化为"在大厅里走的时候管好小手""在活动室里不能奔跑"等要求。

（三）重视民主原则和幼儿参与

班级常规是班级成员共同遵守的规则，应充分发扬民主原则，允许幼儿参与讨论、制订、调整班级常规。从入园第一天起，幼儿就需要了解规则，知道什么行为是适宜的。让幼儿参与讨论和制订常规，能使幼儿更加清楚规则的重要性及操作要领。有的幼儿园和班级会制订统一的规则，让全体幼儿遵守，幼儿也需要讨论并理解规则，这样幼儿才能自觉地表现出适宜的行为，班级各项活动才会有序地开展。让家长了解常规和流程也有好处，可以减少对幼儿园工作的不必要干扰。

（四）规则尽量形象生动和简明易行

规则具有约束性，遵守规则的过程也是幼儿行为规范化的过程。规则的表述要考虑幼儿的理解能力，尽量形象生动，简单明了，便于幼儿理解和接受。幼儿的生活经验有限，能力和水平各异，繁难的规则会让幼儿无所适从，收不到实质效果。教师应该就自己所期望的行为与幼儿进行交流，形象、简明的规则是最好的。

☞【拓展阅读】
儿童对班级规则的反应

---

① 钟启泉. 班级管理论 [M]. 上海：上海教育出版社, 2001：225.

三、幼儿园班级常规的建立

制订班级常规不等于建立班级常规，只有常规成为班级多数幼儿的自觉行为时，才标志着常规的建立。班级常规的建立是一个动态的过程。班级常规的建立，需要幼儿园各级管理者的团结协作和不懈努力。

幼儿对班级规则的反应主要可以分为三类：同步接纳、非同步独立和反抗规则。[①] 班级常规鼓励幼儿与规则保持内在的同步，建立班级常规可以从以下方面着手：

☞【拓展阅读】应对幼儿的消极行为

1. 引导幼儿理解常规

教师经常告诉幼儿一些不恰当行为产生的后果，可以帮助幼儿在人生早期形成独立照顾自己及其所有物的能力，了解到他们的所作所为对生活的影响。不遵守规则的幼儿需要接受不遵守规则带来的后果，这样班级常规才能真正发挥规范效用。不管犯了什么错，幼儿应当知道错误行为会带来什么后果。[②] 正视自己的行为后果能让幼儿理解自我控制的必要性，促进遵守规则的良好行为习惯的养成。

2. 执行规则公平公正

由于幼儿年龄小，自控能力比较差，对规则的遵守常会出现反复。因此，班级常规的建立需要教师在日常生活中反复强调，常抓不懈。教师要密切合作，共同执行，千万不能一个紧一个松，以免使幼儿形成侥幸心理，难以将规则内化成自己的行为习惯。班级常规以全班所有成员为对象，教师应当公平、公正，对所有幼儿一视同仁。如果教师执行规则时态度前后不一致，幼儿就会敏锐地觉察到，随后触犯规则底线的行为便会明显增加。

3. 多种途径开展常规教育

开展常规教育可以以主题教学活动、生活活动、游戏活动等为载体，通过榜样示范、角色扮演、游戏、儿歌、墙面提示、暗示信号等多种途径，让幼儿理解并接纳常规，形成与班级常规保持同步的行为习惯。

（1）榜样示范。家长和教师要时刻注意自己的言行，为幼儿树立榜样，使幼儿在潜移默化中受到教育。如教师要求幼儿午睡时保持安静，教师就要做到动作轻柔，说话轻声细语。同伴示范的力量随着幼儿年龄增长而增强，教师只要表扬某个幼儿，别的幼儿就会纷纷模仿这个幼儿的行为。除此之外，幼儿还会自发地观察、模仿同伴的行为。

（2）角色扮演。幼儿以角色扮演形式再现童话故事，能更敏锐地感受到其中规则的必要性，更易于形成预期的行为。如幼儿观看木偶戏《森林动物园》，

① 钟启泉. 班级管理论 [M]. 上海：上海教育出版社，2001：175-179.
② 华纳，林奇. 幼儿园班级管理技巧150 [M]. 曹宇，译. 北京：中国轻工业出版社，2011：39.

在观看中受到文明礼貌教育，获得应与同伴友好相处的认识。

（3）游戏。在一日活动中，幼儿从一项活动向另一项活动转换的过渡环节，容易因活动内容、活动要求甚至活动地点发生改变而出现混乱。在过渡环节，教师让幼儿做喜爱的游戏，能帮助幼儿较快地过渡到新的活动中。此外，教师还可以组织专门的游戏，增进幼儿对常规的理解。

（4）儿歌。朗朗上口的儿歌深受幼儿的喜爱，利用儿歌帮助幼儿掌握常规是行之有效的教育方法。如《洗手歌》："乖宝宝，来洗手，先把袖子卷卷好，再把小手搓一搓，搓手心，搓手背，一二三，甩三下，最后擦干手指头。"这样，幼儿在儿歌中不知不觉地掌握了洗手的要领，养成了洗手的好习惯。

（5）墙面提示。幼儿园的墙面蕴含着丰富的常规教育价值，教师可以将常规具体形象地体现在环境中。如在楼梯贴上小脚印；洗手处贴上正确的洗手顺序图；班级内用图案标明各个活动区域；对于年龄小的幼儿，用标志告诉他们做早操的位置；幼儿的个人用品贴上标志，便于幼儿辨认、取放。

（6）暗示信号。有经验的教师还善用暗示信号，提醒幼儿遵守常规。

☞【案例】常规管理中的暗示信号

四、幼儿园班级常规管理常见的问题与对策

在幼儿园班级常规管理的实践中，常会出现一些不好的做法，给幼儿的健康成长带来危害，同时也影响班级管理工作的有效开展。

（一）幼儿园班级常规管理常见的问题

1. 自由型常规

实施自由型常规的教师过于重视个体的自由，认为要发挥幼儿的主动性就不应该给幼儿过多的限制，忽视了对幼儿行为习惯的要求，结果使幼儿滋长了自由散漫的习性，导致班级集体活动难以开展。

2. 管制型常规

实施管制型常规的教师认为常规就是"管住幼儿"，每个幼儿都应该依照一定的行为规范活动，对幼儿行为进行严格控制和监督，使幼儿缺少自由探索的经验和能力，不利于幼儿的个性发展，甚至使有些幼儿从心理上抵触教师，不喜欢幼儿园。

3. 教条型常规

实施教条型常规的教师把教育的规则教条化，认为常规惯例不宜改变。他们在实践中固执地坚持已有规定，如吃饭一定要都吃完才能走，不考虑幼儿的身体和食欲等实际情况。这种方式忽视了不同年龄、不同个性幼儿身心健康发展的需要，不利于幼儿的个性化发展。

4. 说教型常规

实施说教型常规的教师通常采用说教的方式对幼儿的行为进行规范和指导，

如"不许大声说话""不能乱丢玩具"等。这种常规教育方式单一刻板，忽视了幼儿的年龄特点和常规教育方式的多样性。

（二）幼儿园班级常规管理常见问题的对策

1. 正视幼儿的发展特点，理解常规教育的必要性

常规过于松散或过于严格，对幼儿的自由活动都会形成阻碍。绝对的自由是不存在的，常规管理并非幼儿自由的对立面；相反，如果没有常规管理，班级处于混乱无序状态，幼儿的自由反而得不到有力保障。在常规管理中，教师要帮助幼儿理解常规是如何产生的，为何需要常规。教师一方面要理解幼儿接受班级常规需要得到必要的指导；另一方面也要理解幼儿发展自制力需要一定的时间，他们能从错误中学习，并最终能够理解和接受科学合理的班级常规。

2. 坚持正面引导班级常规，促进幼儿从他律转为自律

在常规管理中，教师不能一味地依靠权威，借助批评和惩罚来达到管理的目的，而要使幼儿体会到常规给自己带来的乐趣和益处，这样幼儿才能将常规视为自身的需要。坚持正面引导，让幼儿明白教师和集体对自己的期望，体会各种活动的规则，从而懂得在活动中如何恰当地表现。教师应多说"你可以这样做……，我建议你……"，并在一日生活中经常进行正面示范，让幼儿从榜样行为中汲取力量。当幼儿能够体会到自由活动与干扰他人的区别，有序排队和随意插队的区别，并能做出符合期望的选择时，才能开始从遵守规则的他律阶段逐步过渡到自律阶段。

3. 协调常规的一贯性与灵活性，注重因材施教

班级常规的建立自幼儿入园起就应一以贯之，使幼儿养成习惯，这样有助于幼儿在面对相似问题情境时做出良好的反应，提高幼儿的自主性和积极性，也能在幼儿心目中迅速树立教师的威信。但是，在面对特定情境时，常规也应具有灵活性。首先，班级常规应根据不同年级幼儿的年龄特征进行适度调整，使其有利于幼儿自理能力、独立意识的发展。其次，在同一年龄段，面对不同幼儿，常规的要求应该有一定的灵活性，如整理活动区材料的常规要求，教师应给性格内向、动作慢的幼儿更多的时间，引导性格活泼、易冲动的幼儿注意细节等。最后，对于同一个常规要求，在其实施的过程中，需要根据幼儿的反应做出适当的调整。

4. 常规教育方式多样化，在活动体验中养成常规习惯

说教型常规教育存在方法单一、脱离生活、缺少体验、活动乏味等问题。幼儿的思维以动作思维和形象思维为主，再加上他们的生活经验有限，单一采用说教型常规教育方式，难以产生效果。只有采取丰富多样、生动有趣的常规教育方式，才能引起幼儿的注意及学习模仿的兴趣。因此，在常规教育中，教师要根据幼儿的特点和常规教育的具体内容，设计不同形式的活动来帮助幼儿体验常规的重要性，并在实践中掌握常规。

班级常规管理是十分细致而又具有一定挑战性的工作。做好班级常规管理工作需要教师既用心，又用脑，将班级常规始终贯穿在幼儿的一日生活中，随时发现问题，不断改进班级常规管理方法。

小组讨论

案例：李老师总是以指挥者身份发布规则，告诉幼儿不能这样不能那样。一天下来，李老师感觉很累，幼儿的活动也显得很机械，有的幼儿还明知故犯地跟她作对。

针对上述情况，讨论如何建立和谐、良好的班级常规。

第四节　幼儿园各年龄班的管理

班级是对幼儿实施保育和教育的基本组织单位。理解大、中、小班和混龄班的特征，掌握各年龄班的管理要点是有效进行幼儿园班级管理的基础和前提。

一、小班的管理

小班幼儿年龄为 3—4 岁，他们能够自由行动，进行初步的语言交际，具备了进入班级共同生活的身心基础。

（一）小班幼儿的特点

1. 身体发育快，肌肉控制能力较差

小班幼儿身体发育非常快，能掌握走、跑、跳、拐弯等动作，但是肌肉控制能力较差，例如，在感到有尿意时就忍不住排尿，特别是刚入园时，小班幼儿尿裤子现象时有发生。他们的精细动作不发达，完成扣扣子、系鞋带等动作有难度。

2. 思维和行为紧密联系，能进行简单的语言交流

小班幼儿思维处于由知觉行动思维向具体形象思维发展的阶段，思维和行为紧密联系，一旦动作停止或转移，其思维活动也就随之停止或转移。小班幼儿以无意注意为主，很容易注意到鲜明、生动、形象的事物。尽管有部分小班幼儿发音不清，但他们开始掌握最基本的语法，句子结构经常不完整或是出现词序颠倒的现象。

3. 情绪不稳定，易因环境改变而产生焦虑

小班幼儿情绪易变、易冲动、易受感染。入园是他们第一次长时间离开家庭，进入新的社会环境，因而普遍会产生"分离焦虑"。幼儿好奇心强，注意的

持久性差，常常按自己的想象去理解事物，外界规则对他们的约束力还不强。

4. 普遍以自我为中心，缺乏社会交往策略

小班幼儿自我中心意识很强，"违拗"达到最高峰，心理学上称为"第一反抗期"。[①]这个阶段的幼儿容易因为玩具等物品的分配而发生争抢，出现攻击性行为等。小班幼儿对教师处于一种无原则的服从阶段，能在教师的启发下进行初步的合作和分享，能对同伴的言行进行简单的评价和判断，而且主要是受成人评价的影响，具有情绪性、受暗示性等特点。

（二）小班的管理要点

1. 小班的入园管理

小班幼儿刚入园一般会出现哭闹、依恋亲人、不愿入园等"分离焦虑"现象。教师要尽快帮助幼儿建立安全感和信任感，帮助他们顺利度过入园适应期。

（1）做好入园前的准备工作。教师在幼儿入园前，应通过家访、家长会、让幼儿参观幼儿园等途径，让家长了解入园注意事项，让幼儿了解幼儿园的环境和设施，帮助幼儿建立对幼儿园的良好印象。

（2）幼儿入园后应合理安排一日活动。教师要精心安排活动内容，用有趣的游戏、精美的图书、新颖的玩具来吸引幼儿，尽快将幼儿对家长的依恋转移到教师身上，建立良好的师幼关系。教师的体贴和关心会使幼儿心理上感到满足，从而减轻他们的分离焦虑，感受到幼儿园生活的快乐。

（3）加强与家长的沟通与合作。教师适时邀请家长入园参观，了解幼儿初入园的生活状况，及时与家长交流幼儿的表现，帮助家长了解幼儿"分离焦虑"的症结并找出对策，形成家园教育合力，共同帮助新入园幼儿尽快度过适应期。

2. 小班的生活常规管理

合理安排幼儿的一日生活流程，从入园、盥洗、饮食、午睡、离园等生活环节入手建立一日生活制度，为每个生活环节拟定明确的操作步骤，如将洗手、如厕等分解成若干明确而具体的步骤，并给予幼儿充分的时间和反复练习的机会，持之以恒地执行，让幼儿在长期练习中逐步形成良好的生活习惯。同时，尊重幼儿各自的能力水平和学习速度，耐心地指导幼儿掌握生活技能，帮助幼儿在幼儿园环境中获得安全感，初步建立归属感。

☞【案例】对"喝牛奶"活动的思考

3. 小班的教育常规管理

小班的教育常规管理主要包括教学活动、游戏、班级环境和家园联系的管理。幼儿刚入园，对集体生活处于探索、适应阶段，活动坚持性差，注意力容易分散，所以教学活动和游戏应根据幼儿已有的生活经验和能力水平合理安排；活动室墙面和活动区环境布置要生动活泼、富有童趣，提高整体教育效果；重视教

---

① 唐淑，虞永平. 幼儿园班级管理 [M]. 南京：南京师范大学出版社，2007：100.

学活动和游戏中幼儿的表现，建立幼儿成长档案，为家园沟通提供良好的平台，增进家长对幼儿发展的理解，及时调整教育策略，更好地进行个别指导，形成教育合力。同时，教师要帮助幼儿理解集体教学活动的基本规则，如注意倾听；游戏时不拥挤、不争抢，学会轮流与谦让等。

二、中班的管理

中班幼儿年龄为 4—5 岁，处于幼儿园教育承上启下的重要年龄阶段。

（一）中班幼儿的特点

1. 动作比较灵活，行为的控制力增强

与小班幼儿相比，中班幼儿的生长发育进入一个相对平稳的发展阶段，他们动作的灵活性得到发展，大肌肉动作更加协调，精细动作进入发展最快的时期。自理能力明显增强，如会自己系鞋带，会使用筷子，会用剪刀沿直线剪纸等。

2. 处于具体形象思维阶段，语言发展迅速

中班幼儿的词汇量增长较快，但对词义的理解带有明显的形象性与动作性，常常受情境左右，讲述也以情境性语言为主。幼儿的记忆和注意等认知活动也具有具体形象性，如记住班级里有什么玩具比记住新教的儿歌容易。中班幼儿主要依靠事物的具体形象、表象及对表象的联想进行思维，[①] 如对数概念的理解建立在"5 只小白兔"或"4 只苹果"等具体形象的基础上。

3. 熟悉幼儿园生活，同伴关系更加紧密

中班幼儿经过一年的幼儿园集体生活，对生活环境比较熟悉，对家长的依恋感相对减少，因而中班幼儿比小班幼儿自由放松、活泼好动。中班幼儿有了合群感，想要与同伴和教师保持密切联系，具有一定的交往经验，也更容易发生各种正向和负向的行为，如帮助他人的亲社会行为和攻击他人的消极行为。中班幼儿开始把自己或别人的行为与普遍行为规则相联系，并能对自己或他人的具体行为产生肯定或否定的评价。因此，爱告状也成为中班幼儿的一个典型特征。

（二）中班的管理要点

1. 减少幼儿的攻击性行为

攻击性行为是指以直接或间接的方式有意损害他人的行为。[②] 幼儿常见的攻击性行为包括咬人、抓人、踢人、冲撞别人，抢别人东西，摔打东西等。攻击性行为不但会对他人和集体造成危害，而且使幼儿得不到来自环境的认可和接纳。攻击性行为的产生与活动空间狭小、玩具种类和数量有限、幼儿的负面情绪有密切联系。因此，要减少攻击性行为，教师首先必须优化活动环境，为幼儿提供适宜的活动空间，如创设适宜幼儿分组活动或个别活动的活动区，减少因争抢而发

☞【案例】对幼儿攻击性行为的指导

---

① 唐淑，虞永平. 幼儿园班级管理［M］. 南京：南京师范大学出版社，2007：159.
② 唐淑，虞永平. 幼儿园班级管理［M］. 南京：南京师范大学出版社，2007：164.

生的攻击性行为。其次，教师应帮助幼儿掌握一定的社交技能，学会理解别人的感受，学会解决问题的方法，改善同伴关系。最后，教师应为幼儿提供正当的宣泄不满情绪的途径，如设置"放松角"，或让幼儿进行体育锻炼。同时，教师应鼓励、表扬和强化幼儿的亲社会行为，如当小值日生、为集体服务、关心同伴等，促使幼儿形成团结友爱的良好班风。

2. 中班的生活常规管理

中班的生活常规更注重幼儿文明礼貌和自我服务能力的培养。如主动跟教师、同伴打招呼，学习使用筷子，学习收拾碗筷，学习独立穿脱衣裤、鞋袜，知道保持自身和环境的整洁，在身体不舒服时及时告诉教师等。幼儿良好生活卫生习惯的形成需要一个循序渐进的过程，在这个过程中还可能出现反复。教师要根据实际情况分析其中的影响因素，持之以恒地坚持要求，采用榜样示范法、行为练习法、及时强化法等帮助幼儿形成良好的生活卫生习惯。

3. 中班的教育常规管理

中班的教育常规主要是培养幼儿独立学习、认真思考等学习习惯。如在集体教学活动中，幼儿要认真倾听，发言之前先举手，保持正确的坐、写、画的姿势等。在区域活动中，幼儿要了解并遵守各个活动区的规则，学会自主选择活动，独立完成活动任务；做好值日生工作，帮助同伴，培养初步的责任感和任务意识。

幼儿的告状行为集中体现了幼儿对规则的理解和监督状况。告状内容多是直接与幼儿个人有关的，也有与己无关的、针对违规行为的检举性告状。一方面，告状体现了幼儿力求解决疑难问题的积极性和主动性；另一方面，经常性的告状容易导致同伴关系紧张，而且使幼儿过分依赖教师。因此，教师要帮助幼儿理解规则并自觉遵守规则，培养幼儿协商、解决问题的能力。

三、大班的管理

大班幼儿年龄为5—6岁，是幼儿园教育过渡到小学教育的承上启下阶段。大班幼儿精力旺盛，学习能力显著提高，表现出明显的个体差异。

（一）大班幼儿的特点

1. 能较好地控制自己的行为，运动量明显增大

大班幼儿大脑发育进入一个明显的加速期，大脑神经纤维的髓鞘化基本完成。他们对体育活动的兴趣增强，反应迅速，运动量比中班明显加大，但容易疲劳，运动中要注意做好安全保护。

2. 第二信号系统发育迅速，对语言文字比较敏感

大班幼儿语法结构比较完整，口头表达连贯性强，能完整地复述较长的故事，能看图编故事，能掌握一些抽象、概括的词，如"差不多、左右"等，内部

☞【视频】大班与混龄班的管理

语言开始产生。根据皮亚杰的理论，大班幼儿属于前运算阶段的直接思维阶段，抽象逻辑思维开始萌芽，能根据细节进行分析推理。

3. 自我意识发展较快，能有意识地控制自己的情感

大班幼儿能初步认识自己在班级中的位置，意识到自己的外部行为和内部活动，形成对自我的某种看法，并逐渐形成自尊心、自信心、坚持性等性格特征。高级道德情感明显发展，情绪、情感仍有外露性，但不像以前那么容易变化。大班幼儿能够采用各种方法使自己的注意力不分散，并有意识地想办法解决问题。大班幼儿社会交往能力明显提高，游戏的社会化程度大大增强，合作能力、人际关系协调能力进一步发展。

（二）大班的管理要点

1. 注重幼小衔接，做好入学准备

幼儿园和小学两个学段的作息时间、学习内容、形式、要求等方面差异都比较大，需要教师采用适宜的方法，做好幼小衔接，帮助幼儿顺利地从幼儿园阶段向小学阶段过渡。入学准备的内容主要是社会性适应和学习适应两个方面。社会性适应表现在幼儿的规则意识、任务意识、时间意识和相关的执行能力方面，能够按照教师的指令完成任务，大方、主动地与人交往等。学习适应表现在幼儿的入学意识、学习习惯和学习基础方面，幼儿向往小学生活，具有良好的阅读习惯，做好前阅读、前书写等能力准备。

2. 大班的生活常规管理

大班幼儿通过固定地执行一系列行为规范，基本形成了一定的生活卫生习惯。大班的生活常规管理要求幼儿独立完成进餐、睡眠、盥洗、排便等，并力所能及地帮助同伴和教师做好活动前的准备工作和活动后的整理工作；懂得生活中的安全常识，具备一定的安全意识和自我保护能力。教师要尊重幼儿的主观能动性，通过随机教育等途径，加强生活常规的监督和评价。教师要帮助幼儿提高自制能力，增强责任意识和规则意识，能辨别是非，注意文明礼貌，提高自我管理能力。

3. 大班的教育常规管理

大班教育常规的重点是做好幼小衔接工作，为大班幼儿顺利适应小学生活做好准备。因此教育常规注重入学的准备、学习习惯的培养，重视幼儿各方面能力的提升。例如，引导幼儿学会自主安排学习活动，增强幼儿的任务意识；在学习和游戏中给幼儿更多选择的机会，使幼儿逐步学会选择，学会将事情的因果联系起来考虑，培养幼儿自律的习惯；引导幼儿正确评价自己，提高幼儿的自我价值感和自我教育能力。

四、混龄班的管理

混龄班是将不同年龄段的幼儿混合在一个班进行教育的组织形式。按混龄活

动的内容，混龄班可以分为生活混龄、游戏混龄、运动混龄和学习混龄；按幼儿混龄的年龄跨度，混龄班可以分为两个年龄跨度、三个年龄跨度、四个年龄跨度等；按混龄教育的组织形式，混龄班可以分为间断性混龄和连续性混龄，部分混龄和完全混龄等类型。[①] 我国幼儿园混龄教育多采用的是 3—6 岁幼儿的混龄。

（一）混龄班幼儿的特点

1. 幼儿之间发展水平存在显著差异

混龄班幼儿年龄跨度大，不同年龄幼儿身体、心理及社会性发展水平存在较大差异。单一的发展目标不可能满足混龄教育的需要。切实关注幼儿个体差异，并在各个幼儿发展现状的基础上因材施教，成为混龄教育的基本特征。

2. 适应社会发展和幼儿发展的特定需要

混龄班教育在一定程度上适应了社会发展的需要。我国不少农村地区适龄幼儿分布零散，师资匮乏，资金短缺，活动场地有限，混龄教育比同龄教育更能适应当地教育的实际情况。另外，接受混龄教育的幼儿在认知能力、社会交往、情感发展等方面在一定程度上比接受同龄教育的幼儿更具有优势。

☞【案例】混龄班运动游戏"爬竹梯"

3. 混龄教育对教师提出了全新挑战

在混龄班中，教师不仅要熟悉不同年龄段幼儿的特征，而且要能根据班级混龄的基本情况提出分层次的教育方案，及时发现和处理不同年龄段幼儿在发展中出现的现实问题，并思考改进措施。这对教师的观察能力、教育教学能力、班级管理能力都提出了全新挑战。

（二）混龄班的管理要点

1. 滚动编班，保持幼儿角色认知的统一

滚动编班是混合编班的一种基本形式，即大、中、小年龄段各取一定数额的幼儿编成一个混龄班，每毕业一批大龄幼儿，再招进同等数额的低龄幼儿，在保证班级总人数的同时，使幼儿保持角色认知的统一。大龄幼儿认识到他们是哥哥姐姐，要做好榜样，在低龄幼儿需要帮助和指导的时候，他们自然地迁移自己的已有经验，实现"以大带小、以小促大"的滚动式"传帮带"。

2. 设定分层目标，选择适宜的混龄课程内容

制订混龄班课程目标和具体活动目标时，把握幼儿发展的共性目标是基础，考虑目标的层次性是关键。教师在分析混龄班课程时，要细致分析幼儿的现实生活，思考哪些知识点是适合大龄幼儿的，哪些知识点是低龄幼儿乐于接受的；这个活动能促进大龄幼儿哪些能力的发展，同时能锻炼低龄幼儿的哪些能力。根据幼儿的年龄、能力、兴趣、爱好等制订分层目标，安排幼儿的学习活动、游戏和生活活动，尽可能让不同年龄的幼儿都享有体验成功的机会。如美术活动"关在

---

① 张婕. 国内外关于混龄教育的研究综述 [J]. 新乡学院学报（社会科学版），2013（5）：143-144.

笼子里的动物"，教师制订的共性目标是：在大孩子带动下，大小孩子共同感受绘画活动的趣味性，培养幼儿初步的合作能力和想象能力。分层目标是：大孩子能根据图形想象添画，使其成为完整的动物形象；小孩子练习大胆有力地画横线和竖线。

3. 建立混龄一日活动流程，合理安排活动内容和时间

【案例】混龄班活动的安排

混龄一日活动较同龄一日活动，既有独立的混龄活动，也有平行的同龄活动。生活活动和游戏可以全部混龄化，而区域活动、集体教学活动和室外活动等可以考虑部分混龄化。小组活动、个别活动等多种教学组织形式，使得大龄幼儿和低龄幼儿之间的互动、同龄幼儿之间的平行互动交替出现，这样扩大了不同年龄幼儿相互影响的时间和空间，对于全面促进幼儿的发展，利用幼儿之间的差异性资源有着积极的意义。

4. 创设有层次感的环境，提供混龄幼儿合作互动的机会

在混龄活动中，教师根据不同年龄幼儿的发展，创设教育情境，投放不同层次的活动材料，促使不同年龄幼儿合作完成活动任务。这样的安排可以给幼儿提供多向合作的机会，促进幼儿社会性的发展。如在混龄游戏"建公园"中，教师让幼儿们一起商量如何建公园，其中能力强的大龄幼儿担任"领导者"角色，让低龄幼儿连接插塑或剪装饰纸，而大龄幼儿则动手搭建较复杂的建筑。在这样的合作与协调中，他们顺利地完成了任务。

5. 普及混龄教育信息，家园协作开展教育

幼儿园向家长提供国内外关于混龄教育的资料信息或网站链接或将重要信息贴在家园栏中，让家长及时了解混龄班学前教育的特点、专家视点等信息。幼儿园可以邀请家长志愿者参与幼儿园混龄班的半日活动，让家长在与孩子、教师的互动中进一步了解混龄班活动的环节、内容与形式；教师记录与评价幼儿在混龄班中的表现与发展，家园协作，加强反馈，提升教育效果。

【理解·反思·探究】

1. 请你谈谈幼儿园班级管理包括的内容。

2. 列举三种班级管理方法，并讨论应用这些方法时的注意事项。

3. 根据在幼儿园的见习情况，谈谈幼儿园班级管理的主要原则在实践中的体现。

4. 讨论班级常规与幼儿自由之间的关系，列举良好班级常规中幼儿获得自由的几种表现。

5. 讨论同龄班与混龄班常规管理以及日常工作重点的异同。

【实践训练】

1. 4~6 人为一个小组，完成下列实践活动：

（1）收集不同年龄班进行常规管理的一些具体做法，如常用的钢琴曲目、暗示信号以及手指游戏等，讨论这些常规的可行性和适宜性。

（2）每个小组重点掌握 3~5 种常规管理游戏或信号，在幼儿园进行为期一周的试验，讨论幼儿的反应与你的预期是否相符，应该如何调整，从而使常规管理更为有效。

2. 围绕下面的现象，分组讨论：这类期望之外的内容会对幼儿成长产生什么影响？教师怎样才能减少这类现象的发生？

为了适应充满规矩的班级生活，幼儿学会了遵守规则。但是，幼儿同时还出现了一些与成人期望不一致的问题行为。例如，为了赢得表扬、逃避惩罚，幼儿学会了迎合、伪装、讨价还价等。

模块三
队伍与文化建设

□ 第九章　幼儿园保教队伍管理

□ 第十章　幼儿园领导工作

□ 第十一章　幼儿园组织文化管理

第九章　　　　幼儿园保教队伍管理

【学习目标】

知识目标：

- 了解幼儿园保教人员的任职条件和选用原则。
- 理解幼儿园教师职业的专业性特点。
- 掌握幼儿园教师应具备的专业素养及促进专业化成长的对策。
- 掌握幼儿园保教队伍科学管理的方法。

能力目标：

- 具有选用保教人员的基本能力。
- 能对幼儿园教师队伍专业化水平状况进行调查与分析。
- 能参照幼儿园教师专业标准提出促进教师专业化成长的途径。
- 能结合实际对幼儿园保教队伍进行科学管理。

【案例导入】

　　小王大学毕业后打算自己办一所幼儿园。一些亲朋好友知道后，都想要报名上岗。经过认真的分析，小王为了节约成本，聘请了做饭手艺很好的大姑当大厨，刚退休的大伯与二伯当保安，妈妈负责带大班，同学负责带中班，姐姐负责带小班，他自己当园长……经过一番筹备，幼儿园终于准备开园了。

　　王园长的幼儿园能够顺利开办吗？未来可能会面临哪些问题？

第一节　幼儿园保教人员的选聘与任用

　　2013 年颁布的《幼儿园教职工配备标准（暂行）》规定，幼儿园教职工包括专任教师、保育员、卫生保健人员、行政人员、教辅人员、工勤人员。幼儿园保教人员包括专任教师和保育员。严格幼儿园保教人员的选聘和任用，对幼儿园的发展具有重要作用。

一、幼儿园保教人员的任职条件

　　保教工作是幼儿园的中心工作，保教人员是幼儿园的中坚力量。保教人员需要符合一定的任职条件。

（一）幼儿园教师的任职条件

　　1989 年颁布的《幼儿园管理条例》规定："教师应当具有幼儿师范学校（包括职业学校幼儿教育专业）毕业程度，或者经教育行政部门考核合格。"1993 年颁布的《中华人民共和国教师法》以法律的形式确定了幼儿园教师资格的基本条件，即"取得幼儿园教师资格，应当具备幼儿师范学校毕业及其以上学历"。2016 年颁布的《幼儿园工作规程》第四十一条规定："幼儿园教师必须具有《教师资格条例》规定的幼儿园教师资格，并符合本规程第三十九条规定。"即"幼儿园教职工应当贯彻国家教育方针，具有良好品德，热爱教育事业，尊重和爱护幼儿，具有专业知识和技能以及相应的文化和专业素养，为人师表，忠于职责，身心健康"。"幼儿园教职工患传染病期间暂停在幼儿园的工作。有犯罪、吸毒记录和精神病史者不得在幼儿园工作。"这些要求提出了幼儿园教师在教师职业道德、专业知识和技能，以及身体健康等方面的具体条件。

（二）保育员的任职条件

　　1989 年颁布的《幼儿园管理条例》规定，"保育员应当具有初中毕业程度，并受过幼儿保育职业培训"。2016 年颁布的《幼儿园工作规程》第四十二条规定：幼儿园保育员"应当具备高中毕业以上学历，受过幼儿保育职业培训"。2019 年，人力资源社会保障部颁布的《保育员国家职业技能标准》规定：保育员的普通受教育程度为高中毕业（或同等学力）。

20世纪末期国家制定的幼儿园教师和保育员的任职资格条件是基于当时的社会背景，具有当时的时代特点。随着社会的发展，幼儿师范教育的主体逐步由中等幼儿师范学校过渡到了高等院校。所以，幼儿园教师任职资格的条件要求也相应提高，大多要求大学专科及以上学历。

二、幼儿园保教人员选用的原则

对于一个幼儿园来说，保教人员的选用非常重要。做好幼儿园保教人员的选用工作，需要坚持以下原则：

（一）因事用人、按需设岗

幼儿园管理者在选用保教人员时要考虑岗位和工作的需要，严格标准，以工作为重，做到因事用人，而不是因人设岗，避免机构臃肿，人浮于事，影响教师队伍的建设，影响幼儿园各项工作的有效开展。

（二）用其所长、人尽其才

幼儿园管理者应充分了解每个保教人员的个性特点、专业特长、工作经历、兴趣爱好等，坚持因事用人、因岗择人、因能授职。用人所长、避人所短，做到岗职相称，人尽其才。

（三）选贤任能、德才兼备

幼儿园管理者应当以幼儿园的工作和发展为重，尊重人才，重视业绩，合理选用人才。选用保教人员要不分亲疏、不分地域、不分性别，一视同仁，按照"德才兼备"的标准选贤任能，尽量避免感情用事、任人唯亲的现象。这样有利于优秀人才的选拔和任用，有利于相应岗位工作优质高效和创造性地开展。

（四）充分信任、用人不疑

幼儿园管理者应深知"疑人不用，用人不疑"的道理，要给予保教人员充分的信任，使保教人员形成"受人之托，忠人之事"的行事准则。在上下级之间建立起充分的信任感，提高保教人员的工作责任感。

（五）优势互补、合理配置

幼儿园管理者要考虑全体保教人员的差异，根据每个人的情况，合理搭配，优势互补，保证工作的高效率。例如，教师分班要注意新老搭配、性格搭配、能力搭配等，最大限度地发挥各人的长处，使人力资源得到合理配置，使保教队伍得到优化。

（六）动态优化、弹性管理

保教人员的选用是一个动态的过程。幼儿园工作对保教人员的要求具有动态性，不是一成不变的。随着学前教育的改革与发展，学前教育对保教人员的素质要求也在不断地提高。人的能力是潜在的，在实际的工作中个人的潜在能力才会得以充分地展现；同时，人的能力也是在不断发展的，幼儿园应当建立动态的人才选用机制，对保教队伍及时进行合理的调整，尽量做到合理配置、优化组合，建立能上能下的动态用人机制，奖勤罚懒、鼓励发展，优化保教队伍，激励员工成长。

第二节　教师队伍建设

在保教队伍中，幼儿园教师的专业水平决定着幼儿园教育的质量，教师队伍建设是幼儿园管理的重要内容。幼儿园管理者应当明确幼儿园教师职业的专业性特点，明确合格的幼儿园教师应具备的基本专业素养，掌握教师队伍建设的基本策略。

一、幼儿园教师是专业性的职业

职业不等同于专业。专业（profession）是指"具备高度的专门知能以及其他特性而有别于普通的职业或行业（occupation or trade）"[①]，即"专业"是指具有专门技术的职业。社会学家卡尔·桑德斯的解释是："专业是指一群人在从事一种需要专门技术的职业。这种职业需要特殊的智力来培养和完成，其目的在于提供专门性的社会服务。"[②]

（一）专业性职业的基本特征[③]

有学者指出，一个职业要成为专业，必须具备以下基本特征：

（1）具有特殊价值和不可替代性。

（2）具有特定的专业知识、专业技能和专业伦理。

（3）需要专门培训和持续发展。

（4）具有专业自主权，即"处方权"。

（5）具有权威的专业组织。

具备以上特征的职业即"专业"。专业化程度决定了该专业从业人员的地位、待遇乃至尊严，决定了一个专业从业人员的专业自主性、专业意识和专业精神。

（二）幼儿园教师职业的专业性表现[④]

从专业性职业的基本特征来分析，幼儿园教师这一职业应当属于专业性

---

① 周燕. 幼儿教师是专业人员吗？[J]. 教育导刊，2013（3）：5-8.
② 廖丽娟. 论幼儿教师职业的专业性 [J]. 徐特立研究，2011（6）：11-15.
③ 虞永平.《幼儿园教师专业标准》的专业化理论基础 [J]. 学前教育研究，2012（7）：7-11.
④ 虞永平.《幼儿园教师专业标准》的专业化理论基础 [J]. 学前教育研究，2012（7）：7-11.

职业。

（1）幼儿园教师的职业价值是对 3—6 岁幼儿进行教育，这是一项专业性很强的工作，幼儿园教师所提供的社会服务是特殊的和不可替代的。

（2）幼儿园教师具有特定的素质要求。具体表现在专业理念与师德、专业知识、专业能力三个方面。

（3）幼儿园教师所需要的保教知识、技能和能力，需要经过长期的专业学习和训练。

（4）教师工作是一种创造性工作，幼儿园教师拥有专业自主和专业创新的权利与机会。

（5）已经形成不同层次的专业学术组织。在幼儿园内部有教研组、年级组等业务组织；在幼儿园外部有片、区（县）的教研组织，在地市、省（自治区、直辖市）均有相应的教研组织。如市教研室（教科所）、省教科所（教科院）等都设有专门的学前教育研究部门。此外，全国及各省和地市都有学前教育的群众性学术研究团体，主要功能是学习学前教育的专业理论和研究学前教育的专业问题，已经形成了一个覆盖全国的专业组织体系。如中国学前教育研究会就是一个国家级的学前教育专业学术组织，也是世界学前教育组织 OMEP 成员。创办了会刊《学前教育研究》，并且在各省建立了省级的学前教育研究会。

以上分析表明，幼儿园教师的职业是专业化的职业，幼儿园教师是专业人员。广大幼儿园教师要有专业化的意识，用专业化的标准要求和提升自己，努力提高幼儿园教师职业的社会认同感。

二、幼儿园教师的专业素养

根据《幼儿园教师专业标准（试行）》的要求，幼儿园教师应该具备专业理念与师德、专业知识和专业能力三个方面的素养。

（一）专业理念与师德

专业理念与师德的具体要求如下：

1. 职业理解与认识

（1）贯彻党和国家教育方针政策，遵守教育法律法规。

（2）理解幼儿保教工作的意义，热爱学前教育事业，具有职业理想和敬业精神。

（3）认同幼儿园教师的专业性和独特性，注重自身专业发展。

（4）具有良好职业道德修养，为人师表。

（5）具有团队合作精神，积极开展协作与交流。

2. 对幼儿的态度与行为

（1）关爱幼儿，重视幼儿身心健康，将保护幼儿生命安全放在首位。

（2）尊重幼儿人格，维护幼儿合法权益，平等对待每一个幼儿。不讽刺、挖苦、歧视幼儿，不体罚或变相体罚幼儿。

（3）信任幼儿，尊重个体差异，主动了解和满足有益于幼儿身心发展的不同需求。

（4）重视生活对幼儿健康成长的重要价值，积极创造条件，让幼儿拥有快乐的幼儿园生活。

3. 幼儿保育和教育的态度与行为

（1）注重保教结合，培育幼儿良好的意志品质，帮助幼儿形成良好的行为习惯。

（2）注重保护幼儿的好奇心，培养幼儿的想象力，发掘幼儿的兴趣爱好。

（3）重视环境和游戏对幼儿发展的独特作用，创设富有教育意义的环境氛围，将游戏作为幼儿的主要活动。

（4）重视丰富幼儿多方面的直接经验，将探索、交往等实践活动作为幼儿最重要的学习方式。

（5）重视自身日常态度言行对幼儿发展的重要影响与作用。

（6）重视幼儿园、家庭和社区的合作，综合利用各种资源。

4. 个人修养与行为

（1）富有爱心、责任心、耐心和细心。

（2）乐观向上、热情开朗，有亲和力。

（3）善于自我调节情绪，保持平和心态。

（4）勤于学习，不断进取。

（5）衣着整洁得体，语言规范健康，举止文明礼貌。

（二）专业知识

专业知识是教师从事教育教学工作的基础性素质条件，具体内容如下：

1. 幼儿发展知识

（1）了解关于幼儿生存、发展和保护的有关法律法规及政策规定。

（2）掌握不同年龄幼儿身心发展特点、规律和促进幼儿全面发展的策略与方法。

（3）了解幼儿在发展水平、速度与优势领域等方面的个体差异，掌握对应的策略与方法。

（4）了解幼儿发展中容易出现的问题与适宜的对策。

（5）了解有特殊需要幼儿的身心发展特点及教育策略与方法。

2. 幼儿保育和教育知识

（1）熟悉幼儿园教育的目标、任务、内容、要求和基本原则。

（2）掌握幼儿园环境创设、一日生活安排、游戏与教育活动、保育和班级管理的知识与方法。

（3）熟知幼儿园的安全应急预案，掌握意外事故和危险情况下幼儿安全防护与救助的基本方法。

（4）掌握观察、谈话、记录等了解幼儿的基本方法。

（5）了解0—3岁婴幼儿保教和幼小衔接的有关知识与基本方法。

3. 通识性知识

（1）具有一定的自然科学和人文社会科学知识。

（2）了解中国教育基本情况。

（3）掌握幼儿园各领域教育的特点与基本知识。

（4）具有相应的艺术欣赏与表现知识。

（5）具有一定的现代信息技术知识。

（三）专业能力

专业能力是幼儿园教师从事幼儿园保育、教育工作的核心素质，具体要求如下：

1. 环境的创设与利用

（1）建立良好的师幼关系，帮助幼儿建立良好的同伴关系，让幼儿感到温暖和愉悦。

（2）建立班级秩序与规则，营造良好的班级氛围，让幼儿感受到安全、舒适。

（3）创设有助于促进幼儿成长、学习、游戏的教育环境。

（4）合理利用资源，为幼儿提供和制作适合的玩教具和学习材料，引发和支持幼儿的主动活动。

2. 一日生活的组织与保育

（1）合理安排和组织一日生活的各个环节，将教育灵活地渗透到一日生活中。

（2）科学照料幼儿日常生活，指导和协助保育员做好班级常规保育和卫生工作。

（3）充分利用各种教育契机，对幼儿进行随机教育。

（4）有效保护幼儿，及时处理幼儿的常见事故，危险情况优先救护幼儿。

3. 游戏活动的支持与引导

（1）提供符合幼儿兴趣需要、年龄特点和发展目标的游戏条件。

（2）充分利用与合理设计游戏活动空间，提供丰富、适宜的游戏材料，支持、引发和促进幼儿的游戏。

（3）鼓励幼儿自主选择游戏内容、伙伴和材料，支持幼儿主动地、创造性地开展游戏，充分体验游戏的快乐和满足。

（4）引导幼儿在游戏活动中获得身体、认知、语言和社会性等多方面的发展。

4. 教育活动的计划与实施

（1）制订阶段性的教育活动计划和具体活动方案。

（2）在教育活动中观察幼儿，根据幼儿的表现和需要，调整活动，给予适宜的指导。

（3）在教育活动的设计和实施中体现趣味性、综合性和生活化，灵活运用各种组织形式和适宜的教育方式。

（4）提供更多的操作探索、交流合作、表达表现的机会，支持和促进幼儿主动学习。

5. 激励与评价

（1）关注幼儿日常表现，及时发现和赏识每个幼儿的点滴进步，注重激发和保护幼儿的积极性、自信心。

（2）有效运用观察、谈话、家园联系、作品分析等多种方法，客观地、全面地了解和评价幼儿。

（3）有效运用评价结果，指导下一步教育活动的开展。

6. 沟通与合作

（1）使用符合幼儿年龄特点的语言进行保教工作。

（2）善于倾听，和蔼可亲，与幼儿进行有效沟通。

（3）与同事合作交流，分享经验和资源，共同发展。

（4）与家长进行有效沟通合作，共同促进幼儿发展。

（5）协助幼儿园与社区建立合作互助的良好关系。

7. 反思与发展

（1）主动收集分析相关信息，不断进行反思，改进保教工作。

（2）针对保教工作中的现实需要与问题，进行探索和研究。

（3）制订专业发展规划，不断提高自身专业素质。

幼儿园教师三个方面的专业素养相互联系，构成了一个完整的专业素质体系。其中专业理念与师德是灵魂，专业知识是基础，专业能力是核心。高素质的幼儿园教师具有三个方面素养和谐统一的特点。

小组讨论

结合《幼儿园教师专业标准（试行）》对专业化幼儿园教师的要求，谈谈你需要在哪些方面提升自己的专业素养。

三、促进幼儿园教师专业成长的对策

幼儿园教师专业成长是指幼儿园教师通过接受专业训练和自身持续不断的主动学习与反思，逐步成为一名专家型教师的过程。幼儿园教师的专业发展伴随着整个职业生涯，是一个持续的过程。影响幼儿园教师专业成长的因素有很多，既需要幼儿园加强管理，也需要幼儿园教师自身努力。

（一）以园为本引导和促进幼儿园教师专业成长

1. 构建学习型组织

（1）学习型组织的含义

学习型组织最早是由美国哈佛大学佛瑞斯特教授于 1965 年在《企业的新设计》一文中提出的，后来他的学生彼得·圣吉在他的观点上经过总结提炼，于 1990 年出版了《第五项修炼：学习型组织的艺术与实践》一书。彼得·圣吉在书中系统地阐述了一种新型的宏观的组织管理理论——学习型组织管理理论。他认为学习型组织是指通过培养弥漫于整个组织的学习气氛，充分发挥员工的创造性思维能力而建立起来的一种有机的、高度柔性的、扁平的、符合人性的、能持续发展的组织。这种组织具有持续学习的能力，具有高于个人绩效总和的综合绩效。幼儿园要不断提高保教人员的专业水平，不断提高保教质量，不断激发幼儿园发展与创新的活力，就需要建立有效的学习型组织。

☞【拓展阅读】
学习型组织的
特征

（2）构建学习型组织的要求

第一，园长带头。园长要对建立学习型组织的意义有深刻认识，把握团队学习方式，做先进管理观念和教育观念的引路人，刻苦学习、勤于探索，在全园起到表率作用。

第二，制度保障。幼儿园应当制订学习、教科研制度，并把学习、教科研与教师的工作考核适当结合，组织教师制订自我专业发展规划，并狠抓落实。

第三，营造氛围。幼儿园通过组织参观学习、读书交流、问题研究、合作攻关等活动，在全园营造学习和研究的氛围，帮助教师树立危机意识，逐步养成学习和研究的习惯。

第四，构建特色。幼儿园应把创建学习型组织与幼儿园其他各项工作紧密结合起来，与幼儿园文化建设结合起来，逐步形成自己独具特色的组织文化和管理模式。

第五，长期坚持。学习型组织的创建是一个长期的过程，是一个只有开始，没有结束的过程。幼儿园要系统思考、整体提升组织文化，使团队和个人进入持续发展的道路。

2. 开展园本研修

（1）园本研修的内涵

园本研修是以幼儿园为基础，以幼儿园保育和教育实践中所面临的实际问题

为研究对象，以教师为学习和研究的主体，以幼儿园、教师和幼儿的发展为目标的实践性、研究性进修活动。开展园本研修是促进幼儿园教师专业成长的有效策略。

（2）园本研修的内容

园本研修是针对教师专业成长所需，围绕一定主题开展的实践性研究。园本研修的主题可以来源于教师个人的反思、同伴互助、教师与专家的互动、教师与理论的对话等。确立园本研修主题要注意以下几点：一是主题要有针对性；二是主题要解决实际问题；三是主题要有连续性与渐进性。

园本研修经常开展以下活动：

第一，组织教师进行业务学习。学习国家的教育方针政策和学前教育法规，提高教师的政策水平和管理能力。认真学习学前教育前沿理论及发展动态，及时了解学前教育发展的难点和热点问题。

第二，组织交流活动。可采取多种形式，如观摩课、交流学习体会、专题讨论、专业技能竞赛等，解决学前教育实际问题，提高幼儿园教师的业务水平。

第三，集体备课。平行班的教师可以一起备课，大家共同探讨可以加深对教学内容的理解。老教师可带动年轻教师，起到"传、帮、带"的作用。

第四，收集课程资料，设计教学活动。各地区、各园有很大的差别，任何一套教材都难以完全符合本园或本班幼儿的特点，组织教师收集一些课程补充材料，既提高了教师的教研能力，又丰富了保教内容。

第五，研究教育实践中遇到的热点与难点问题。园长或保教主任要多留心学前教育发展的动态，及时掌握热点问题，组织教师针对热点问题展开讨论。教研活动还应特别注意本园保教等工作面临的问题或薄弱环节，通过研究，加以解决。

（3）园本研修的形式

园本研修主要有以下三种形式：一是个人反思，常以教师的教育随笔、教养日记、教学反思等形式呈现。二是同伴互助，常以相互交流、协作攻关、以老带新等形式呈现。三是专业引领，常以专题讲座、现场研讨、合作研究等形式呈现。

（二）做自身专业发展的主人

自我教育是教师专业发展的关键，教师本人的主观能动性在自身专业发展的过程中具有不可替代的作用。

1. 做好个人专业发展规划

幼儿园教师的专业发展是一个持续的、长期的积累过程，是一个从量变到质变的过程，存在着发展的阶段性。个人专业发展规划是幼儿园教师为自己的专业发展设计一个蓝图，为引导、监督和反思自身专业发展提供一个参照框架。制订

☞【视频】促
进幼儿园教师
专业成长的对
策——做自身专
业发展的主人

个人专业发展规划，一是需要幼儿园教师用理想的保教人员专业化标准衡量自己，认识自身专业发展现状，以及与理想专业水平之间的差距。二是要对自己专业发展的优势、劣势、机遇与挑战进行分析。三是提出符合现实条件的专业发展总目标和具体目标。四是确定目标实现的具体方法、形式与步骤安排。五是要明确规划实施的保障措施等。个人专业发展规划的制订和实施可以激发幼儿园教师内在的发展动力，促进其自主发展。

2. 学会自主学习

为了适应快速发展变革的教育新形势，幼儿园教师要建立终身学习的理念。大多数幼儿园教师接受的职前教育在一定程度上与当前的学前教育实践相脱节，而现代学前教育改革又需要一线教师不断接触新的教育理念、教育模式和教育手段。因此，教师应唤起自身学习的主动性、积极性和创造性，增强学习动机。

☞【拓展阅读】

自主发展：教师

成长的内在之路

3. 学会自我反思

美国著名学者波斯纳有一个教师成长公式：经验＋反思＝成长。自我反思有助于提升教师的教学经验，促进教师专业发展。学会反思是教师迈向专家型教师的重要一步，教师可以通过教学日志、教育随笔、教育叙事、活动小结等方式记录和反思自己在教育教学实践中的问题。反思是教师自我发现和自我评价的过程。通过反思，教师能够意识到自己的教学经验及其局限性，形成符合新课程要求的先进保教观念。幼儿园教师只有通过不断地研究新情况、新环境、新问题，积极地反思自己的教育教学行为，打开思路，寻找解决问题的对策与方法，才能不断适应变化中的教育工作需要，促进教育工作的有效开展。

第三节　教师队伍的科学管理

幼儿园管理的核心任务是对人的管理。幼儿园管理者需要通过科学的管理方法，充分激发和调动教师的积极性和主动性，团结一心，共同做好幼儿园的各项工作。

一、充分发挥思想的先导作用

思想是行动的先导，只有当教师的思想和态度有了积极的变化，才能保证教育改革从根本上拥有动力。正如联合国教科文组织所警示的那样，"没有教师的协助及其积极参与"或"违背教师意愿"的教育改革，从来没有成功过。[①]

① 联合国教科文组织. 教育：财富蕴藏其中 [M]. 联合国教科文组织总部中文科，译. 北京：教育科学出版社，1996：14.

（一）更新教师的教育信念

教育信念是教师自己认为正确可信的关于教育的观念。教育信念是教师从事教育工作的思想基础，对教师的教育态度和教育行为有显著的影响。如何帮助教师树立积极正确的教育信念？一般来讲，可以用理论学习与政策学习相结合的方式来进行。[①]

1. 学习实践是树立科学教育信念的基本途径

教师通过学习和实践可以更加清楚地了解自己知识和能力的不足之处，产生职业危机意识，形成终身学习、不断追求专业发展的职业精神与职业态度。教师的理论学习一方面可以通过阅读教育论著，汲取名家的教育思想精华，从中受到启发和提升；另一方面可以从自己的教育实践困境出发，通过研究寻找解决问题的办法与途径，从而积淀形成个人的教育思想，并在此基础上树立科学的教育信念。

2. 时政学习是更新教育信念的重要方法

时代性是教育信念的一个显著特征。尤其是在社会发展瞬息万变，教育改革如火如荼的当代社会，教育信念的时代性尤为显著。时政学习可以帮助教师了解社会变化，把握教育改革动态。另外，学前教育要贯彻和落实国家的教育方针和相关的政策法规，单纯地学习教育理论还难以帮助教师形成符合国家教育方针政策的教育信念。幼儿园应该适时地组织教师进行时政学习，及时了解和把握国家教育方针政策的新变化，特别需要学习与学前教育相关的政策法规文件，如《幼儿园工作规程》《幼儿园教育指导纲要（试行）》《幼儿园教师专业标准（试行）》《3~6岁儿童学习与发展指南》等，引导教师主动学习、深刻理解，树立符合时代要求的教育信念，并自觉地贯彻执行。

（二）强化教师职业道德教育

职业道德是指人们在从事某种正当的社会职业时，思想上和行为上应当遵循的道德规范和准则。强化教师职业道德教育，有助于教师养成良好的人格和道德品质，增强教师积极主动、创造性地开展教育工作的动力。幼儿园可以结合《幼儿园教师专业标准（试行）》"专业理念与师德"维度的要求，以及《新时代幼儿园教师职业行为十项准则》的要求开展教师职业道德教育。道德教育具有长期性和反复性。开展职业道德教育需要制度化、经常化：一是建立学习制度，将理论学习与职业道德教育相结合，引导教师坚持正确的政治方向，逐步树立献身教育的理想信念，使教师正确认识教师职业的社会价值，能自觉地以教师的职业规范指导教育行为。二是建立干部群众座谈对话制度。充分发挥党员干部的教育带动作用，深入群众，及时了解群众的思想动态，因势利导，排解思想难题。将职

① 张燕. 幼儿园管理［M］. 北京：北京师范大学出版社，1997：235.

业道德教育与教师的具体生活和工作相结合，采用教师喜闻乐见的形式，尽可能在日常工作、生活中与教师进行随机交流。另外，园内外一些先进人物和事迹的宣传，可以帮助教师不断地改造自己的主观世界，进一步提高教师职业道德水平，增强教师的服务意识。

二、为教师的专业成长创造良好的环境

幼儿园管理者需要根据马斯洛的需要层次理论等，准确把握教师的多样化需求，有针对性地采取管理措施，不断地完善教师的成长环境。[①]

（一）创设以人为本的生存环境

创设以人为本的生存环境，包括改善食堂伙食、提供医疗保健服务、改善居住条件、提高工资待遇、丰富业余文化生活等方面，让教师在专业成长道路上无后顾之忧。

（二）提供促进专业发展的环境

1. 尊重并鼓励教师在职学习

随着学前教育对教师任职要求的日益提高，教师需要不断进行学习才能够胜任幼儿园工作。这不仅是当代终身学习理念在幼儿园的表现，更是实现教师自身专业发展的最佳途径。幼儿园管理者应该充分认识到教师在职进修对提高教师专业素养、改善本园保教质量至关重要。首先，幼儿园应为教师提供在职学习与进修的信息和机会；其次，幼儿园应为教师在职学习与进修提供时间上的保障；再次，幼儿园应为教师在职学习与进修提供经济上的支持，适当报销进修学费、差旅费等；最后，幼儿园应建立资料室或图书室，购进并收集、整理学前教育的相关书籍、文献，为教师学习提供方便。另外，幼儿园还可以构建学习型团队，确立共同愿景，实施团队学习。

2. 以"U-K合作模式"推动专业成长

"U-K合作模式"是大学（university）与幼儿园（kindergarten）合作开展保育、教育研究的一种模式。学前教育改革与发展对教师科研能力的要求逐渐提高。幼儿园与大学建立"U-K合作模式"无疑开辟了教师专业成长的另一条道路。例如，一些高校的学前教育院系与当地的幼儿园建立科研合作关系，在共同申报、开展课题研究的过程中，极大地带动了幼儿园教师的科研意识与科研水平，推动了其科研能力和园本研修能力的提高。

3. 提供人尽其才的工作平台

如果教师能够在工作中更加充分地发挥自己的特长和才能，取得更好的工作

---

① 施桂红. 幼儿园教师队伍的管理：基于马斯洛需要层次理论的视野下 [J]. 科教导刊, 2010（3）：108, 116.

成绩，得到幼儿园管理者的认可与表扬，将会激发更加强烈的工作热情。[①] 否则，教师会在重复性的工作中丧失专业发展的动力，最终产生职业倦怠。因此，幼儿园管理者要了解教师各自的特长和才能，创造机会与环境，使每一位教师都能够充分发挥自己的优势，树立坚定的职业理想，激发强烈的职业热情，不断提高自身专业水平，主动适应和推动学前教育的改革与发展。

（三）营造轻松和谐的人际环境

☞【案例】为什么保育员摔门而去

轻松和谐的人际环境包括个体间相互尊重、相互欣赏、相互关心、相互支持，它有利于教师对幼儿园产生归属感，从而形成强大的凝聚力，提高工作效率。幼儿园管理者可以从以下几个方面着手[②]：

1. 尊重并信任教师

幼儿园管理者要仔细了解每一位教师的生活、工作情况和个性特点，尊重教师的人格和个体差异。坚持"用人不疑"原则，适当放权，为教师创造施展才华的机会和条件。

2. 关心并体谅教师

幼儿园教师以女性居多，大多不仅要承担园内的工作任务，还要承担家务工作。幼儿园管理者应该针对教师的性别特点开展适宜的活动，提供有性别特点的福利。

3. 欣赏并表扬教师

欣赏教师，适时给予赞美是提高教师工作积极性的有效途径。当教师在工作中作出成绩时，幼儿园管理者应及时给予肯定和表扬。

4. 提供心理咨询与疏导

学前教育工作性质较为单纯，园内的人际关系也相对简单，但不排除一些教师容易被不容回避的社会现实问题所困扰，从而造成心理状态失衡，影响心理健康。幼儿园管理者应该针对这一情况，为教师提供心理健康咨询、心理健康讲座，让教师多了解社会，正确看待社会问题。

三、充分发挥目标激励作用

管理决策理论奠基人赫伯特·西蒙曾说过，领导工作的关键在于领导者，领导艺术的核心在于激励下属积极主动地工作。幼儿园管理者在教师队伍管理中应充分运用激励理论，激发教师的内在动机，调动教师的积极性，促进教师素质的自觉提高，使其全身心地投入到工作中，提高幼儿园的保教质量，[③] 制订恰当的发展目标是幼儿园激励教师的重要手段。幼儿园管理者要想通过目标的建立实现

① 王普华. 幼儿园管理 [M]. 2 版. 北京：高等教育出版社，2010：137.
② 王普华. 幼儿园管理 [M]. 2 版. 北京：高等教育出版社，2010：138–139.
③ 张鹏妮. 激励理论在幼儿园教师队伍管理中的运用 [J]. 学理论，2012 (35)：267–268.

对教师的激励作用，就需要注意所制订目标的科学性，可以从 SMART 原则的五个角度来考虑。SMART 原则是制订目标的技术性原则，包括明确性（specific）、可衡量性（measurable）、可达成性（attainable）、相关性（relevant）、时限性（time-bound）五个要素。

（一）保证目标的明确性

明确的目标是所有成功团队的一致特点。目标定得模棱两可，或没有将目标有效地传达给相关人员是很多团队失败的重要原因。因此，幼儿园管理者在制订本园发展目标或教师工作目标时，一定要用清晰的语言传递明确的旨意，保证园内每一个教师都清楚目标的内核所指。

☞【案例】改善师资，办高水平的幼儿园

（二）保证目标的可衡量性

可衡量性是指目标应该是可测的，有明确的数据，作为衡量目标是否达成的依据。如果制订的目标没有办法衡量，就无法判断这个目标是否实现。目标的衡量标准遵循"能量化的量化，不能量化的质化"，使制订人与考核人有一个统一的、标准的可度量的标尺，杜绝在目标设置中使用形容词等模糊、无法衡量的描述。

（三）保证目标的可实现性

幼儿园管理者应坚持让教师参与目标设置，使拟定的工作目标在组织及个人之间达成一致，既要使工作内容饱满，也要具有可实现性。同时，要避免目标要求过低或过高。过低的目标没有激励作用，过高的目标会使人望而却步。适宜的目标应使教师通过努力可以达到，而且会获得成就感。

（四）保证目标的相关性

目标的相关性是指实现此目标与其他目标的关联情况。如果实现了这个目标，但与其他的目标完全不相关，或者相关度很低，那么这个目标即使达到了，意义也不是很大。因为毕竟工作目标的设定，是要和岗位职责相关联的，不能"跑题"。比如，幼儿园管理者要求教师学习"学前儿童卫生学"的相关材料，那么一定是因为实现该目标与提高教师的教育能力有密切关系，否则，这种学习很难获得教师的认同，更无法起到激励作用。

（五）保证目标的时限性

目标的时限性是指目标是有时间限制的。没有时间限制的目标无法考核，或会带来考核的不公。目标设置要根据工作任务的权重、事情的轻重缓急，拟定完成目标项目的时间要求，定期检查项目的完成进度，及时掌握项目进展的变化情况，以方便对教师进行及时的工作指导，以及根据变化及时地调整工作计划。

四、保障教师民主参与管理的权利

民主性原则是幼儿园组织与管理的基本原则。在管理工作中充分发扬民主，既有利于提高管理决策的科学性，又有利于激发教师工作的积极性。

（一）树立管理即服务的观念

要将教师民主参与管理真正落到实处，最根本的一点就是要求幼儿园管理者转变管理理念，树立"管理即服务"的观念，深刻认识到幼儿园各项工作的开展、幼儿园组织职能的实现，要依靠广大教师。在幼儿园各项工作中，幼儿园管理者应当发扬民主作风，尽量为教师顺利开展工作提供条件保障。

（二）适当放权，使教师民主参与管理

教师要顺利履行岗位职责，就必须要有相应的权力，幼儿园管理者应当学会合理放权，让教师参与组织的决策过程及各级管理工作。这样，教师可以感受到幼儿园管理者的信任，增强责任感。让教师民主参与管理，首先需要在制订制度制订过程中充分听取教师的意见，让教师成为制度的制订者和实施者。[①] 幼儿园管理者在进行重大决策时，要相信并依靠教师，采取多种方式激发教师参与决策的积极性、主动性和创造性，启发教师积极出主意想办法，提高决策的质量。同时也为决策计划的顺利执行做好铺垫。[②]

（三）建立和完善民主管理机制

幼儿园管理者可以在园内设立和完善工会、教职工代表大会、教职工大会、园务委员会、党政联席会等机构，并制订系统的机构管理的制度体系，充分发挥这些机构在幼儿园管理中的作用。

五、正确运用奖惩手段

☞【视频】正确

运用奖惩手段

为了调动教师的积极性和创造性，同时严明幼儿园工作纪律，避免或减少不利于幼儿园工作正常开展的事件发生，幼儿园管理者应正确运用奖惩手段。

（一）幼儿园管理中的奖励原则

1. 公平合理、奖励得当

构建公平公正的奖励机制，激发教师的工作热情。确保教师都有平等的获奖机会，避免出现"获奖专业户"，以免打击其他教师的积极性。[③] 此外，奖励的力度要把握适度原则，力度过轻，难以激发教师的积极性；力度过重，会给幼儿园带来经济负担，长期下去可能会使教师对奖励变得麻木，影响奖励效果。

2. 奖励及时、注重实效

当教师工作成绩出色时，幼儿园管理者应及时给予奖励，发挥榜样效应，充分调动教师工作的积极性，使强化的作用最大化。研究表明，及时给予奖励比起

① 谢蓉，曾向阳. 幼儿教师职业倦怠的缓解与职业幸福感的提升 [J]. 学前教育研究，2011（6）：67–69.
② 李福琼. 如何抓好幼儿园保教队伍的建设 [J]. 现代经济信息，2013（17）：44.
③ 王普华. 幼儿园管理 [M]. 2版. 北京：高等教育出版社，2010：143.

事后很久才奖励，带给教师的成就感要高很多。

3. 精神奖励和物质奖励相结合

幼儿园管理者在对教师进行奖励时，要善于把物质奖励和精神奖励结合起来。在进行物质奖励时，要把握适时、适度、适量的原则，并且应更加注重发挥精神奖励的作用。

4. 集体奖励和个人奖励相结合

注重将集体奖励和个人奖励相结合，使教师树立身在集体、心系集体的团队意识，认识到个人的荣誉离不开集体的良性发展，集体的荣誉需要个人不断奋斗才能实现。

（二）幼儿园管理中的惩罚原则

1. 批评教育为主

对于日常工作中教师出现的疏漏，如果没有造成不可挽回的后果，幼儿园管理者应该以批评教育为主，使教师主观上认识到自己的行为可能会带来严重后果，及时改正错误，减少类似事件的发生。教师在工作中出现的问题，可能只是工作方法和工作经验上存在欠缺，以批评教育为主可以保护其工作的热情和积极性，而不至于因为过于严厉的惩罚打击其工作积极性。

2. 及时惩罚、防微杜渐

当教师工作中出现差错后，幼儿园管理者要根据事件的严重性及危害程度，及时给予批评教育、警告、通报批评、记过或其他形式的惩罚。及时的惩罚可以起到迅速控制事件的作用，并且能够防微杜渐，避免因小失大。

3. 责任与处罚相当

责任与处罚相当是公平观念在归责问题上的具体体现，其含义为责任的大小、处罚的轻重应与不当行为的轻重相适应。这就要求幼儿园管理者在对教师进行惩罚时把握适度原则，不过度惩罚；但对于需要严惩的，甚至违法犯罪的行为，绝不姑息。

☞【案例】陈老师该受罚吗？

六、以优良的幼儿园文化凝聚教师

研究表明，幼儿园文化会影响教师的工作满意度、专业认同、心理健康、反思意识与能力等。不同的幼儿园文化对教师能动性的发挥会带来完全不同的影响。支持性、研究型的幼儿园文化能有效激发教师的工作潜能，而过分严厉的幼儿园文化则制约教师能动性的发挥。[1] 幼儿园形成优良的文化，能够最大限度激发教师的工作热情与积极性，推动整个幼儿园工作的顺利开展。幼儿园管理者可从以下几个方面打造优良的幼儿园文化。

① 钱琴珍，姜勇，阮婷. 幼儿园组织氛围与教师专业发展结构模型研究［J］. 心理科学，2007（3）：723-726.

（一）塑造学习型、研究型幼儿园文化

当一所幼儿园形成学习型、研究型的组织氛围后，这所幼儿园必将是充满生命力和创造力的。教师从内心深处认同终身学习的重要性，并坚持践行终身学习的理念。教师一旦树立终身学习的理念，必将主动改善自己的教育行为，成为"反思性实践者"，而不是在管理者督促下被动地进行在职学习。

（二）塑造良性的"竞争—合作文化"

良性的"竞争—合作文化"的塑造需要幼儿园管理者从以下两个方面把握：

1. 建立信任机制

这种信任不仅建立在幼儿园管理者与教师之间，也建立在教师与教师之间。信任是合作的前提，它来源于幼儿园管理者对自身能力局限性的承认和对教师集体智慧的认可，给予教师表现的机会，并鼓励教师积极参与管理等。

2. 允许良性的冲突

合作并不意味着组织中没有冲突，一些幼儿园管理者为了节省决策时间，简化决策过程，或者害怕团队中出现不一致的观点而影响团队向心力，往往采取相对专制的决策方式。其实，允许团队出现一些适当的、建设性的冲突，比起笼罩在虚假的和谐迷雾中更有利于团队整体的发展。这就要求幼儿园管理者宽容大度，正确看待和理性处理幼儿园运转过程中的各种矛盾冲突。

（三）营造和谐的人际氛围

和谐的人际氛围是幼儿园日常工作正常开展的重要保障。幼儿园人际关系的完善可以从以下三个方面考虑：

1. 构建民主和谐的干群关系

民主和谐的干群关系是组织良性运转的重要保障。幼儿园管理者要与教师建立民主和谐的关系，就要做到公私分明，对教师一视同仁，尽量维护他们的尊严和利益，关心和爱护教师。加强人格修养，提高幼儿园管理者在群众中的威信，在工作中统一目标，相信群众、依赖群众，团结一心，攻坚克难。

2. 构建幼儿为本的师幼关系

《幼儿园教师专业标准（试行）》明确规定了教师对待幼儿的态度和行为，这是构建和谐师幼关系的重要依据。教师应关爱幼儿，重视幼儿身心健康和生命安全。尊重幼儿人格，尊重个体差异，平等对待每一个幼儿，不体罚或变相体罚幼儿。

3. 构建沟通协作的家园关系

幼儿园管理工作的顺利开展，离不开幼儿园和家长之间良好的交流、沟通与协作。幼儿园管理者应充分发挥幼儿家长的作用，及时与家长交流幼儿的情况，可以利用家长接送孩子的时间与家长进行简短沟通，也可以通过建立家长微信群、组织家长开放日活动、开展亲子游戏等加强家园合作，保持家园教育一致性，实现幼儿和谐发展。

【理解·反思·探究】

1. 选用幼儿园保教人员应遵循哪些原则？

2. 为什么说幼儿园教师是专业性职业？

3. 结合实际，谈谈幼儿园教师应具备的专业素养有哪些？

4. 如何构建幼儿园学习型团队？

5. 幼儿园教师队伍的科学管理途径包括哪些？

6. 试论如何调动幼儿园教师的工作积极性。

【实践训练】

1. 请你设计一份幼儿园教师个人专业发展规划。

2. 组织一场幼儿园教师模拟面试活动：将全班同学分为若干个面试小组，以小组为单位开展模拟面试。在各小组内，一部分同学扮演面试者，另一部分同学扮演应聘者。各小组各自讨论面试方案，制订相关标准，准备相关材料。小组活动结束后，各小组派代表在全班交流幼儿园教师模拟面试的具体情况。

第十章　　　幼儿园领导工作

【学习目标】

知识目标：

- 了解园长的地位、角色，以及职责。
- 掌握园长的基本素养。
- 理解领导者影响力的构成及领导艺术。
- 了解幼儿园领导班子建设的意义及其结构优化。

能力目标：

- 能对园长的角色与职责进行分析。
- 能对园长的基本素养进行系统分析。
- 能对园长的领导艺术进行客观评价。
- 能对幼儿园领导班子的建设状况做出正确评价。

【案例导入】

　　张园长是某幼儿园新上任的园长兼书记，当时该园正值发展低谷，教职工人心涣散，逆反心理、对立情绪在工作中时有表现。张老师刚刚上任一个星期，地方政府要求从该园抽调一部分教师帮助新的幼儿园开园。但是，在领导班子征求教师意见时，听到最多的是"不去"两个字，张园长无论用什么办法都难以改变教职工的想法。张园长在与教职工第一回合"较量"中，饱尝了"下马威"的滋味。①

　　如果你是张园长，你该怎么办？

第一节　幼儿园领导工作概述

　　在幼儿园党组织的领导下，园长对幼儿园全面负责，在幼儿园管理中处于主导地位。园长领导职能的发挥，主要体现在能否调动教职工的积极性上。作为管理主体，园长应该以自身的人格力量影响、激励和带动广大教职工实现幼儿园的共同目标。

一、领导的含义和相关理论

　　人类群体活动催生了领导的产生。社会生产力的发展，推动了领导方式的演进。从社会学的角度来看，领导即对社会或组织的控制（统治）；从心理学的角度来看，领导是组织负责人带领和引导组织成员在一定客观环境下为实现组织共同目标而奋斗的行为过程。我们认为"领"即带领，"导"即引导，领导就是组织负责人带领和引导组织成员共同实现组织目标的管理活动。名词性的领导是指组织单位或部门的负责人，即领导者。

　　领导与管理不同，领导专指人对人的关系的活动，是上级有意识地影响下级完成既定任务的行为过程。而管理除了人对人的关系之外，还包括人、财、物、事等相互间的复杂关系。可见，领导是管理的一个职能，组织中的领导行为仍属于管理活动的范畴，领导者必然是管理者，而管理者并不一定是领导者。

　　领导理论是人们对领导活动理性认识和研究的成果，从古到今，人们从不同角度对领导活动进行概括和描述，形成了不同时期、不同特色的领导理论，指导人们开展实践，推动领导工作的发展，特别是领导科学产生以来，领导理论对社会实践产生了重要作用。影响较大的领导理论主要有领导特质理论、领导行为理论和领导权变理论。②

☞【拓展阅读】

领导理论

---

① 程凤春. 幼儿园管理的 50 个典型案例 [M]. 上海：华东师范大学出版社，2011：21. 有改动.
② 李成言. 领导学基础 [M]. 北京：中央广播电视大学出版社，2003：20-35.

二、园长的地位和角色

园长在幼儿园管理中处于特殊重要的地位，肩负多种角色。明确这些问题有利于园长恰当地认识自己的地位，准确把握自身的角色。

（一）园长的地位

园长作为幼儿园的负责人，对外代表整个幼儿园，对内全面负责幼儿园的各项工作，在幼儿园内部的行政管理体系中处于中心地位，在保证幼儿园保教质量，完成幼儿园保教幼儿和服务家长的双重任务中处于关键地位。因此，一所优质的幼儿园离不开一个卓越的园长和一个优秀的领导班子。

（二）园长的角色

正确的角色定位，有利于园长更好地理解自身在管理中的地位和作用，增强自身的角色意识，充分发挥角色效应。2015 年，教育部颁布的《幼儿园园长专业标准》规定："园长是履行幼儿园领导与管理工作职责的专业人员。"表明园长是专业人员，作为一级教育单位的领导，园长的职业角色至少有以下三个：教育者、领导者和管理者。

1. 教育者

教育者是园长的核心角色。幼儿园是对幼儿进行保教的专门机构，教育性是学前教育的根本属性，园长的教育理念、教育知识、教育能力将直接影响其教育领导职责的履行，从而影响幼儿园的办园方向、教育目标和教育质量。

2. 领导者

幼儿园的党组织一般为支部，党支部书记和园长一般由一人兼任，因此园长也常集党政领导职责于一身。园长作为领导者，首先，要发挥引导作用，将学前教育理念转化为幼儿园的发展目标和战略规划；其次，要发挥带头作用，通过个性化的领导艺术，充分激发教职工的积极性、主动性和创造性，切实落实各项计划，保证幼儿园的保教质量，推动幼儿园不断发展。

3. 管理者

园长作为管理者，是指园长对幼儿园人、财、物等管理要素所实施的日常管理。即按照政策规定，运用一定的方法和技术对幼儿园的人员、资金、设备等资源进行全面有效的调配和安排，实现幼儿园教育资源的优化配置，充分发挥各项教育资源的作用，从而优质高效地实现幼儿园的目标。

☞【案例】"抢任务"的魅力

三、园长的职责与聘用

园长肩负一定的职责，成功履行这些职责需要具备必要的任职条件。

（一）园长的职责

根据《幼儿园工作规程》等政策文件，园长主持并全面负责幼儿园工作。园长的主要职责如下：

（1）贯彻执行党和国家有关学前教育的政策法规，以及上级主管部门的规定，坚持正确的办园方向；负责建立并组织执行幼儿园各项规章制度。

（2）负责教职工的思想政治工作、职业道德教育，组织文化、业务学习；维护教职工的正当权益，关心并逐步改善教职工的生活和工作条件；发挥教职工大会或教职工代表大会在幼儿园民主管理中的作用，调动和发挥教职工的主动性、积极性和创造性。

（3）主持幼儿园的保教工作，领导和组织安全保卫、卫生保健工作，确保在园幼儿安全、卫生和健康；领导和组织教育工作，贯彻执行国家有关幼儿园的文件，如《幼儿园教育指导纲要（试行）》《3～6岁儿童学习与发展指南》等，促进幼儿身心和谐发展。

（4）领导和组织幼儿园行政工作，负责聘任、调配工作人员，负责教职工的考核与奖惩。负责园舍、设备和经费的管理等。

（5）密切与家长和社区的联系。向家长宣传正确的教育思想和科学育儿知识，配合社区开展社会服务活动，争取家长和社区对幼儿园工作的支持。

（二）园长的任职资格及聘用

1. 园长的任职资格

1996年教育部颁布的《全国幼儿园园长任职资格、职责和岗位要求（试行）》为选拔、任用和考核园长提供了依据，文件中对园长的任职资格作了如下规定：

（1）拥护中国共产党的领导，热爱社会主义祖国，认真贯彻国家的教育方针。热爱幼儿教育事业。

（2）示范性幼儿园和乡镇中心幼儿园园长应具备幼儿师范学校（含职业学校幼教专业）毕业及其以上学历，有五年以上幼儿教育工作经历，并具有小学、幼儿园高级教师职务。

其他幼儿园园长应具备幼儿师范学校（含职业学校幼教专业）毕业及以上学历或高中毕业并获得幼儿园教师专业考试合格证书，有一定幼儿教育工作经历，并具有小学、幼儿园一级教师职务。

（3）获得幼儿园园长岗位培训合格证书。

（4）身体健康，能胜任工作。

随着新形势的发展，国家对幼儿园园长的任职资格提出了更高的要求。2016年修订的《幼儿园工作规程》第四十条规定，幼儿园园长"应当具有《教师资格条例》规定的教师资格、具备大专以上学历、有三年以上幼儿园工作经历和一定的组织管理能力，并取得幼儿园园长岗位培训合格证书"。在新的形势下，园长还要做终身学习的典范，不断提高自身修养，品德良好、为人师表、忠于职守、爱护幼儿，努力学习专业知识和技能，提高文化和专业水平，善于研究、勇于改革和创新，不断提高保教质量，不断开创学前教育新局面。

2. 园长的聘用

《幼儿园工作规程》第四十条对园长的任用办法作了规定："幼儿园园长由举办者任命或者聘任，并报当地主管的教育行政部门备案。"

根据以上规定，园长的聘用权在举办者。在"政府主导、社会参与、公办民办并举"的办园体制下，幼儿园的办园主体多元化，除了地方政府外，办园主体还有各种社会团体、机关、企事业单位、公民个人等。这些非政府办园主体根据园长的任用标准，选拔任用园长，并向当地主管的教育行政部门备案。地方人民政府举办的幼儿园园长根据干部管理权限，由县（区）政府主管部门选聘和任用。

第二节　园长的基本素养

园长作为专业人员，要求具备一定的专业素养。《幼儿园园长专业标准》对园长提出了六项专业职责和对应的六十条专业标准要求。园长的思想品德和人格修养、文化专业素质及领导管理能力等素质状况，直接决定着幼儿园的管理水平和保教质量。

一、园长的思想品德和人格修养

☞【拓展阅读】

《幼儿园园长专业标准》

园长的思想品德和人格修养是园长专业素质的首要因素，它直接影响园长整体素质的发展，影响整个幼儿园管理工作。

（一）园长的思想品德

园长要坚持以德为先、以幼儿为本的理念，在以下方面提高自己的思想品德水平。

1. 法规意识和政策水平

园长应该经常学习和了解国家有关教育及学前教育的政策法规，理解有关政策法规精神，把握社会主义办园方向，使幼儿园的发展跟上时代及社会发展的步伐。

2. 事业心和责任感

园长应热爱学前教育事业，热爱幼儿，具有强烈的事业心和责任感，具有坚定的职业信念，具有不畏艰辛、任劳任怨、无私奉献的精神。

3. 工作作风

园长应恪尽职守、勤政务实、勤俭办园，始终将幼儿园的利益放在第一位。

工作中努力做到为人正直、光明磊落、严于律己、以身作则、求真务实、勇于创新、廉洁公正、作风民主，建立和谐的干群关系，营造良好的工作氛围，充分调动教职工参与幼儿园民主管理的积极性和主动性。

（二）园长的人格修养

人格指人的思想、情感、意志、品质及行为的统合模式。园长在幼儿园中处于关键地位，园长的人格特征直接影响其工作作风、干群关系、工作氛围，影响幼儿园的团队建设和幼儿园的整体发展。园长应坚持学习、兴趣广泛、博学多才、视野开阔、思维灵活、勇于创新、意志坚强、敢于拼搏、胸怀宽广、真诚友善、平易近人、遇事理智、勇于担当。只有这样，园长才能起到表率作用，才能带领全体教职工不断使幼儿园发展壮大。

二、园长的文化专业素质

园长的文化专业素质是构成园长业务能力的重要部分。园长必须具备较高的科学文化水平，掌握丰富的专业知识。园长要适应时代的要求，做终身学习的典范，不断更新和完善自己的知识结构。园长需具备以下四种知识：

☞【视频】园长的文化专业素质与领导管理能力

（一）本体性知识

本体性知识指园长作为幼儿园负责人、管理者，在实施管理工作时所需要的体现园长职业角色特征的核心专业知识，主要指教育管理知识。为保证幼儿园工作顺利进行，园长应具有现代管理观念，掌握现代管理和教育管理知识，能采用科学的管理方法，充分利用各种人力、物力、财力等资源提高管理效能，这是园长做好管理工作的前提和保证。

（二）条件性知识

条件性知识是园长在处理幼儿园日常工作时，为保证幼儿园保教工作顺利开展，有效解决所遇问题而应具备的专业性知识。条件性知识主要包括：（1）学前教育专业方面的知识，包括学前教育专业理论知识和学前教育保教实践知识。掌握这些知识，能使园长运用专业知识提升幼儿园的课程质量与保教品质。（2）心理学方面的知识。这些知识对于园长了解教师和幼儿心理，有效引导其行为，增强工作的预见性和针对性具有重要作用。

（三）实践性知识

实践性知识是园长在个人工作实践中形成的知识与智慧，是园长在理解和领悟理论知识的基础上构建的一种在特定情境中知道做什么和知道如何做的知识。实践性知识主要包括园长的情感态度、价值观念、生活经验等。这类知识具有实践性、情境性和个体性。从某种程度上说，园长专业化发展最终体现的是园长个体的职业发展水平，而能对其发展产生真实影响的正是个人在实践中通过亲身体验和学习获得的实践性知识。

（四）广博的科学文化知识

广博的科学文化知识是园长专业知识的重要组成部分，它能够提高园长的整体素养，主要包括：（1）人文社会科学知识，如哲学、历史学、社会学、法学、逻辑学等方面的知识；（2）自然科学和技术科学知识，如自然科学和技术科学的基本理论及最新研究成果；（3）工具类知识，如外语、计算机、多媒体信息处理技术、公共关系等方面的知识；（4）文艺类知识，如文学、美育等方面的知识。

以上这四类知识是相互联系的有机整体。其中，本体性知识是园长工作得以顺利开展的基础性部分；条件性知识对本体性知识起着理论支撑的作用，是衡量园长文化专业素养的标志，同时也是园长取得任职资格的重要考核依据；实践性知识是园长将前两种知识运用于实践后，经过个人反思、总结而获得的知识，是园长自身职业个性的展现；广博的科学文化知识是对其他知识的重要补充。这些知识相互联系、相互促进，共同支持园长的专业化发展。①

三、园长的领导管理能力

园长工作是一项专业工作，因此，合格的园长不仅应具备一定的思想素质和文化素质，还应具备一定的领导管理能力。

（一）科学决策能力

科学决策是园长最基本的任职能力，它贯穿一切管理工作。园长要掌握一定的决策技术，为幼儿园的发展规划蓝图，决定幼儿园未来的发展方向，确定幼儿园的发展特色；园长要善于调查研究，激发群体智慧，全面掌握情况，从战略上深谋远虑、统筹兼顾、全局谋划、果断决策。

（二）组织指挥和协调能力

园长管理工作涉及方方面面，这就需要园长具备统领全局的能力，既要能在整体上进行组织决策和指挥，善于合理调配人力、物力、财力，又要能与人团结共事，善于用人，具有一定的做思想工作和处理人际关系的能力，协调好人与人之间、部门与部门之间、部门与幼儿园整体之间，幼儿园与家长、社区之间，幼儿园与上级教育行政部门之间的各种关系。

（三）合理用人能力

园长需要具备知人善任的能力和气度，在用人管理上，要注意职能相称、能级相应、用其所长、人事相宜、用人唯贤、优势互补、形成合力。

（四）人际交往能力

园长对下级要平易近人，与人为善，成为群众的知音；与友邻单位要和睦相处，相互支持和协作；正副职之间要分工合作，相互关心、理解与支持，以平和

---

① 吕晓，杨晓萍. 园长专业化知识基础的构成与发展途径 [J]. 学前教育研究，2011（12）：24—27.

态度商讨问题；善于听逆耳之言，工作任劳任怨。

（五）创新进取能力

园长要立足本园实际，不断更新教育观念，更新自己的文化专业知识，主动调整适应，不断改革创新，以正确的教育思想和管理思想影响教职工，激发全体教职工进取向上的精神，带领他们不断取得新的工作成绩，不断开创幼儿园发展的新局面。

第三节　园长的领导艺术

幼儿园领导效能的提高在很大程度上依赖园长的领导艺术。领导艺术贯穿于整个幼儿园领导过程之中。园长在一定情境下对领导者影响力的巧妙应用，是园长领导艺术的基础。

一、领导者影响力的构成

☞【视频】领导者影响力的构成

领导者影响力是领导者有效地影响和改变被领导者的心理与行为，将其纳入群体目标活动轨道的能力。领导者影响力是领导者自身综合能力的体现。领导者影响力主要由两种力量构成，即权力性影响力和非权力性影响力（见图 10-1）。

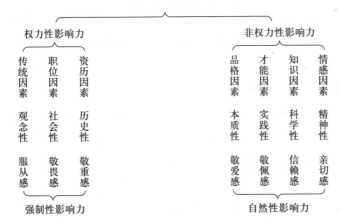

图 10-1　领导者影响力的构成[1]

（一）权力性影响力

权力性影响力又称强制性影响力，是与职位相关的影响力，包括社会赋予个

---

[1] 张燕. 学前教育管理学 [M]. 北京：北京师范大学出版社，1995：249.

人的职务、地位、权力以及个人的资历等因素，具有强迫性、不可抗拒性等特点。影响权力性影响力的因素主要有以下三个方面：

1. 传统因素

几千年来，中国社会普遍认为领导者有权力、有才干，不同于普通人，因而对领导者产生服从感，增加了领导者言行的影响力。由传统观念产生的影响力，是传统附加给领导者的力量。

2. 职位因素

位于领导地位的人，由于社会或组织给予他一定的权力，具有强制下级服从于他的力量，使被领导者产生敬畏感。领导者的职位越高，权力影响力就越大。这种影响力以法定权力为基础，与领导者本人的素质没有直接的联系。

3. 资历因素

资历反映的是一个人过去的情况，具有历史性。在心理上，人们一般对一个资历较深的领导者会产生敬重感。

（二）非权力性影响力

非权力性影响力又称自然性影响力，与领导者的职位没有关系，是与个人特征相关的影响力，是领导者自身素质和行为的反映。影响非权力性影响力的因素主要有以下四个方面：

1. 品格因素

领导者的品格是非权力性影响力的本质因素。领导者需要具备高尚的情操、优秀的道德品质、宽广的胸怀，以及良好的工作作风，同时也需要领导者本身做到勤于公务、廉洁自律。"公生明，廉生威"，良好的品格使得领导者具有强大的感召力，使被领导者产生敬爱感，从而使组织具有更强的凝聚力。

2. 才能因素

才能是领导者成功开展工作必须具备的条件之一，领导者应该具有深刻的理解能力和敏捷的判断能力，风趣幽默的口语表达能力，全面周到、机智灵活的组织协调能力，也同样需要大胆开拓、勇于打破常规的胆识和创新能力等。领导者的才能因素具有实践性，易使被领导者产生敬佩感。

3. 知识因素

对自身和客观世界认识程度的不同是知识水平高低的标志。知识丰富的领导者，对复杂的问题会有更加深刻、全面、独到的见解，从而可获得被领导者的信赖感，这样必然会具有较大的影响力。如果一个领导者知识贫乏，见识短浅，他的影响力必然会大大削弱。

4. 情感因素

情感是人对客观事物的一种态度体验，表现为好恶、亲疏等心理倾向。人与人之间，特别是领导者与被领导者之间，良好的情感关系可以使被领导者产生亲切感，加深领导者的影响力。反之，如果没有良好的情感关系，就会导致双方产生心理距离，而心理距离本身就是一种心理排斥力、对抗力，会产生负面影响力。

在领导者影响力的构成中，权力性影响力和非权力性影响力两者相互依赖、相互补充、缺一不可，它们是一个问题的两个方面。权力性影响力是领导者发挥作用的基础，非权力性影响力占主导地位，决定着领导者威信的高低，提高领导者影响力的关键是提高其非权力性影响力。

二、提高园长领导艺术的策略

园长领导艺术指园长所具有的非规范化的、富有创造性的领导技能。它是领导者素质和领导水平的综合表现。

（一）决策艺术

决策艺术是领导艺术的核心部分，是园长谋略水平的集中体现。园长决策时要从全局出发，以大局为重；把握时机，权衡利弊；广泛听取各方意见，深思熟虑，大胆决策。提升园长的决策艺术需要高度重视决策实践。首先，决策艺术产生于决策实践。决策艺术是富有创造性的技能技巧，决策艺术的本质特征就是实践，园长的决策艺术来自实际工作中千百次的决策实践。其次，决策艺术的运用和提高依赖决策实践。从决策实践中产生的决策艺术，只有回到决策实践中，才能加以检验、发展和提高。园长只要敢于实践和善于实践，决策艺术在长期的实践中便会日臻完善。

（二）用人艺术

在用人艺术上，园长要做到以下几点：第一，量才而定，择优录用。既不能大材小用，造成人力资源的浪费；也不能小材大用，造成不必要的工作失误；更不可无才乱用，造成幼儿园工作的混乱。第二，用其所长，人事相宜。着眼于个人的专长和特点，使其有用武之地。用人贵在扬长避短，获取最大效应，要避免求全责备。第三，用人唯贤，不拘一格。对确有才干的人，应不拘一格，大胆使用，让其在合适的岗位上充分发挥作用，真正做到公平、公正。第四，优势互补，形成合力。幼儿园是一个整体，若能将每个人的长处融合，合理使用，势必会收到更好的效果。比如，有的教师艺术表现能力较强，有的教师理论研究能力较强，双方要互相配合与协调，让理论思考型的教师更多地参与幼儿园的课题项目，让艺术表现型的教师更多地参与保教实践。

（三）情感艺术

幼儿园绝大多数教职工是女性，她们的共性是感情细腻、自尊心强等。如果园长不能恰当地运用情感的感化力量来影响教职工，在工作中可能会碰软钉子，甚至导致任务不能顺利完成。因此，园长应该清楚地了解教职工的心理需要，用情感手段激励教职工热爱学前教育事业，帮助教职工解决生活中的困难，用商量的口气安排相关工作。园长要以理服人、以情感人。园长在管理过程中的情感投入，不仅可以营造和谐的人际氛围，还可以激发教职工的工作热情。

（四）身教艺术

领导者的个人修养、精神力量和以身示范的行为潜藏着巨大的影响力。园长要提高自身的道德修养和文化素养，做到严于律己、宽以待人、以身作则、表里如一，帮助全体教职工树立正确的世界观、价值观，明确奋斗目标。园长要做到作风民主，顾全大局，始终保持自己与其他成员之间平等的关系，为集体的发展和荣誉作贡献。园长要说实话、办实事，踏踏实实地搞好幼儿园的教育管理工作，发扬求实精神，做广大教职工的表率，树立公仆意识。园长必须具备坚忍不拔、锲而不舍的进取精神，善于利用现有的各种条件，不断开创教育工作的新局面。总之，园长要有"身教"的意识，严格要求自己，让自己的一言一行都能发挥影响力。

（五）沟通与协调艺术

沟通是指人与人之间、组织与组织之间、人与组织之间的信息交流、观点表达和情感传递；协调是围绕组织目标，使人们的行为趋于有序的活动。沟通与协调能力是领导者必备的能力之一。园长领导工作能否成功，在很大程度上取决于其沟通能力、协调能力的强弱。园长面临的沟通对象除了教职工以外，还有上级领导、幼儿家长、社区工作人员、同行等。他们都有着不同的利益诉求、社会地位、文化背景和年龄层次等，这些都对园长的沟通能力与协调能力提出了挑战。园长应努力提高符合现代管理需求的沟通能力与协调能力，从而有效提高管理效能。第一，园长要有积极主动的沟通意识。幼儿园大部分矛盾冲突源自沟通的不顺畅，园长应该树立积极主动的沟通意识，不回避矛盾。第二，园长要有良好的心态。充分尊重沟通与协调的对象，抱着学习的态度与人平等交流，避免居高临下，盛气凌人。第三，园长要运用灵活的沟通与协调方式，注意时机和场合的选择，态度谦和，冷静对待，发挥人缘和情感的作用，主动沟通，加强互动，均衡关系，团结为上。第四，园长要掌握科学的沟通与协调技巧。例如，沟通前列一个沟通提纲，确定沟通的时间、地点、场合等；沟通中注意语言的表达和体态表情的配合。

（六）应变艺术

☞【案例】场地不均引发的纠纷

应变能力是指园长在外界事物发生改变时，及时而富有创造性地做出反应的能力。这种反应可能是本能应对，也可能是经过缜密思考所做出的决策。幼儿园管理过程是一个复杂的、动态发展的过程。随着社会的发展，幼儿园内外环境的不确定性也日益增加。灵活处理各种偶发事件，在信息化条件下及时捕捉和有效利用各种信息，适时变换策略应对激烈竞争等，都需要园长的应变能力。园长的应变能力具体表现在能够审时度势、随机应变，能在变化中明辨方向，及时提出应对的创意和策略，并能持之以恒地去实现目标。应变能力可以通过实践逐步提高，具体可以采取以下策略：第一，参加富有挑战性的活动。在挑战性活动中解决问题的过程就是锻炼应变能力的过程。第二，扩大个人交往范围。从家庭到单位再到社会，园长应接触和了解更多的人，学会与各种类型人的交往。第三，加强自身修养。在日常的工作、学习和生活中，园长应有意识地训练自己遇事要沉着冷静，学会自我检查、自我监督、自我鼓励和自我控制。第四，改变不良习惯。园长应克服迟疑不决、优柔寡断的习惯，主动锻炼自己分析问题、迅速决策的能力。园长应敢于打破封闭的格局，以开放的眼光，随机应变地捕捉有利于幼儿园发展的一切契机。

小组讨论

某幼儿园是新建公立幼儿园，教师大部分是刚大学毕业入职不久的年轻在编教师，园长是位 40 多岁的中年女性。开园以后，家长向园长反映，一些教师对待孩子的态度和做法有些不妥。园长给家长的反馈是，这些年轻教师都是带编制的教师，收入稳定还有保障，惩罚和激励对她们的作用不大，这一点没有私立幼儿园好。

请根据上述案例进行讨论：作为公立幼儿园园长，如何有效地发挥领导的作用？

第四节 幼儿园领导班子建设

俗话说"一个好汉三个帮"，办好一所幼儿园，仅靠园长一个人的能力是不够的，必须有一个健全有效、团结一致的领导班子。

一、幼儿园领导班子建设的内涵和意义

团队领导和集体决策是管理发展的重要趋势。幼儿园领导班子建设对幼儿园的领导、决策与发展都具有重要意义。

（一）幼儿园领导班子建设的内涵

幼儿园领导班子是由幼儿园承担决策职责的园级领导成员所组成的团队。幼儿园的领导班子通常由党支部书记、园长、副园长组成。幼儿园领导班子的建设是指幼儿园领导班子的组建与完善。

（二）幼儿园领导班子建设的意义

1. 完善决策机构，提高决策质量

幼儿园领导班子是幼儿园的最高决策机构。领导班子建设可以使领导班子的结构更加合理，成员团结协作、密切配合，形成坚强有力的领导团队，为民主科

☞【视频】幼儿园领导班子建设的概念、意义及幼儿园领导班子结构

学决策提供组织保障。领导班子的决策主导着幼儿园的发展方向，影响着整个幼儿园的健康发展。结构合理的领导班子具有较强的科学决策能力。他们能充分发挥团队的智慧，做出民主的、集体的决策，克服个人决策的局限，减少决策失误，保证决策的科学性，提高决策的质量。

2. 形成优势互补，强化业务领导

常言道"金无足赤，人无完人"，每个人的个人素质和业务能力各有所长。好的领导班子会形成优势互补的班子结构，班子成员发挥各自的专长，从而提高各项业务工作决策的质量，提高对各项业务工作进行组织和指导的针对性、科学性和有效性，保证幼儿园各项业务工作优质高效地开展。

3. 加强梯队建设，保证持续发展

结构合理的领导班子的特点之一就是老中青相结合，老中青发挥各自的优势，相互协作、相互影响，这样既有利于幼儿园管理，又有利于幼儿园的长远发展。

二、幼儿园领导班子结构的优化

幼儿园领导班子的结构影响其决策与领导功能，优化领导班子结构是领导班子建设的重要任务。

（一）人员组成结构优化

幼儿园领导班子的人数多少要根据幼儿园规模的大小、工作任务的多少来确定。领导班子人数太多容易出现推诿责任、互相扯皮的现象，造成办事效率低下。反之，领导班子人数太少一方面会使园长陷于繁杂的琐事中，难以从大局出发考虑幼儿园的未来发展问题；另一方面，园长独揽大权也不利于调动教职工的积极性。按照教育部颁布的《幼儿园教职工配备标准（暂行）》，园长的配备数量要求为：6个班以下的幼儿园设1名，6~9个班的幼儿园不超过2名，10个班及以上的幼儿园可设3名。

（二）年龄结构和性别结构优化

所谓年龄结构，是指领导班子中不同年龄层次成员的配比组合。不同年龄的人具有的经验、智力和心态结构各不相同。年长的成员阅历较多，经验丰富，遇事冷静；中年成员年富力强，志趣稳定，有较强的分析判断能力；年轻的成员则精力旺盛，容易接受新鲜事物。不同年龄层次成员组成的领导班子可以优势互补。优化年龄结构要以年轻化为基础，老中青合理搭配。以4~6人为例，老中青的比例按1∶2∶1，1∶2∶2，1∶3∶2的方案设计比较合理。形成梯次结构，既能保证领导班子的稳定性，还能保持领导班子的活力和较高的工作效率，使领导班子有条不紊地实现新陈代谢。①

① 张红. 论高校院系领导班子的优化组合 [J]. 南京林业大学学报（人文社会科学版），2005（4）：105-107.

幼儿园领导班子从性别结构看，大多数都是女性，园长也多以女性为主。随着时代的发展，越来越多的男性加入幼儿园的工作队伍中。从领导层面来讲，男性领导的坚毅、勇敢、坚强、独立、阳刚等特点，会在教育过程中潜移默化地影响着整个领导团队乃至整个幼儿园的精神面貌，男性的理性思维与女性的感性思维相互结合，互为补充，也会给整个领导班子带来新的活力。

（三）气质结构优化

气质俗称脾气、性情，是一个人的神经活动过程在行为方面的特征，具体表现在情绪体验及言语动作的快慢、强弱、持久与否、隐显与否等方面。根据气质特征的不同表现，气质可分为四种类型，即胆汁质、多血质、黏液质、抑郁质。不同气质类型特有的气质特征可能衍生出不同的性格特征、行为特征，从而对不同的活动也容易表现出不同的适应性。

幼儿园多种性质的管理工作需要领导班子注意气质结构合理搭配，以使领导班子成员气质互补。如胆汁质的领导直爽、有进取心、重感情，但容易冒失、无耐心、爱教训人，可以在情感投入活动中发挥更好的作用；多血质的领导活泼、机智、热情，适合处理复杂的人际关系；黏液质的领导镇定、踏实、守纪律，适合从事制度制订与监督管理工作；抑郁质的领导沉静、敏锐，适合从事需要深思熟虑的活动，如科研管理工作。

（四）知识结构优化

知识结构是指在领导班子中，不同知识水平和知识领域的成员的搭配组合。随着学前教育的普及，越来越多的高学历人员进入幼儿园工作，他们的学前教育理论知识水平处于较高层次。同时，幼儿园里也有一部分教师在教育技能，如唱歌、跳舞等方面具有优势。在成立幼儿园领导班子时，要考虑不同学历、不同专业特长的领导对幼儿园整体发展的影响，进行领导班子成员知识结构的优化。

（五）能力结构优化

能力结构是指在领导班子中，不同能力领导者的安排与组合。领导者的能力主要包括科学决策能力、组织管理能力、处事协调能力和知人善任能力等。一个能力结构较好的领导班子，其成员的能力应该是多方面、多类型的，既要有富有远见卓识，善于分析综合，有决策力的主要领导者，又要有沉着冷静，足智多谋的思考型成员；既要有善于做深入细致的思想政治工作，善于做组织管理工作，具有独立工作能力，顾全大局的成员，又要有脚踏实地、吃苦耐劳，具有协调能力的实干型成员。只有这样，才能做到能力互补，相互配合，形成合力，充分发挥领导班子多功能、高效率的作用。

三、充分发挥领导班子的作用

幼儿园里无小事，各方面都需要科学精细的管理，只有充分发挥领导班子的作用，结合各项制度进行规范管理，让每个人都各负其责、各尽其能，才能实现幼儿园管理工作的优质高效。

（一）发挥幼儿园领导班子集体的作用

幼儿园实行党组织领导的园长负责制，园长全面负责幼儿园的各项工作。园长要想对幼儿园工作实行有效的领导和管理，就要重视发挥领导班子集体的作用，整个团队既要团结一心、分工合理、各司其职，又要能够相互配合、相互协调，这样才能保证幼儿园各项工作顺利进行，取得高效有序的管理效果。

1. 合理组织，明确分工

园长要合理组织领导班子成员，根据每个人的特点和优势，合理分工，明确职责。比如，园长要负责幼儿园的整体规划，选择保教业务能力强的成员负责全园的保教管理工作，选择耐心细致、总务工作经验丰富的成员负责幼儿园后勤。

2. 合理授权，分工协作

园长要善于授权，把一定的权力分授给相应的行政领导。每个行政领导有了各自明确的职责分工，又在一定程度上相互制约。每个行政领导在自己的职责范围内享有一定的决策权、指挥权、检查权和处分权，这样不仅能够调动每一个领导班子成员的积极性，也有利于幼儿园领导工作的有序进行。

（二）树立幼儿园领导班子的威信

树立威信是领导班子增强凝聚力、号召力、战斗力和执行力的基本方法。领导班子树立威信要做到以下几点：

1. 品德高尚

高尚的品德是领导班子应有的主体素质。领导班子成员需加强品德修养，树立正确的世界观、人生观、荣辱观和价值观，要有"爱心""细心""耐心"，为全体教职工做榜样，获得教职工的信任、尊重与认同。

2. 真才实学

领导班子成员要多谋善断、科学决策，采用科学合理的工作方法，切实提高工作效率，使得幼儿园各方面工作取得新成绩。同时，领导班子成员要勤于学习、善于研究，不断提高自己的专业水平和领导水平。

3. 公正合理

领导班子成员要作风民主、平等待人、处事公正、言而有信、以身作则，这样才能使教职工在宽松温馨的环境中工作，有努力奋斗、积极上进的工作态度。

4. 团结友爱

领导班子中的每个成员都要有优化班子结构的共同愿望，彼此之间能开诚布公，及时消除隔阂，工作中互相支持，分工不分家，有全局观念，对领导班子有强烈的认同感和归属感。同时，领导班子成员能正确认识自我，正确认识干群关系，牢固树立管理即服务的理念，发扬民主作风，尊重教职工，营造团结友爱的组织文化。

（三）重视领导班子的进修提高

学前教育改革日新月异，要求也在不断提高，每个领导班子成员都应该有一种忧患意识，重视自己专业水平的提高和观念的更新，保持对新生事物的敏感性，业余时间多读书，也可以参与脱产进修，学习学前教育的新思想和新理念，不断提高自己的业务水平和管理水平，努力构建学习型领导班子。

（四）提高领导班子的反思能力

反思是一种有效的思维方式，领导班子是一个领导团队，团队反思可以提高领导工作的质量和水平。领导班子要做好反思工作，园内组织的每项活动，领导班子成员都要总结成功的做法及经验，找出组织过程中存在的问题，提出改进策略。领导班子成员每月每周都要做好工作总结及反思，开展成长与创新的汇报、研讨活动，在互动中不断提高反思能力。

（五）重视后备干部的培养和选拔

幼儿园领导班子建设除了注意领导班子成员的合理构成和培养外，还要选拔新人，做好后备干部的培养工作。抓好这一工作，一方面可以提高广大教职工的工作积极性；另一方面对提高保教质量，促进幼儿园发展也具有长远的战略意义。不论采用何种方式和途径产生新的幼儿园管理人员，领导班子都必须从严把关，严审其任职资格和条件。

【理解·反思·探究】

1. 说明园长在幼儿园工作中的角色和职责。
2. 幼儿园园长的基本素养有哪些？
3. 简述领导影响力及其构成。
4. 联系实际谈谈如何提高园长的领导艺术水平。
5. 参观一所幼儿园，了解该幼儿园的领导班子情况，并对其进行分析和评价。

【实践训练】

1. 扫描二维码，阅读案例"园长应善于发现并发挥教师的长处"，分析该案例中园长的职责、基本素养和领导艺术，并提出改进意见。

2. 请结合下面的案例，讨论园长对会议的选择与安排是否合理。

某园长在对会议的选择与安排上有自己的一套方法。一般的党务会议，园长会派工会主席或者一位负责记录的党员老师参加，因为会议内容都是理论性的，

☞【案例】园长应善于发现并发挥教师的长处

操作性的内容很少；政府的会议，如果是工作总结，园长就会自己去参加；如果跟幼儿园关系不大，则只派一个代表去；还有一些教育界的会议，园长会看情况，有时会派副园长去；安全会议，派管安全的人去；卫生保健会议，会让卫生保健老师去；人事工作会议，会派人事干部去。以上这些会议，园长都会要求参会者及时向她汇报会上的重大事情。

第十一章　　幼儿园组织文化管理

【学习目标】

知识目标：
- 理解幼儿园组织文化的概念与特征。
- 掌握幼儿园组织文化的结构与内容。
- 理解幼儿园组织文化管理的意义。
- 掌握幼儿园组织文化管理的原则、途径及方法。

能力目标：
- 能对幼儿园组织文化的结构与内容进行分析。
- 能设计幼儿园组织文化建设方案。

【案例导入】

一位家长抱怨道："我的孩子每天在幼儿园待8个小时，说真的，我对孩子的在园情况一点也不了解，孩子晚上回家，也不太和我们说幼儿园的事情；问老师，老师总说我的孩子表现挺好的，到底好到什么程度？我们家长应该为孩子做些什么？"这位家长言语之间，充满想了解孩子在园情况的渴望，以及对"孩子表现挺好的"的"困惑"。

该幼儿园在组织文化管理方面存在哪些问题？

第一节　幼儿园组织文化概述

☞【拓展阅读】
组织文化的维度

幼儿园组织文化作为一种特殊的文化形态，看不见、摸不着，但却渗透于幼儿园一切活动之中。它构成了组织生存的基础，是组织发展的动力和成功的关键，是组织的灵魂。

一、幼儿园组织文化的内涵与特征

深刻认识幼儿园组织文化的内涵与特征，是有效提炼和发展幼儿园组织文化，充分发挥幼儿园组织文化作用的认识前提。

（一）幼儿园组织文化的内涵

"组织文化"（企业文化）一词最早由美国学者在20世纪80年代初期提出，随即在西方盛行。许多成功的企业管理案例证实，管理的成效在很大程度上依赖组织文化的建设。任何一个组织都会形成自己独特的文化，如企业有企业文化、社区有社区文化。幼儿园作为个体第一次接受系统教育的场所，也有幼儿园组织文化。

☞【视频】幼儿园组织文化的概念

幼儿园组织文化是指幼儿园在长期发展过程中形成的，被教职工所普遍认同并遵循的共同价值观、精神信念及行为方式的总和。一个幼儿园独特的园训、教职工特有的工作方式、团队精神、富有特色的家园活动、严谨的规章制度，甚至物质环境中惯常采用的某一种颜色，都可以体现这个幼儿园特有的组织文化。

1. 价值观是幼儿园组织文化的核心

价值观及体现价值观的组织精神是整个组织文化的核心和灵魂，是存在于全体教职工头脑中并为大家所共同认识的衡量事物、处理问题的思维方式和行为习惯的准则体系，是建设幼儿园组织文化的首要内容。一旦教职工形成统一的价值观，就会在组织内部形成强烈的凝聚力和整合力，成为教职工共同遵守的行动指南。

2. 组织文化是幼儿园自身发展的主题

幼儿园组织文化既有共性，也有个性。所谓共性，就是接受和体现社会的主流文化价值观和被广泛认同的教育思想和理念。所谓个性，就是一所幼儿园在组织文化建设方面体现的特色，具体表现在环境、行为、制度和精神等方面的与众不同。幼儿园独特的组织文化是幼儿园的精髓和灵魂，是幼儿园自身发展的主题。

3. 组织文化的建设是项长期工程

组织文化与组织的发展历史紧密相连，经过较长时间的酝酿、积淀、改造、发展逐步形成。组织文化一般都要经历一个逐步完善、定型和深化的过程。幼儿园组织文化在幼儿园发展的长期实践中形成，随着社会文化的进步和幼儿园自身的发展而不断充实和完善。

（二）幼儿园组织文化的特征

1. 无形性

深层次的组织文化是一种抽象的意识范畴，是内隐的而不是外显的。它所包含的共同价值观、精神信念是组织内一种群体意识现象，渗透于幼儿园组织的方方面面，外化为幼儿园独特的规章制度、组织成员的行为方式以及幼儿园的物质设施等。

2. 软约束性

优良的幼儿园组织文化通过柔性的引导，在幼儿园内部建立起友善、合作、奋进的心理环境及协调和谐的人际氛围，并通过教职工对组织文化氛围的心理认同，渐渐地内化为教职工的主体文化，使幼儿园的共同目标转化为成员的自觉行动，使群体产生最大的协同合力。它比刚性管理制度有着更为强烈的控制力和持久力。

3. 独特性

每个幼儿园所具有的独特的环境条件、发展历史、思想观念、使命愿景、制度规范、运作程序与交往沟通模式等，会使幼儿园逐步形成各自独特的文化。幼儿园独特的文化，又会影响幼儿园的办学理念和价值追求、办学目标和办学风格、课程设置和保教方法。这些是品牌幼儿园的文化个性，同时也是品牌形成的决定因素。

4. 相对稳定性

组织文化并不是生来就有的，而是组织在生存和发展过程中总结、积累而成的。组织文化一旦形成，就会保持相对的稳定性，不会因为幼儿园规模或个别人的去留而发生变化。

5. 发展性

幼儿园组织文化具有相对稳定性，但也不是一成不变的。幼儿园所处的社会环境在迅速发展变化，幼儿园作为一个开放的系统，时刻与环境进行着物质、能量、信息等的交换。幼儿园作为社会大系统中的一个子系统，也会随着环境的变化而进行循序渐进的调整，从而使自身组织文化的发展更加具有时代性和先进性。

二、幼儿园组织文化的结构与内容

幼儿园组织文化具有系统的结构和丰富的内容。无论是认识还是建设幼儿园的组织文化，都必须对其结构和内容有一个深刻的了解。

幼儿园组织文化是一种以精神文化为核心，由多种形态的文化有机构成的文化系统。它具体由表层的物质文化、浅层的行为文化、内层的制度文化、深层的精神文化构成。

1. 物质文化

☞【拓展阅读】
幼儿园的物质
文化建设

物质文化位于组织文化的表层。它是幼儿园组织文化中最直观的部分，是指能够折射出幼儿园思想观念、价值取向的各种物质形态，属于"组织硬文化"。幼儿园园舍建筑、空间布局、活动场地、设施设备、教学器材、玩教具、图书声像资料、环境布置等的特点，都能折射出幼儿园组织文化的精神内涵。

幼儿园应力求实现环境的净化、绿化、美化、安全化、教育化和特色化，统一幼儿园形象标志，设计蕴含本园特色和理念的园徽、园服等。幼儿园应充分利用环境中各种有价值的信息、要素对幼儿进行生动、直观、形象、综合的教育，努力营造"让墙壁说话，让花草树木赋诗，让文化设施启智"的人文环境。

2. 行为文化

行为文化位于组织文化的浅层，是指体现幼儿园基本精神和价值取向的各种活动和各类成员行为。行为文化主要包括教职工和幼儿的生活方式、行为方式，以及在此基础上形成的园风班风、游戏活动氛围等，同时还表现为多种形式的经营活动、教育宣传活动、人际交往活动、文娱体育活动等。

在行为文化建设中，良好幼儿园氛围的营造尤为重要。良好的幼儿园氛围应开放自主、民主平等、和谐融洽、轻松愉快、沟通良好、互帮互助、良性竞争。管理者应用自己特有的领导风格感化、凝聚、引导教职工，对教职工业务上进行指导、生活上进行关心、感情上进行沟通；鼓励各类人员参与业务培训、园本研修和教科研活动。同时，管理者还应注重教师职业认同感的建立，帮助教师确立端正的工作态度，树立积极的职业理想。

3. 制度文化

制度文化位于组织文化的内层，是具有幼儿园文化特色的各种规章制度、道德规范和员工行为准则等的总和。制度文化建设是把幼儿园倡导的价值观转化为具有操作性的管理制度的过程，它能够充分发挥教职工的主观能动性，使他们进行自我管理。

管理者应让教职工明确幼儿园制度文化建设的重要意义，引导幼儿园价值观真正成为教职工思想与行为的准则。规章制度要积极倡导以人为本、尊重人的权利、满足人的需要、促进人的发展的新理念，让教职工参与制订与修订规章制度。制度有了更大的民主性和群众性，也就有了更强的可行性。在执行制度时，决策层必须要大力支持，中间管理层要加以引导和推进。注重把"软文化"与"硬制度"熔于一炉，铸造出刚柔并济、软硬相容的"合金"式的规章制度，使其既能起规范作用，又能发挥激励作用。规章制度的评价需考虑规章制度是否有力地保证了幼儿园经营活动的有效进行，是否发挥了对教职工的激励作用和凝聚作用，是否达到了对人际关系和部门关系的沟通、协调作用等，是否起到了价值导向作用。

4. 精神文化

精神文化位于组织文化的深层，是指幼儿园的历史传统和被大多数人认同的文化观念、价值观念、生活信念等，是一所幼儿园精神风貌的集中反映，是幼儿园发展的动力，是幼儿园组织文化的核心和灵魂。

精神文化是隐性、深层、无形而又抽象的，它像一只无形的手，引领着全体教职工前进。幼儿园应认真总结本园优良传统，紧密结合时代精神，提炼从办园理念到园风、班风等一系列办园主体精神，用先进的文化感染人，用明晰的观念引导人，形成幼儿园独特的精神文化。

幼儿园组织文化四个层次相互影响、相互作用，共同构成了组织文化的完整体系。物质文化是组织文化的外在表现和载体，是制度文化和精神文化的物质基础；行为文化和制度文化约束和规范物质文化和精神文化的建设，没有教职工行为规范，没有严格的规章制度，组织文化建设将无从谈起；精神文化是形成物质文化、行为文化和制度文化的思想基础，也是组织文化的核心和灵魂。

物质文化、行为文化和制度文化具有物化性、外显性和操作性的特点，所以建设相对比较快；精神文化具有人为性、内在性和积淀性的特点，相对而言有一定的建设难度，加上幼儿园理解不深刻，重视不够，导致目前幼儿园组织文化建设中的结构性失衡，即人文精神、人文品位不足。[①] 幼儿园组织文化建设的核心在于精神文化的培育，幼儿园组织文化建设要从内涵入手，将四个方面有机结合，共同建设、协调发展，实现通过幼儿园组织文化建设引领幼儿园发展的目标。

三、幼儿园组织文化管理的意义

幼儿园组织文化管理在幼儿园管理中具有凝聚作用、导向作用、激励作用和约束作用。

---

① 线亚威. 幼儿园文化建设指导策略 [M]. 北京：高等教育出版社，2012：3.

1. 凝聚作用

幼儿园组织文化中的指导思想、道德规范、理想信念、办园宗旨等是幼儿园的精神支柱。一旦这种基本信念和宗旨成为统一幼儿园教职工行为的共同价值观，就会在幼儿园内部形成强烈的凝聚力和整合力，增强教职工的认同感和归属感。

2. 导向作用

通过管理构建起来的幼儿园组织文化，能体现幼儿园核心的价值观，对幼儿园树立正确的办园宗旨，确定正确的办园目标具有指引作用，对教职工的各项工作具有导向作用。

3. 激励作用

幼儿园组织文化所形成的文化氛围和价值导向是一种精神激励，能够调动与激发教职工的积极性、主动性和创造性，充分发掘其潜在智慧，使教职工的能力得到全面发展，增强幼儿园的整体执行力。物质激励到一定程度，就会出现边际递减现象，而来自精神的激励则更有效、更持久。良好的幼儿园文化氛围在幼儿园发展中发挥着无形的精神激励作用。

4. 约束作用

文化本身具有规范作用。当幼儿园组织文化上升到一定高度的时候，就会生成无形的约束力。幼儿园组织文化所隐含的价值观会使教职工明白自己该做什么，不该做什么。文化环境对个体能产生教育指导和制约规范作用，使个体自觉地约束自己，以使自己的行为符合群体规范的要求。文化的约束作用是一种"软"约束，但效果具有持久性，主体行为具有自觉性。

幼儿园组织文化不仅对内具有凝聚、导向、激励和约束作用，同时还能够塑造共同信仰和品牌精神，提高团队绩效，提升幼儿园品牌价值。所以优秀的幼儿园总是不遗余力地进行组织文化建设。

第二节　幼儿园组织文化管理的原则、途径与方法

开展幼儿园组织文化管理工作，只有坚持正确的原则，通过恰当的途径和方法才有可能取得良好的效果。

一、幼儿园组织文化管理的原则

（一）以人为本原则

在管理的各要素——人、财、物、事、时间、空间、信息中，人是管理的核心。以人为本是幼儿园组织文化建设的第一原则。以人为本的原则主要体现在以

☞【视频】幼儿
园组织文化管
理的原则

下方面：

1. 以幼儿为本

幼儿园组织文化要能够体现促进幼儿快乐健康成长的基本价值取向。教师要尊重幼儿的人格尊严，满足他们合理的物质需要和精神需要，根据幼儿年龄特征和个性特点实施教育，相信每个幼儿都有巨大的发展潜力，在教育中最大限度地发挥每个幼儿的主动性、积极性，让幼儿学会做事、学会认知、学会交往、学会生存，促进幼儿全面发展。

2. 以教师为本

教师是确保幼儿园办园水平和保教质量的核心因素。以教师为本，可以使教师获得尊重与信任，合理需求得到满足，潜能得到开发。幼儿园和教师成为真正的利益共同体和命运共同体，教师的专业不断发展，幼儿园的内在活力不断增强。

3. 以家长为本

家长参与幼儿园管理是现代学前教育的重要特征。以家长为本意指幼儿园管理中应尊重、理解家长的选择和期待，为家长提供满意的服务，并且通过各种途径吸引家长积极介入幼儿园管理，关注幼儿园的发展，让幼儿园组织文化建设深入人心，使家长自觉接受和认同。

（二）内容与形式统一原则

幼儿园组织文化具有意识性，属于意识形态的范畴，但它又要通过幼儿园环境、教职工的行为等外在形式表现出来。一些幼儿园只重视外在形式的塑造，如将大量时间、精力花在形象包装上，不注重教职工思想、行为的培育，导致组织文化建设不能深入持久地开展下去，只能流于形式，使组织文化不能在幼儿园的管理中发挥灵魂作用。相反，如果只注重幼儿园内在精神的建设，会使教职工感到组织文化建设深奥、枯燥，远离自己的工作与生活，不利于幼儿园价值观念的认同和内化。幼儿园组织文化建设应做到内容和形式的统一。

（三）普遍性与特殊性结合原则

组织文化具有一定的普遍性，如社会主义核心价值观和中国优秀传统文化的继承和发扬。幼儿园组织文化建设要与社会主流价值观的要求相一致。同时，管理者还要注重结合本园的历史背景、办园宗旨、办园特色、师幼特点、物质环境、地域文化等的独特性，有意识地在组织文化建设中体现本园的特色。

（四）创新性原则

创新是幼儿园组织文化得以持续发展的内在要求和不竭动力。虽然组织文化具有一定的稳定性，但同时也应具有发展性。幼儿园在保持组织文化的本质与精髓相对稳定的情况下，还要不断创新组织文化的表现形式，充实新的组织文化内容，这是组织文化获得巩固和发展的必然要求。

二、幼儿园组织文化管理的途径

幼儿园组织文化管理具有多种途径，主要有以下几种：

（一）领导者培育

在幼儿园组织文化管理中，园长既是幼儿园组织文化的设计者，又是幼儿园组织文化建设的指挥者。园长要善于发现教职工身上的闪光点，用人所长，创造条件，让每个员工都有施展才华的平台。园长要理解"人"，以真挚的感情和爱心关心、爱护每一个员工，让他们轻松愉快地工作，产生强烈的使命感。园长要激励"人"，把工作质量与优质优酬相结合，激发教职工的争先创优意识，开展不同层面的竞赛活动，使每个员工都能发挥各自的优势。此外，园长要充分尊重教师的自我发展需要，如拟定"自我成长规划"，以此解读教师自我成长的需求，并给予策略性的支持。激励教师挑战自我，不断自主学习、研究创新，努力实现自我规划目标和自身价值。

（二）建立共同愿景

共同愿景是指被所有组织成员认可或接受的愿望，即共同的目标、共同的行为准则、共同的价值观，是组织中个人愿景的交集。彼得·圣吉在《第五项修炼：学习型组织的艺术与实务》一书中指出："在组织中能鼓舞人心的领导理念，就是能够凝聚组织、激发组织成员创造力的共同愿景，一个缺少共有的目标、价值观与使命感的组织，很难成大器。"[①] 可见共同愿景对一个组织发展的重要作用。共同愿景不是园长的个人愿景，而应是全体教职工共同认可的，通过大家群策群力能够实现和达到的愿景。如拟定"幼儿园办园方向""幼儿园发展规划"等，园长要充分发扬民主作风，与教职工共同研究制订，同时要向教职工进行宣传和解读，让教职工知道如何更好地在具体行动中实施，同时要确立衡量的标准，使共同愿景物化或行为化，让教职工明确内容和要求，落实到工作中。

（三）开展文化活动

幼儿园可以根据实际情况，组织丰富多彩的文化活动，这些活动对组织文化的宣传、体验、传递、形成有着很重要的作用。[②]

1. 开展团队活动

举办丰富多彩的团队活动，促进教职工间的相互了解和互动交流。比如，为放松身心、缓解压力，幼儿园可定期组织外出旅游活动；为提高团队合作能力，幼儿园可开展"趣味教职工运动会""辩论赛"等；为更新教师的教育观念，幼儿园可开展"读书沙龙"活动等。

① 彼得·圣吉. 第五项修炼：学习型组织的艺术与实务 [M]. 郭进隆，译. 上海：上海三联书店，2002：238.
② 张莅颖. 幼儿园管理基础 [M]. 河北：河北大学出版社，2012：94.

2. 搭建展示舞台

搭建教职工展示自我的舞台，有效调动教职工的特长潜能。开辟如"教职工书画之窗""教师讲堂""幼儿园园刊"等专栏，满足教职工自我实现的需要，使其找到情感支持，从而满怀希望地投入工作。

3. 关注心理健康

关注教职工心理健康，定期开展各类讲座、培训与咨询。幼儿园教师以女性居多，女性要更多地面对工作、生活、婚恋、家庭等各种压力及情绪的困扰。幼儿园可举行各种形式的讲座和培训，开展心理健康咨询活动，关注教职工的心理健康，增强其职业幸福感。

4. 保持沟通渠道畅通

幼儿园可创设一个环境舒适宜人的"温馨小屋"，让教职工在这里进行真诚交流，还可鼓励他们以 QQ 群、微信、邮件等多种形式交流。

（四）构建激励机制

在幼儿园组织文化建设中，有效的激励机制具有持续而稳定的文化导向作用。由此，幼儿园应建立科学的评价和激励机制，对有突出贡献的教职工给予奖励，满足教职工的成就感和荣誉感，尤其要注重精神奖励，形成凝聚人心的内在精神。

三、幼儿园组织文化管理的方法

幼儿园组织文化管理的方法多样，常见的方法有榜样法、激励法、教育法、感染法等。

（一）榜样法

榜样法是指在幼儿园组织文化建设中，通过活生生的典型人物、典型集体和典型事件，生动形象地宣传幼儿园组织文化，从而实现幼儿园组织文化建设目标的管理方法。良好的榜样体现积极的幼儿园组织文化，具体形象、生动感人，具有较强的正面教育作用。

管理者要把组织文化建设中的先进分子树立为榜样，充分利用其示范效应，使幼儿园的理念形象化、直观化，从而使更多的员工理解并认同幼儿园的理念。树立榜样时要注意榜样的多样性，可以是保教人员、后勤人员、幼儿、管理者、家长、社会相关人员及社会公众榜样等。同时，管理者要注意挖掘有过杰出贡献的老园长、老教师的先进事迹。前辈们的奋斗历史、崇高师德无不体现着幼儿园的核心价值观，这些榜样具有极其强大的影响力和感召力，是幼儿园发展非常宝贵的精神文化财富。

（二）激励法

激励法是指运用各种激励手段，激发教职工动机，以营造良好氛围、塑造幼儿园精神的各种途径与方法。恰当运用激励方法，有利于调动教职工工作的积极性、主动性，自觉地将幼儿园的发展目标与个人的奋斗目标结合起来，对幼儿园组织文化建设具有积极的推动作用。管理者可以从以下几个方面入手，做好教职工的激励工作。

1. 表扬

表扬即以当面称赞、书面表扬等形式，对教职工符合幼儿园价值观的行为给予肯定，以强化其行为动机。但采用这种方式时应注意：一是表扬的时机和场合应为本人所接受，为他人所理解，才能产生积极的效果。二是表扬的内容应实事求是，有理有据，方能令人信服。三是表扬的程度要恰如其分，不可拔高、夸张、渲染。四是表扬使用的频率不宜过于频繁，否则会降低其激励的效果。

☞【案例】"奉献卡"的效应

2. 奖励

奖励可以是物质的，也可以是精神的，或物质、精神奖励并用。奖励要慎重、准确、公正。

3. 参与

让教职工适时参与一些重要活动或幼儿园的管理决策，能增强教职工的归属感和参与感。参与有多种形式，如让教师出席重要会议，并鼓励他们在会上发言；鼓励教师与园长一起讨论幼儿园的各种目标与计划，允许他们表达意见、提出建议等。

4. 竞赛

竞赛也是激励教职工的一种有效方式。开展竞赛时应注意：一要事先公布竞赛目标及具体规则；二是评定标准要具有可测性和可比性；三是竞赛的结果要公布；四是许诺的奖励要及时兑现。应当强调的是，整个竞赛过程要体现客观、公平、公正的原则。

（三）教育法

教育法是指在幼儿园组织文化建设中，通过各种宣传教育、组织学习、开会研讨等形式，促进教职工理解、认同和接受幼儿园组织文化的管理方法。管理者运用教育法进行组织文化建设时，一方面要注意做好正面的灌输教育；另一方面也要注意做好教职工的自我教育，如可以通过总结会的形式，让参与的教职工在讨论中进行批评与自我批评，找出与他人的差距，全面客观地认识自身的优点和不足。这样的自我教育会使教职工更加自觉地接受幼儿园的价值观。

（四）感染法

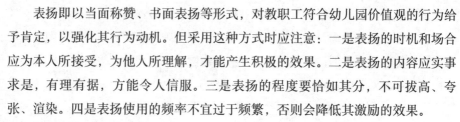

幼儿园组织文化建设除了要采用正面的、明确的榜样法、激励法和教育法以外，还需要采用"春风化雨""润物无声"的感染法。感染法即运用一系列的文艺活动、体育活动和读书活动等，使教职工在潜移默化中具备幼儿园组织文化的基本精神，形成集体凝聚力。如幼儿园开展"生日温馨吧""倾听互动屋""才艺

☞【案例】园长运用感染法的自述

比拼台""非常好搭档""快乐大家庭"等活动，让教职工换位体验，产生移情共鸣，从而建立和谐融洽的干群关系、同事关系、家庭关系、师幼关系，增强教职工的归属感和集体荣誉感，促进幼儿园价值观的认同与内化。

总的来说，幼儿园组织文化建设的具体方法形式多样、不拘一格。管理者应该根据本园实际，综合、灵活、创造性地选择和使用多种方法，并长期坚持。

小组讨论

扫描二维码"案例：在反思中促进教师队伍成长"，分小组讨论案例中的幼儿园组织文化建设存在什么问题？该如何解决这些问题？

☞【案例】在反思中促进教师队伍成长

四、幼儿园组织文化管理的注意事项

（一）文化统领，虚实结合

组织文化的基本价值取向对组织的建设发展和组织的各项活动都起到统领作用。组织文化的核心精神是看不见、摸不着的。组织文化建设看似是"务虚"的工作，但这一工作却是在解决各种"务实"性工作的灵魂和动力问题。一个组织没有积极向上的组织文化，就会缺少精神支柱，迷失方向，丧失前进的动力；或者在错误组织文化的指引下朝着错误的方向发展，导致组织失去积极的组织功能，进而失去在社会中存在的价值和基础。幼儿园作为一种社会组织需要高度重视组织文化建设。

要充分发挥组织文化的统领作用，就必须重视组织文化的虚实结合。不少人都感觉组织文化"虚"，不知道组织文化建设的真正意义，也不知道组织文化建设的重点在哪里，导致很多组织把组织文化建设"口号化""标语化"，没有将组织文化"实际化"，即组织文化没能在物质环境、组织制度、行为方式、组织氛围等方面得以具体体现。这些形式化的组织文化根本无法起到统领组织的作用，也无法提升组织管理水平。组织文化建设的关键在于要让组织文化经历从抽象到具体、从口头到书面、从理念到行为的过程，得到教职工的理解和认同，转化为教职工的日常工作行为，成为教职工的习惯。埃德加·沙因在2011年出版的《组织文化和领导力》一书中提出了一个著名的"睡莲模式"：水面上的花和叶是文化的外显形式，包括组织的架构和各种制度、程序；中间是睡莲的枝和梗，是各种公开倡导的价值观，包括使命、目的、行为规范等；最下面是睡莲的根，是各种视为当然的、下意识的信念、观念和直觉。这个模式说明组织文化是一个由外显部分和潜在部分有机构成的完整系统。幼儿园精神文化就是看不见的睡莲的根，它支撑着外在的枝叶和花朵，是一种强大的精神力量，能够支持和支撑物质文化、制度文化和行为文化，各层次文化相辅相成，形成和谐有序、积极向上的幼儿园组织文化生态。

幼儿园组织文化主要是"人"的文化。教师文化又决定着幼儿文化的形成，是组织文化中的核心和灵魂。教师文化直接影响着幼儿园的发展方向和速度，对幼儿园的可持续发展和品牌建设起着决定性的作用。因此，教师文化建设应成为幼儿园组织文化建设的重点。

（二）逐步推进，不断完善

幼儿园组织文化的形成与发展呈现阶段性的特点。一是初创阶段。这个阶段主要是幼儿园的创办人根据社会的需要、具体环境的特点和个人的思想理念提出幼儿园建设的蓝图和构想。比如，幼儿园的办园宗旨、发展定位、发展目标、办园特色、组织机构建设和管理制度建设等。二是群体认同阶段。这个阶段教职工开始适应并逐步认同幼儿园的价值观和共同愿景。三是共同价值观形成和普遍化的阶段。教职工从内心认同和接纳幼儿园的价值观，并且在日常生活和工作中自觉地执行和维护。幼儿园组织文化受内外环境的影响，会不断改变和调整，以适应社会发展和幼儿园发展的需要。因此，幼儿园组织文化建设过程是一个与时俱进、不断创新的过程。

（三）建设制度，落实文化

幼儿园制度文化是在幼儿园的日常管理中逐步形成的，具有人文特色，体现了幼儿园管理理念和人文精神。幼儿园制度具有潜移默化的文化导向作用，组织文化要靠制度的执行来落实。幼儿园制度本身要公平公正，体现组织的价值观。同时，管理者还必须在园内营造一种重视制度执行的氛围，各级管理者都要照章办事。在制度执行的过程中，教职工不断增强对制度的认同感，将制度中内隐的组织文化逐步内化为个体的道德认识和价值观念。

（四）民主管理，全员参与

幼儿园组织文化建设需要民主化管理，需要全员参与和共同创造。民主管理是顺应"以人为本"的管理理念的产物。它要求全员参与管理，在管理过程中教职工既是管理的主体，又是管理的客体，管理者要尊重和采纳他们提出的合理化建议。因此，管理者要善于发挥幼儿园群众性组织的积极作用，如工会、教职工大会或教职工代表大会、团支部、家委会、伙委会等。在制度的制订、执行和监管过程中，鼓励教职工积极参与。在民主管理和全员参与的过程中，使所有教职工深刻领会制度的内在精神，明确制度的内容，理解制度的执行，重视制度执行的结果，及时修正自我行为，逐步养成自觉执行幼儿园制度的习惯。

总之，幼儿园组织文化管理是对幼儿园深层次的价值观、精神理念的管理。优秀的幼儿园组织文化孕育着团队精神，它能凝聚人心，形成合力；优秀的幼儿园组织文化更是幼儿园的一种整体形象，一种内在气质，一种独特个性，一种教育品牌。幼儿园组织文化建设是一个长期积淀的过程。

【理解·反思·探究】

1. 如何理解幼儿园组织文化的结构及各部分之间的关系？

2. 开展幼儿园组织文化管理工作需要坚持哪些原则？

3. 联系实际谈谈幼儿园组织文化管理的途径与方法。

4. 调查一所幼儿园的组织文化建设情况，分析其优劣，并提出改进策略。

☞【案例】一个
园所两种风貌

【实践训练】

1. 扫描二维码，阅读案例"一个园所两种风貌"，并回答以下问题：

（1）你认为常园长的管理之所以取得成效的关键是什么？

（2）在幼儿园管理中，应如何正确运用硬性管理和柔性管理？

（3）如何通过幼儿园日常工作进行幼儿园组织文化建设？

2. 扫描二维码，阅读案例"教师为什么不愿意参赛"，并回答以下问题：

（1）谈谈你对该幼儿园教科研文化的看法。

（2）如果你是园长，你将如何解决教师不愿意参赛这一问题？

☞【案例】教师
为什么不愿意
参赛

模块四
环境调适与持续发展

□ 第十二章　幼儿园公共关系管理

□ 第十三章　幼儿园工作评价

□ 第十四章　幼儿园发展规划

第十二章　　　幼儿园公共关系管理

【学习目标】

知识目标：

- 理解幼儿园公共关系的概念、意义与原则。
- 了解幼儿园公共关系管理的途径与方法。
- 了解幼儿园与家长、社区公共关系管理的意义、内容、途径与方法。
- 了解幼儿园与上级主管部门、小学及媒体的公共关系管理的途径与方法。
- 了解幼儿园公共关系危机的管理途径。

能力目标：

- 能对幼儿园公共关系进行分析，并制订幼儿园公共关系建设方案。
- 掌握幼儿园家长工作的常用方法，熟悉社区公共关系管理的常用途径。
- 能够根据幼儿园与相关部门沟通的基本要求开展常规公关和危机公关工作。

【案例导入】

　　六一儿童节马上就到了，某幼儿园在紧锣密鼓地准备大型文艺表演活动。在进行活动彩排的同时，教师们制作了各班小朋友家长的邀请函，园长也积极邀请上级主管部门领导来园参加活动、指导工作，并向所在社区单位的主管人员和电视台记者发出了邀请函。

　　请你思考：该幼儿园的这种做法是不是小题大做？为什么？

第一节　幼儿园公共关系概述

　　公共关系是一种古老的管理活动，有着悠久的历史。在人类文明的最初阶段，公共关系已经出现，只不过在相当长的历史时期里，它仅仅处于自发和盲目的状态。随着市场经济的逐渐发展，人们对公共关系的认识从盲目走向自觉，并成为一个新兴的研究领域。

一、幼儿园公共关系的内涵

　　正确理解公共关系的内涵是做好公共关系工作的基本前提。

（一）公共关系的内涵

　　公共关系（public relations）一词最早出现于 1807 年，亦称"公众关系"，简称"公关"。《辞海》将公共关系定义为"作为一种管理职能和过程，指一定的组织机构或个人与相关的社会公众建立和发展关系，以期获得理解和支持，确立良好的形象和声誉"[①]。公共关系活动可分为日常的和专门性的两类。

　　综上所述，我们认为：公共关系是指组织或个人与相关的公众所建立的相互理解和支持的关系，是组织或个人出于某种利益需要，在一定职业道德的指引下，用多种沟通与传播手段与相关公众之间相互交流与沟通，从而得到公众的理解和支持，树立良好形象和声誉，营造良好生存与发展环境的管理活动。

（二）幼儿园公共关系的内涵

　　幼儿园公共关系是幼儿园为实现保教幼儿和服务家长的组织目标，塑造幼儿园良好形象，营造幼儿园良好发展环境，运用多种沟通与传播手段有组织、有计划地与公众沟通与交流，在幼儿园与公众之间建立和发展起来的相互理解与支持的关系。

　　幼儿园作为社会的一个组成部分，不是孤立存在的，而是处于社会大系统之中。根据尤里·布朗芬布伦纳著名的人类发展生态学理论，幼儿园发展的生态环

---

① 夏征农，陈至立. 辞海 [M]. 6 版. 上海：上海辞书出版社，2009：719.

境由若干个镶嵌在一起的系统组成，这些系统分别是微观系统、中介系统、外观系统和宏观系统。其中，微观系统是指幼儿园直接生存和活动的环境，如幼儿园内部环境和所在的社区等；中介系统是指各微观系统之间的联系，如幼儿园与幼儿家庭、社区等的关系；外观系统是指幼儿园并未直接参与，但对幼儿园发展产生影响的系统，如上级主管部门、小学及媒体等；宏观系统是指幼儿园所处的社会大背景、社会意识形态。幼儿园在复杂的社会系统中生存与发展，受到社会各层面的影响。有效的幼儿园公共关系管理无疑会增强幼儿园的环境适应性，促进幼儿园的稳步发展。

二、幼儿园公共关系的职能与意义

任何一个组织的发展都离不开公共关系，幼儿园这一社会组织也不例外，公共关系对幼儿园的发展具有重要影响。

（一）幼儿园公共关系的职能

幼儿园公共关系的职能主要表现在以下几个方面：

1. 收集信息

幼儿园公共关系的首要职能是通过各种调查研究收集信息，然后检视环境、反馈舆论、预测趋势、评估效果，使幼儿园面对复杂多变的公众环境保持高度的敏感性，既维持幼儿园与整个社会环境之间的动态平衡，也为幼儿园的决策提供意见和建议。幼儿园公共关系收集的信息是非常广泛的，主要分为内部信息和外部信息两部分。内部信息主要包括：幼儿园保教设施和经费状况，保教措施和质量，管理队伍的工作作风、能力和效率，教师的思想水平和业务素质，干群关系和师幼关系，园内非正式组织及其动向，园内主要舆论动向，幼儿的发展水平等。外部信息主要包括：国家方针政策针对幼儿园办园的要求，公众心中的幼儿园形象，公众对幼儿园的意见和态度，幼儿园同行的经验和发展动态等。

2. 咨询建议

咨询建议和收集信息是紧密联系的，咨询建议是收集信息职能的延伸，收集的信息只有通过向组织提供咨询和建议，才能充分发挥其功能，实现其价值。幼儿园公共关系的咨询建议是指向幼儿园决策层和各管理部门提供有关公共关系方面的意见和建议，从而使决策更加民主化、科学化，促使幼儿园形象更加完善，与公众关系更加和谐。幼儿园公共关系咨询建议的内容主要包括：第一，幼儿园自身情况的咨询建议。即对幼儿园内部的办园方向、宗旨、特色，组织制度，改革等提供咨询意见，发挥公共关系的导向作用，制订符合幼儿园发展的目标。第二，公众情况和公众意向的咨询建议。公众情况指幼儿园自身在公众心目中的形象以及公众对幼儿园保教工作管理的认识和评价，如环境创设、课程设置、一日活动安排、健康管理和安全管理等；公众意向指公众的兴趣、价值观倾向和心理需求。对公众情况和公众意向进行综合分析并预测，及时向幼儿园决策者提出咨询建议，能够增强公共关系活动的导向性。第三，市场动态的咨询建议。在公办民办并举，多元主体办园，学前教育还不属于义务教育的教育管理体制之下，幼儿园面临着市场竞争，这一竞争在一些地方还很激烈。这更加显示出公共关系咨询建议职能的重要性。公共关系人员应根据已掌握的大量信息，结合自己丰富的经验和广泛的公共关系活动，综合分析幼儿园存在的潜在危机，预测市场的发展变化趋势，向幼儿园决策者提出合理化的咨询建议。

3. 协调关系

公共关系是一门"内求团结、外求发展"的艺术，是幼儿园与公众沟通的纽带，为幼儿园发展创造和谐、融洽、宽松的社会氛围。协调分为内外两个方面，即幼儿园与内部的关系协调和幼儿园与外部的关系协调。幼儿园与内部的关系协调包括园长与中层管理者、一线教师的关系，管理部门之间的关系，各年龄班、各平行班之间的关系，一线教职工与幼儿的关系；幼儿园与外部的关系协调包括幼儿园与家长、社区、街道、上级主管部门、相关职能部门、幼儿园同行、科研机构、媒体等的关系。对内幼儿园要创造良好的工作环境和氛围，培养教职工对幼儿园的认同感和归属感；对外幼儿园要积极发展对外关系，通过有计划地开展合作、演出、开放日和社会服务等活动，与公众建立广泛的联系，进而扩大幼儿园的影响力，认真对待公众的意见和要求，为幼儿园的发展创造良好的外部环境。

4. 争取外援

幼儿园要想在激烈的竞争中求得生存和发展，必须设法争取外界的各种支持和援助，加强与外界的合作。幼儿园办园所需的资金、人员、信息和服务都得益于各方的支持和协助。因此，幼儿园应主动争取上级主管部门和其他职能部门在人力、物力、财力和机会等方面的支持，争取社区、街道、派出所在维护治安和法纪方面的支持，争取文化机构和新闻媒体在信息方面的支持，争取高等院校和教育科研机构在师资培训和教育科研方面的支持等。幼儿园只有注意与社会广泛交往，建立良好的公共关系，才能更好地开展幼儿园各项活动。

（二）幼儿园公共关系的意义

公共关系作为一种有效的管理思想和管理方法，已成为推进教育机构管理现代化的一个重要因素。幼儿园公共关系具有以下重要意义。

1. 协调幼儿园内部的关系

在现代市场经济的激烈竞争中，幼儿园要生存和发展就必须具备高度的竞争力，而健全的运行机制、教师之间的精诚合作是使幼儿园富有竞争力的基本保证。因此，幼儿园要协调好内部关系，优化内部环境。幼儿园健全的民主管理机制，有利于幼儿园内部建立正常的、制度化的、通畅的对话渠道。这种对话渠道便于教职工参与管理，便于上下沟通和理解，从而改善幼儿园内部的人际关系，形成和谐的氛围，调动教职工的积极性和主动性，同心协力，实现幼儿园的管理目标，提高幼儿园的保教质量。

2. 赢得广泛的社会支持

现代幼儿园作为一个开放的社会组织，必然要与周围环境建立广泛的联系，而幼儿园与周围环境的关系状态，又极大地影响着幼儿园的生存和发展。因此，幼儿园公共关系需要创造一个"人和"的外部环境，建立一套公众联系网络，争取与幼儿园相关的公众的理解和支持，并通过发挥幼儿园的社会服务功能，赢得广泛的社会支持，优化外部育人环境。

3. 树立幼儿园的良好形象

幼儿园一方面要加强内部管理，贯彻国家的教育方针政策，提高幼儿保教质量，完善家长服务项目，积极开展力所能及的社会服务；另一方面要通过公共关系管理活动实现与公众的有效沟通，全面深入地向公众展示办园宗旨、办园目标、办园特色、发展规划、保教队伍、保教管理、保教改革、保教成果等，逐步完善幼儿园的社会形象，取得公众的理解和认可，取得家长、社区、上级主管部门等的信任和支持。

4. 提高幼儿园的竞争力

改革开放和市场经济的发展，教育管理体制的变革，使幼儿园处在激烈的竞争环境中，面临着优胜劣汰的挑战。幼儿园除了提高保教质量和服务水平外，还需要通过公共关系活动谋求公众的信赖、理解、合作与支持，同时也要考虑如何宣传自己，如何在公众中树立良好的形象和声誉，提高幼儿园的社会竞争力。这一切都需要借助幼儿园有效的公共关系活动来实现。

三、幼儿园公共关系的对象、内容及原则

有效开展幼儿园公共关系活动，需要明确幼儿园公共关系的对象、内容，以及开展幼儿园公共关系活动的基本要求。

（一）幼儿园公共关系的对象

任何公共关系都由个人或组织（主体）、公众（客体）、传播过程这三个要素构成，幼儿园的公共关系也是如此，是由幼儿园、公众和传播过程组成的一个互动系统（见图12-1）。

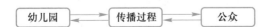

图 12-1　幼儿园公共关系构成图

公共关系的对象是公众，公众不仅是社会组织赖以生存的基础，而且是社会组织从事公共关系工作的唯一对象。在公共关系学中，公众是指任何被共同利益

或共同关心的问题连接在一起的人、群体和特定组织。从这个意义上说，幼儿园公共关系的对象是指与幼儿园具有利益关系并构成相互影响的人、群体和特定组织。为了深入了解各类公众，有效开展公共关系活动，我们把幼儿园公共关系对象分为内部公众和外部公众两类。内部公众是指幼儿园内部各类公众，包括专任教师、保育员、卫生保健人员、行政人员、教辅人员、工勤人员、广大幼儿等。外部公众是指幼儿园以外与幼儿园有经济、行政、教育、服务等业务往来的各类公众，包括家长、社区、政府相关部门、学校、新闻机构等。只有了解公众，并与其建立良好的关系，才能使幼儿园形成良好的公共关系。

（二）幼儿园公共关系的内容

根据幼儿园公共关系的对象，幼儿园公共关系的内容可分为内部公共关系和外部公共关系。

1. 内部公共关系

内部公共关系主要包括以下内容：

（1）对教职工的公共关系

☞【案例】幼儿园非正式组织的管理

教职工是幼儿园各项工作的主体，是提高幼儿园工作质量，协助幼儿园做好公共关系工作，展示幼儿园形象的依靠力量。因此，幼儿园公共关系工作的首要任务是创建和谐的内部关系，调动教职工的工作积极性和主动性。对教职工的公共关系的主要任务是：第一，满足教职工的合理需求，包括精神需要、物质需要和专业成长的需要。第二，保证幼儿园管理层和教职工之间的沟通渠道畅通，使幼儿园的决策和行为能够及时传达，教职工的意见和建议能够及时反馈。第三，正确对待幼儿园非正式组织，根据非正式组织的形成原因、行为方式、正负功能等，区别对待。

（2）对幼儿的公共关系

幼儿是教职工的工作对象，是幼儿园各项工作的出发点和落脚点。对幼儿的公共关系的主要任务是创设良好的心理氛围，热爱幼儿，尊重幼儿的独立人格、个性特点和健康成长的权利，增强幼儿对教师的信赖感和对幼儿园的喜爱，让幼儿在全面发展教育理念下学会生活、学会学习、学会交往。

2. 外部公共关系

外部公共关系主要包括以下内容：

（1）对家长的公共关系

家长是幼儿园最直接、最敏感的外部公众。他们是对幼儿实施教育的合作者、办园质量的评价者、幼儿园声誉的传播者。对家长的公共关系的主要任务是让家长感受到幼儿园对孩子的强烈责任感，在其心目中树立幼儿园是"值得信赖"的形象，从而获得家长对幼儿园工作的支持，这样也有助于提高幼儿园在外部公众心目中的地位。

（2）对社区的公共关系

社区是幼儿园赖以生存和发展的根基，它为幼儿园的发展提供水电、交通、消防、治安等基础设施，为幼儿园创造一个"地利""人和"的周边环境。对社区的公共关系的主要任务是幼儿园应做一个合格的社区文化教育单位，热心参与社区教育工作和文体活动。同时，争取社区公众的支持与合作，并充分利用社区内的公共设施与教育资源，改善幼儿园办园条件。

（3）对上级主管部门的公共关系

幼儿园的上级主管部门是幼儿园的领导部门，相关职能部门也承担着对幼儿园相应业务的管理，对幼儿园的办园起着监督和指导作用。幼儿园必须与上级主管部门及相关职能部门保持良好的关系，争取得到上级主管部门政策、经费、法律等方面的有力支持。

（4）对小学的公共关系

幼小衔接是幼儿园的一项重要工作。由于两种教育机构在生活与学习环境、教育目标与内容、教学形式与方法等方面有较大的差别，常导致初入学的小学生出现适应困难。幼儿园应注重和周围小学的沟通与联系，加深幼儿园和小学的相互了解，帮助幼儿做好入学准备。另外，幼儿园还可以与小学在图书、师资、场地、设备等方面实现资源共享。

（5）对媒体的公共关系

借助各种各样的媒体是幼儿园开展公共关系活动的重要手段，是与外界交流沟通，宣传和树立自身形象的重要渠道。幼儿园要注意与媒体建立密切友好的合作关系，充分发挥媒体的信息沟通作用。信息化条件下可利用的媒体种类繁多，如广播、电视、报纸、期刊、网络，以及其他各种信息平台等。

（三）幼儿园公共关系的原则

幼儿园公共关系应遵循以下原则：

1. 实事求是原则

实事求是原则是指幼儿园在开展公共关系活动时，敢于向公众说真话，如实向社会、家长、教职工、幼儿传达信息，不搞欺骗活动，不做虚假宣传，尊重事实真相，树立良好的职业道德形象。

2. 儿童最大利益原则

儿童最大利益原则是将儿童利益最大化作为首要考虑。1989年，第44届联合国大会通过的《儿童权利公约》提出儿童最大利益原则，是世界各国处理儿童问题时遵循的首要原则。我国也将儿童最大利益原则写入了宪法、民法、婚姻法、教育法等法律中。幼儿园作为学前教育机构，更应该在各项事务中遵循、贯彻这一原则。

【视频】幼儿园公共关系的原则

【案例】幼儿磕破嘴之后

3. 全园参与原则

大多数幼儿园都没有专门的公共关系部门和专门的公共关系工作人员，而且幼儿园的公共关系范围较为广泛，涉及幼儿园工作的诸多方面，不是几位工作人员就能完成的。因此，幼儿园要树立"全员公关"的意识，让每一位员工都意识到自己是幼儿园的一员，一言一行代表着幼儿园的形象，应该时刻用自己的言行维护幼儿园的良好形象。

4. 互利互惠原则

幼儿园公共关系应该摆正幼儿园与公众的关系，以幼儿园利益与公众利益的统一为宗旨，满足社会需要。幼儿园的生存与发展受制于其所生存的社会环境，反过来又对社会环境产生影响，片面追求一方利益必将以牺牲另一方利益为代价。因此，幼儿园要想与公众建立长期的合作关系，就必须坚持互利互惠的原则，将幼儿园的社会效益放在第一位，实现共赢。

第二节 幼儿园公共关系管理的途径与方法

幼儿园公共关系涉及面广，需要综合运用多种途径与方法开展公共关系管理工作。

一、幼儿园公共关系管理的途径

开展幼儿园公共关系管理工作要从幼儿园公共关系的对象——内部公众和外部公众入手，主要途径包括立足内部公关，重视家长工作，站稳社区阵地，争取管理部门支持等。只有综合利用多种途径才能取得幼儿园公共关系管理工作的理想效果。

（一）立足内部公共关系

教职工是幼儿园各项工作的具体实施者，教职工的品德修养、知识水平和能力水平直接影响着幼儿园的办园质量和幼儿的发展水平。因此，幼儿园内部公共关系的核心是对教职工的公共关系，它是做好幼儿园公共关系工作的重要途径之一。教职工的公共关系工作主要从以下几个方面入手：

（1）加强教师队伍建设，提高教师的师德修养和保教水平。通过"园本培训"、"园本研修"、网络学习和在职进修等形式，让教师树立正确的儿童观、教育观，在工作中尊重幼儿、热爱幼儿；热爱学前教育事业，并愿意为之奉献力量。

（2）增强教职工的主人翁意识和责任感。建立民主管理机制，发扬民主作风，关心教职工的生活，营造和谐的工作氛围，增强教职工的主人翁意识。无论在工作还是生活中，都能够自觉地维护幼儿园的利益和声誉。

（3）提高教职工的质量意识。全体教职工应齐心协力，努力提高保教质量，以质量求生存、求发展，以质量树立幼儿园的形象并提高社会影响力。

（二）重视家长工作

家长是幼儿园接触最频繁的公众，要赢得家长对幼儿园工作的支持和认同，就必须做好家长工作。幼儿园可以通过家长委员会、家长开放日、家长学校、家长会和宣传栏等形式，加强与家长的互动，并针对幼儿的保育和教育问题和家长交流，多倾听家长的意见和建议，开展多种形式的家庭教育服务。

（三）开展社区服务

社区是若干个社会群体和社会组织聚集在某一地域形成的一个生活上相互关联的集体。幼儿园是社区的重要组成部分，幼儿园的生存、发展与所在社区息息相关，因此幼儿园必须积极参与社区的社会公益活动，积极服务社区，在社区公众中树立幼儿园及幼儿园教师良好的社会形象。

（四）争取政府管理部门的支持

幼儿园和政府的关系涉及教育政策法规、教育行政体制、办园体制、安全卫生等重大问题。从公共关系的意义来说，不管是公立幼儿园还是民办幼儿园都需要得到政府的政策支持、经费支持和法律支持。幼儿园作为依法办园主体，应争取上级主管部门的支持，为幼儿园争取更大的发展空间。

二、幼儿园公共关系管理的方法

（一）多种形式的宣传

宣传是向公众说明情况，讲清道理，使公众信任并支持某项政策或行动的一种活动。公共关系中的宣传不是简单的灌输，而是强调建立双向的信息交流网络，幼儿园既要向公众及时、准确、有效地传递自己的信息，又要随时收集、整理公众的意见并及时反馈，不断改进管理。幼儿园可以通过多种宣传方式将办园理念、办园条件、师资状况和办园特色等向社会公众传播，主要宣传形式有：

（1）利用视觉传播媒介，如广告牌、媒体广告、本园墙面和本园报刊等，宣传幼儿园的特色活动、办园优势等。

（2）利用电子媒介，如电视、广播、电影等进行专题活动宣传、阶段工作业绩报道和重大事件的及时报道。

（3）利用网络传播媒介，如官方微博、微信公众号等向公众宣传幼儿园。

（二）幼儿园的活动展示

幼儿园的活动展示是通过形式多样的活动向公众呈现幼儿园教育过程和教育成果，进而提高幼儿园形象的公共关系管理方法。主要形式有：利用节日和纪念日开展专题活动，向公众展示幼儿园形象，如"六一国际儿童节"文艺演出；利用参加社区公益活动的机会，向公众展示幼儿园形象，如公益演出、纪念日演出和社区亲子教育活动等；利用家长开放日活动，定期面向家长、面向社会展示幼儿园风貌。

（三）多方面沟通

幼儿园与公众的沟通主要包括与上级主管部门的沟通、与家长的沟通、与社区干部群众的沟通、与其他更广泛的社会公众的沟通等。

（四）广泛征询意见和建议

意见和建议的征询可以使幼儿园了解公众对幼儿园各方面工作的想法，它为幼儿园管理提供科学的依据、策略和方法。

（五）积极的服务

积极的服务是幼儿园公共关系管理的重要方法。幼儿园本身就具有公益性，理应解除家长的后顾之忧。因此，幼儿园应增强服务意识，提高服务水平。常见的服务方式有：方便家长接送孩子、低保家庭幼儿入托优惠、学区入学优先服务、免费咨询服务、积极参加公益活动等。

第三节　幼儿园与家长公共关系的管理

幼儿园与家长公共关系的管理是幼儿园管理的重要组成部分。家长是幼儿园的消费者，是幼儿园的服务对象，同时由于学前教育的独特性，家长也是幼儿园的教育合作伙伴。

一、幼儿园家长工作的意义

幼儿园与家长公共关系管理的目的是建立家园之间信任、合作的伙伴关系，家园积极互动，形成教育合作共同体，进而提高学前教育质量，促进幼儿健康发展，最终实现互动各方的共赢。2001 年颁布的《幼儿园教育指导纲要（试行）》指出，"幼儿园应与家庭、社区密切合作，与小学相互衔接，综合利用各种教育资源，共同为幼儿的发展创造良好的条件"，"家庭是幼儿园重要的合作伙伴，应本着尊重、平等、合作的原则，争取家长的理解、支持和主动参与，并积极支持、帮助家长提高教育能力"。幼儿园家长工作的意义具体表现在以下几个方面：

（1）实现家园共育，促进幼儿健康成长。

（2）指导家庭教育，提高家庭教育质量。

（3）促进家园合作，提高幼儿园办园品质。

（4）加强相互认同，获得良好的声誉和口碑。

二、幼儿园家长工作的内容

幼儿园要实现保教幼儿和服务家长的目标，必须做好家长工作，为他们提供指导和帮助，争取他们的支持。

（一）向家长宣传幼儿园，实现家园共育

幼儿园应通过多种方式积极向家长宣传幼儿园的教育理念和办园特色。只有家长和幼儿园在教育理念上达成一致，才能真正实现家园共育。幼儿园可以通过个别沟通、活动展示、亲子活动、家长会、宣传园地、网络媒体等形式呈现、宣讲幼儿园的教育理念、教育目标、具体的教育形式和办园特色等，让家长全面了解幼儿园，进而理解、认同幼儿园的教育理念和各项工作的开展，积极配合幼儿园，有效开展家园共育。

（二）了解幼儿家庭教育情况，指导家庭教育

幼儿园作为学前教育专业机构，要发挥指导家庭教育，提高家庭教育质量的作用。幼儿园要了解家长的教养观念，教育态度、方法以及家长的文化水平；主动向家长了解孩子的成长情况、健康状况、生活习惯、兴趣爱好、个性特征及在家里的表现等。在此基础上，幼儿园要从专业的角度，有针对性地向家长传递科学的教育理念与方法。幼儿园应引导家长为孩子营造良好的家庭氛围，建立良好的亲子关系；引导家长既要关注孩子的健康，如营养、睡眠、运动等，也要关注孩子的情绪和个性发展；帮助家长分析并解决孩子成长过程中遇到的问题；指导家长改善育儿行为，提高其育儿水平和教育能力。

（三）发挥幼儿园的社会功能，为家长提供服务

幼儿园要以良好的服务意识和服务能力，赢得家长的支持。幼儿园在教育幼儿的基础上，可以通过观察、日常沟通、问卷调查等形式了解家长的需求和希望，了解家长在育儿方面的困惑或家庭面临的困难等，采取有效措施，为家长提供有针对性的、系统而深入的教育服务，满足家长的教育需求，帮助家长解决实际问题。如针对家长的育儿困惑，开展"亲子语言研讨班""父母读书会"等活动；针对特殊儿童的家长（如学习障碍、问题行为儿童）进行个案辅导、咨询等。这样，既能发挥幼儿园的社会功能，也能传递幼儿园的办园理念、文化精神，促进社会认同。

（四）争取家长支持，树立幼儿园的良好形象

家长是幼儿园重要的外部公众，是幼儿园形象的重要评价者和宣传者。幼儿园应做好家长工作，努力与每一个家庭建立和谐合作的关系，通过家长这股强大的力量影响其他公众，争取社会力量和社区资源，争取社会对幼儿园工作的支持。幼儿园可以通过家长会议、专题交流、家园宣传栏等途径，让家长了解幼儿园各阶段的工作计划与重点、教育教学计划及具体工作情况等，以取得家长的理

解和支持；通过家长委员会、园务公开、问卷调查、家长志愿者等方式吸引家长参与幼儿园的教育和管理，提高幼儿园的保教质量，不断提升幼儿园的品牌形象。

三、幼儿园家长工作的途径与方法

幼儿园家长工作的形式不拘一格，幼儿园应尝试采用多种途径、多种方法地开展家长工作。

（一）日常性的家长工作

1. 面谈

【案例】家园联系册一周汇报

教师与家长在接送孩子时的短暂交谈，是一种最简便、最常用的沟通方式。教师利用每天早晨幼儿来园时间向家长了解幼儿在家的生活、学习表现；利用幼儿离园时间向家长简要汇报幼儿在园情况，在表扬幼儿进步的同时及时反映问题，与家长协商解决。

2. 家园联系册

家园联系册是教师与家长围绕幼儿的发展与教育进行书面交流的方式，具有灵活方便、信息传递及时的特点。教师会在家园联系册上记录下近期的（如一周或一个月）教育内容和方法、幼儿各个方面的发展评价以及给家长的建议等，家长也通过家园联系册给予反馈。

3. 电话、微信、便条交流

当教师无法和家长面对面沟通时，如幼儿乘坐校车入园、离园，或是由祖辈、保姆接送幼儿，电话交流就成为重要的沟通方式。教师要了解家长方便通话的时间，并适时和家长联系，确保家园沟通的顺利进行。教师也可以采用发微信、写便条的方式和家长交流，解答家长的困惑，使家长感受到教师用心、负责的态度和敬业精神，同时也能使家长积极地关注孩子的发展，重视与教师的沟通，配合保教工作。

4. 家园宣传栏

家园宣传栏是进行家园互动的一个有效途径，既是家长了解学前教育信息的渠道，也是家长开阔视野、自我反思、提高育儿技能的渠道。家园宣传栏的常规内容包括周计划、班级活动动态、保育知识、家庭教育方法指导、幼儿活动记录、家长来信等，教师可以根据班级幼儿和家长的关注点不断创新，设立如"名字的来历""我和爸爸""我的优点"等家长、幼儿既感兴趣又能参与的栏目。

5. 网络平台交流

互联网沟通具有良好的互动性和多样性。教师要充分利用网络沟通方便快捷、互动性强、信息丰富的特点，与家长密切联系，及时沟通，增强彼此之间的了解和认同。

（二）阶段性的家长工作

1. 家访

家访是教师与幼儿、家长近距离沟通，建立情感联系的重要途径。家访能体现教师对幼儿的关爱，对家长的尊重与理解，也能体现教师的专业素养和个人魅力，有利于赢得家长的好感和信任，为有效开展家园共育奠定基础。

幼儿园要重视家访，明确家访的时间和次数。如新生入园前进行一次家访，老生要求一学年家访一次。教师可以利用日常或寒暑假进行家访。对于一些有特殊需要的幼儿或教养方式有严重问题的家庭，教师可以不定期地进行家访，及时给予指导，加强合作，更好地促进幼儿的发展。

教师家访注意事项：家访前要制订家访计划，明确家访目的、家访重点，设计好家访记录表（如表12-1）；事先预约，要给家长准备的时间和选择时间的权利，注意避开幼儿午睡和进餐时间；家访时态度要真诚热情，尊重家长，主动询问，认真倾听家长的意见；观察家庭环境、幼儿个性、家庭成员间的互动状态等；了解家长对班级工作的看法和需要；展现良好的文明素养和教师专业素养。

表12-1　小二班新生入园家访记录表 [①]

幼儿姓名	家庭类型	入园情况	自理				体质状况	个性习惯	家长希望	备注
			吃饭	午睡	穿衣	如厕				

2. 家长会

家长会分为全园家长会、年级家长会、班级家长会和小型专题家长会。全园家长会应保证每学年至少召开一次；班级主持的家长会每学期至少召开一次；年级组主持的家长会根据实际情况确定召开次数。

家长会要有明确主题。幼儿园可事先调查，根据家长的需要确定主题，如"如何让孩子与人友好相处""如何培养孩子的阅读习惯"等；或观察幼儿表现，根据幼儿在园、在家存在的共性问题确定主题，如针对幼儿普遍挑食、偏食的现象，开展主题为"从小培养良好饮食习惯"的家长会；或结合幼儿年龄特点、教育目标确定主题，如针对大班幼儿可以开展"亲子共读，培养阅读兴趣"的家长会。家长会的形式要多样化，可采用共同讲座、信息发布、讨论会或家长经验交

☞【案例】托班
新生家长会

---

① 吴邵萍. 家园共同体的建构：幼儿园家长工作的方法与策略 [M]. 北京：教育科学出版社，2011：47.
有改动。

流会等形式，也可以尝试体验式家长会、幼儿策划的家长会等形式。

3. 家长开放日

家长开放日是幼儿园邀请家长观摩或参与教育活动的形式，可以定期开放，如每月一次；也可以结合节庆或特定的活动向家长开放，如六一国际儿童节、中秋节、运动会、毕业典礼等。家长开放日不单是给家长提供一个参观的机会，也可以设计一些亲子活动或家长助教活动，让家长参与和体验。

☞【案例】托班上学期家长开放日活动"两个响瓶"评价观察表

4. 家长学校

家长学校是家长学习和掌握先进教育理念和方法技能的重要形式。家长学校的组织形式要多样化，可以是专题讲座，也可以是互动体验、游戏活动、实物操作、案例讨论等，要能调动家长的学习热情，确保学习效果。

（三）家长参与性活动

1. 家长委员会

家长委员会是以家长代表为主体的协助幼儿园工作的群众组织，简称"家委会"，有幼儿园家委会和班级家委会两种形式。家委会的主要任务是参与幼儿园各方面管理，监督幼儿园工作，给幼儿园提供各种资源和合理化建议，策划组织家园活动，辐射影响更多的家长等。为更好地发挥作用，家委会可以以功能组的方式组建，如根据家长的特长和兴趣组建安全委员会、伙食委员会、卫生保健委员会、管理决策支持组、课程教研支持组等。幼儿园要有开放的心胸，与家长协商对话，虚心接纳合理化建议，真正让家长体会到参与的意义和实效。

2. 家长助教

家长助教是幼儿园挖掘家庭教育资源、形成家园共育的有效形式之一。幼儿园通过调查问卷、调查表等方式全面了解家长资源，根据课程和教学需要，让家长担任助理教师，如邀请当交警的家长为幼儿示范交通指挥手势，讲解交通规则；邀请从事艺术工作的家长组织幼儿的音乐活动；邀请长辈和幼儿一起进行节日表演活动，对幼儿进行传统文化启蒙等。家长助教规模壮大后，幼儿园可以成立故事妈妈团、科技爸爸团、艺术长辈团等专业助教团队，建立交流平台，激发家长参与幼儿园活动的积极性。家长助教能让家长实际感受教师的工作过程，了解孩子的学习特点和学习情况，增进对教师的理解，促进家长教育理念的更新。

3. 家长义工

家长义工是发动家长为幼儿园保教工作服务的形式。家长义工对家长的专业和专长要求不高，可以是父母也可以是祖辈参与。家长义工的主要任务是：协助幼儿园保教工作的开展，如整理活动室，布置环境等；协助教师准备活动材料等。这种形式有利于家长和教师相互理解，实现家园双赢。

4. 家长之家

家长之家（家长接待室）是幼儿园为本园家长们创造的一个可以真诚沟通、

深入探讨、关爱互助、学习成长的空间，也可以由家长们自己组织，幼儿园给予专业支持。家长之家可以开展一些读书会、亲子关系问题讨论会、专家沙龙等学习活动，也可以组织小型聚餐会、团队旅游、节日庆祝等休闲活动。

小组讨论

结合日常生活、见习实习的经验，谈一谈家园共育存在哪些突出问题，以及如何有效解决这些问题。

第四节 幼儿园与社区公共关系的管理

《幼儿园教育指导纲要（试行）》指出，幼儿园要"充分利用自然环境和社区的教育资源，扩展幼儿生活和学习空间，幼儿园同时应为社区的早期教育提供服务"。幼儿园应当依托社区、服务社区，与社区发展互利互惠关系，实现合作共赢。

一、幼儿园与社区公共关系管理的意义

社区是幼儿园基本的生存环境，幼儿园只有搞好与社区的公共关系，才有可能为幼儿园营造良好的社区生存环境，拓展教育资源，树立良好形象。

（一）优化幼儿园的生存环境

幼儿园与社区在地理位置上相互依存，社区的发展不仅能为幼儿园的发展营造良好的外部环境，还能帮助幼儿园提高办学水平。幼儿园与社区虽然在现行管理体制下各自独立运作，缺少横向沟通和联系，但是它们的工作范围和职能存在交叉之处。幼儿园和社区拥有共同的服务对象，即幼儿及其家庭。社区在为幼儿提供服务时，常常需要幼儿园提供帮助，包括幼儿园场地、设备、人员、创意等，满足社区的这些需求成为幼儿园向社区提供学前教育服务的重要内容。幼儿园在满足社区需求的同时，也优化了自身的生存环境。

（二）拓展幼儿园的教育资源

社区蕴含着丰富的教育资源，如社区的人力资源、物力资源、环境资源、文化资源等。这些资源的开发能有效地缓解幼儿园教育资源不足的问题，还能在适当的时候配合幼儿园特定课程的实施。利用特定性质的社区资源共同开展教育活动，有助于幼儿园形成园本课程，彰显办学特色。例如，某幼儿园从"绿色社区""科学社区""人文社区""温馨社区"四个方面对社区教育资源进行了深度挖掘，将活动室搬到社区，形成了独具特色的园本课程。

☞【案例】社区资源开发利用

（三）提升幼儿园的公众形象

从幼儿园对外交流的对象来看，社区公众是幼儿园走向社会，获得广泛理解

和支持，扩大幼儿园影响力，以及树立自身良好形象的重要中介和桥梁。幼儿园要提升公众形象，首先要提高幼儿园的保教质量，以质量树形象。其次，幼儿园要不断提高教师的师德修养。每一位教师都是社区公众了解幼儿园的窗口，教师的文化素养和道德水平，代表了幼儿园的形象。

二、幼儿园与社区公共关系管理的途径

☞【视频】幼儿园与社区公共关系管理的内容及途径

幼儿园要获得长远的发展，就要立足社区，与社区密切合作，充分合理地利用社区的教育资源，这些都有赖于幼儿园和社区建立良好的公共关系。

（一）建立健全公共关系管理机制

1. 成立幼儿园公共关系的组织机构

幼儿园可以根据本园实际成立一个专门的部门来负责幼儿园的常务公共关系工作，也可以安排兼职人员来负责，以保证公共关系工作的职能化和经常化。幼儿园作为教育机构，不同于企业，所有的教职工几乎都要直接面对目标公众。因此，幼儿园要树立起全员公关的意识，要加强对全体教职工，特别是幼儿园各级管理者、门卫、办公室人员等经常代表幼儿园与外界接触的人员的公共关系教育和培训，提高全员公关的能力。另外，幼儿园也可以委托社会上的公共关系公司或聘请公共关系顾问开展幼儿园的公共关系工作。

2. 制订对社区的公共关系的工作目标和实施方案

幼儿园的社区公共关系工作是幼儿园总体工作的一部分。因此，幼儿园必须制订公共关系工作目标，并针对目标制订实施方案，使社区公共关系工作有目的、有计划、有组织地开展。幼儿园应充分利用社区教育资源，同时也把幼儿园先进的教育理念、经验和方法送到社区，实现社区和幼儿园的合作共赢。

（二）积极主动参与社区工作

幼儿园参与社区工作是向社区展示幼儿园良好风范，在社区公众中建立良好形象的重要途径。幼儿园要重视与社区合作，组织教师和幼儿经常走进社区，积极主动地参加社区活动，以满足社区的不同需求。如以端午节、国庆节、中秋节、元旦等节日为契机，幼儿园可以开展走进社区的文化创建工作，参与社区庆典活动；也可以组织志愿者活动，免费开办家长学校，参与社区义务劳动、为孤寡老人服务等。这些活动能将幼儿园先进的教育理念和思想、幼儿园教师的专业技能和艺术才能向社区公众展示，让社区了解幼儿园。幼儿园应该尽最大努力为社区公众提供服务，这既解决了社区公众的后顾之忧，也增强了幼儿园的活力，更提高了幼儿园的社会影响力。

（三）加强日常沟通与交流

加强日常沟通与交流是幼儿园与社区公共关系管理的一项重要措施，也是实施幼儿园公共关系方案，实现幼儿园公共关系目标的重要途径之一。日常沟通与

交流主要通过以下途径来开展。

1. 通过内部资料

幼儿园可以定期或不定期地推出内部资料，如宣传册、公众号文章等。这样可以把教师的保教成果、教育随笔、幼儿园的最新动态等信息，及时传递给社区相关机构、部门，以及社区公众，使他们加深对幼儿园的了解。

2. 通过"请进来""走出去"的方式与社区积极互动

"请进来"是指将社区资源"请进"幼儿园，幼儿园可以通过"家长导师""家园同步游戏""家长辅助教学"等形式鼓励家园互动；也可采取绘画、录音、录像等方式，将社区的影音图像带入教学情境之中，从而使社区资源真正走进幼儿园。"走出去"是指幼儿园充分利用周围得天独厚的社区资源优势，组织幼儿参观实践、交流表达、动手尝试，用心灵与自然、社会对话。如春暖花开时，教师带幼儿走进社区，观察社区内植物的变化；节日活动时，教师可以带幼儿参观社区居民的风俗活动和娱乐活动；根据幼儿园教育活动安排，教师可以带幼儿参观了解社区内各机构运转的情况，从而真正实现让自然、社会成为幼儿的"活"教材。

3. 利用网络组建与社区的交流平台

网络是现代信息社会交流的平台，更是信息传播的平台。幼儿园可以通过网络与社区公众建立交流、沟通的平台，还可以通过组建幼儿园 QQ 群，设立幼儿园微信公众号，开通幼儿园微博等多种方式，丰富幼儿园与社区及家长的沟通渠道。

第五节　幼儿园与上级主管部门、小学及媒体的公共关系管理

处理好与上级主管部门的关系，加强与小学的衔接，搞好与各种媒体之间的关系，也是幼儿园公共关系管理的重要内容。

一、幼儿园与上级主管部门的公共关系

幼儿园要接受多个上级主管部门的领导。幼儿园办园主体多元化，有政府、企事业单位、社会团体、居民委员会、村民委员会和公民个人等，同时幼儿园的教育对象是幼儿，业务涉及保育和教育工作，这些都决定了幼儿园必然要受多个上级部门的管理。《幼儿园管理条例》第六条规定："幼儿园的管理实行地方负责，分级管理和各有关部门分工负责的原则。"幼儿园的上级主管部门包括地方政府教育行政部门、卫生行政部门、建设行政部门等，同时幼儿园要接受办

园者的领导。上级主管部门为幼儿园的发展提供多方面的保障。上级主管部门运用政策、法规、信息、经济等手段对幼儿园实施宏观管理和微观指导,多方面支持幼儿园的发展,以帮助幼儿园端正办园方向,保证保教质量。为得到上级主管部门的理解、支持和帮助,幼儿园应高度重视与各个上级主管部门的公共关系。幼儿园在与上级主管部门沟通时应注意以下几个方面。

(一)尊重上级,自觉服从上级主管部门的领导

上级主管部门不仅掌握着各项政策制定、解释的权力,为幼儿园提供政策的指导,也为幼儿园提供人力、物力、财力、科研等方面的支持。作为下级,幼儿园如果能赢得上级主管部门的理解、信任与支持,就会扩大幼儿园的发展空间。幼儿园应认真学习领会上级主管部门颁布的各项政策、法规,并随时了解政府政策变动的情况,准确把握政府的大政方针,积极配合政府对幼儿园的管理工作。同时,幼儿园对上级主管部门部署的工作,应结合本园实际逐一落实,保质保量完成任务,并做出特色,保证随时随地都可以迎接上级的检查与监督。

(二)熟悉上级主管部门的职能、分工和运作特点

幼儿园管理者应弄清与幼儿园关系密切的职能部门的工作范围和办事程序,并与有关部门保持密切的工作联系,严格按其办事程序请示汇报工作,以便提高办事效率。政府的教育行政部门负责对幼儿园进行行政管理,负责对幼儿园进行监督、评估,指导幼儿园的保育、教育工作,负责组织培训幼儿园的师资,审定、考核幼儿园教师的资格等。其他政府有关部门负责对幼儿园进行相应的业务管理,如卫生行政部门主要负责检查指导幼儿园的卫生保健工作,建设行政部门主要负责制定幼儿园园舍、设施的标准,物价部门主要负责对幼儿园收费工作的管理等。

(三)主动与上级主管部门沟通情况

幼儿园要主动与上级主管部门联系。园领导和幼儿园负责公共关系的人员要时常保持与上级主管部门的沟通,定期或不定期地向相关领导汇报工作。幼儿园在发展规划、创建特色等重大决策问题上要主动向上级主管部门汇报,并要虚心接受上级主管部门的检查、监督和指导。适时邀请相关领导到幼儿园参观,出席庆典仪式、成果展览等,加强上级主管部门对幼儿园的了解。此外,幼儿园还应响应上级主管部门的号召,在不影响幼儿园正常保教秩序和幼儿安全的前提下,积极参加社会公益活动,以赢得上级主管部门的信任与赞誉。

二、幼儿园与小学的公共关系

幼儿园与小学虽然同属基础教育,但两个教育阶段却存在明显的不同,在教学目标、教学内容、教学形式、教学要求、作息制度、生活管理等方面都存在着较大差异。幼小衔接问题直接影响幼儿对小学生活的适应程度,影响他们今后的

健康成长。为了帮助幼儿尽快地适应小学生活，幼儿园应加强与小学的合作，适时开展幼小衔接活动，在家长的协助下，让幼儿逐步了解小学的作息制度、教学要求等。幼小衔接具体包括以下几个方面的工作：

（一）激发幼儿入学的愿望

幼儿园教师或家长可以带领幼儿到小学参观，开展以了解小学为主题的活动，使幼儿对小学有一个初步的认识，了解小学的环境、小学教师、小学生的生活与学习，以及学习对自己成长的作用等，激发幼儿成为一名小学生的愿望。

（二）培养幼儿的自我管理能力

幼儿在幼儿园能得到教师和保育员的精心照料，上小学后，小学教师对小学生生活上的照顾相应减少了许多，需要小学生学会自我管理。这就要求幼儿园在保教活动中，注意幼儿自我服务能力的培养，以及生活和学习常规的养成，帮助幼儿养成独立生活、自主学习和自觉遵守纪律的习惯，切实提高自我管理能力。

（三）培养幼儿良好的学习习惯

首先，培养幼儿良好的写、画习惯。小学生每天要完成计算、写字等功课，幼儿园应指导大班幼儿掌握正确的坐姿、握笔姿势。其次，培养幼儿用心听讲的习惯。小学一节课的时间一般为 40 分钟，而幼儿注意力保持时间相对有限，这就要求幼儿园在各类活动中逐步训练幼儿注意的稳定性和持久性。再次，培养幼儿独立完成任务的习惯。上小学后，小学生每天要学习不同的学科，做不同的作业。幼儿园要有意识地让幼儿独立完成一些任务，以培养幼儿的任务意识与学习能力。

三、重视与媒体的良好沟通

媒体是指信息传播过程中从传播者到接受者之间携带和传递信息的一切形式的载体，即传播信息的媒介。媒体是各种传播工具的总称。除报纸、杂志、广播、电视四大传统媒体外，近年来，随着科学技术的发展，逐渐衍生出新的媒体，如交互式网络电视、电子杂志等。数字化时代，媒体可以说是无处不在，尤其是各种形式的网络媒体迅猛发展，其传播速度快、覆盖范围广，为幼儿园与公众之间的交流、对话提供了便利。媒体已经成为公众了解幼儿园的主要途径之一。因此，幼儿园管理者必须学会利用媒体手段进行管理，必须学会与各种媒体沟通和合作。

☞【视频】幼儿园与媒体的良好沟通

幼儿园可以借助报纸、杂志、广播、电视、网络等媒体手段向外界宣传幼儿园，定期组织领导或教师撰写有关幼儿园工作成绩、特色活动的新闻稿件在当地媒体发布，在幼儿园举办一些大型活动时主动邀请媒体参与，与媒体保持密切联系，以扩大幼儿园在公众中的影响。

第六节　幼儿园公共关系危机的管理

危机管理是指个人或组织为了预防危机发生，减轻危机造成的损害，尽早从危机中恢复而进行的管理活动。危机管理包括对危机事前、事中、事后所有方面的管理。幼儿园危机管理是指幼儿园管理者为了达到有效预防危机，及时处理和消解危机而开展的一系列有组织、有计划、有步骤的管理活动。

一、家园关系危机管理

幼儿园要实现家园共育，必须使家长的教育理念与幼儿园的教育理念保持一致或相近。但在现实中，幼儿园和家长之间的关系有时并不理想，甚至会矛盾激化。在遭遇家园关系危机时，幼儿园一方应从以下几个方面努力化解危机：

（一）加强沟通

许多家园矛盾都是由于双方缺乏沟通，或者沟通不足所致。幼儿园应建立有效的沟通机制，与家庭密切联系，这样做一方面可以更全面地了解幼儿，另一方面也可以让家长及时了解幼儿园以及孩子在园的表现。幼儿园通过多种形式的交流与沟通，可以让家长了解幼儿园的教育理念、办园宗旨、教学内容、教学方法等。幼儿园可以设立家长委员会，发挥家长的专业特长，发掘家长中的教育资源，让家长参与幼儿园管理。总之，充分的交流与沟通，可以最大限度地减少家园之间的误会，避免家园矛盾。

（二）以理服人

家长和幼儿园的角色不同，看问题的角度也不同，很容易产生矛盾。对于家长冲动之下的举动，幼儿园管理者和教师要冷静对待，在与家长沟通的过程中，要注意不能以势压人，也不能一味顺从，一定要搞清事情的原委，明辨是非，坚持以幼儿为本，以幼儿健康成长为中心，循循善诱，以理服人。

（三）及时公关

幼儿园在教学活动或组织的其他活动中出现意外情况后，应客观分析与应对，想办法进行补救。对涉及幼儿身心及财产安全的事故，幼儿园应及时与家长取得联系，实事求是地说明情况，共同商量解决问题的办法，并认真做好相应工作，与家长保持密切的联系与沟通，尽快得到家长的谅解。

☞【案例】该听谁的？

二、幼儿园与社区及其他组织间的危机管理

《幼儿园教育指导纲要（试行）》指出："幼儿园应与家庭、社区密切合作，与小学相互衔接，综合利用各种教育资源，共同为幼儿的发展创造良好的条件。"如何与社区进行互动，如何发掘和利用社区资源，以及如何选择为社区服务的途径等，是现代幼儿园所面临的重大现实问题。一些幼儿园缺乏公关意识，闭门办

园，缺乏与社区及其他组织之间的沟通与交流，缺少相互信任，在一些相关问题上往往会产生一些矛盾，如电、暖、气供应，幼儿园周边安全、卫生管理等，从而影响幼儿园的正常运转。避免和化解幼儿园与社区及其他组织间的矛盾应注意以下几点：

（一）强化公关意识

由于种种原因，我国幼儿园普遍缺乏公关意识，缺乏主动沟通的意识与行为。随着市场经济的发展，人民生活水平的提高，家长对幼儿园的质量会更加关注。幼儿园树立一个良好的形象，无疑可以吸引更多的生源，获得更多的社会支持。社区是与幼儿园生存、发展关系最密切的外部环境，幼儿园要重视对社区的公共关系，积极开展多种形式的社区教育、服务工作，强化与社区的良好关系。

（二）加强对外合作与交流

幼儿园处于一定的社会环境中，必须学会与周边的社区、单位以及上级主管部门等打交道，在沟通交往中促进了解，增强信任，化解矛盾。

（三）平等协商

幼儿园针对相关矛盾，应与社区或其他组织及时沟通，平等协商，换位思考，相互理解，寻求共识。

三、幼儿园媒体应对中的危机管理

很多幼儿园管理者习惯与幼儿、家长打交道，但不擅长与媒体沟通，缺乏应对媒体的意识和措施。大量事实证明，媒体的报道对幼儿园危机事件的扩散和影响至关重要，这就要求幼儿园管理者加强与媒体的沟通，搞好媒体管理。幼儿园在与媒体沟通时，应注意以下几点：

（一）积极配合新闻媒体

新闻媒体是新闻事件的直接追问者，幼儿园应积极配合新闻媒体，提供真实信息，客观陈述所发生的事件、幼儿园已经和将要采取的措施。同时，幼儿园面对记者的频繁提问和采访，要保持足够的耐心，不要拒绝与新闻媒体合作。

（二）确定新闻发言人

幼儿园在面对媒体时，应当统一应对的策略，由新闻发言人对外表态，做到"用一个声音说话"，发言人应当人品可靠、沉着冷静、口才良好，讲话精练，这样才能与媒体充分沟通，避免误会。

（三）理性对待负面报道

当出现有关幼儿园的负面消息时，幼儿园管理者不要向记者或有关责任人抱怨，而是要了解事情的来龙去脉，主动澄清事实以及幼儿园已经采取的补救措施，让公众了解幼儿园的积极态度和行动，让记者对事件有一个全面而客观的认识。如果出现报道与事实不符，幼儿园应及时将事实传达给相应媒体并要求更正不实报道，避免公众被进一步误导。

【理解·反思·探究】

1. 如何理解幼儿园公共关系的职能和意义？

2. 幼儿园公共关系的内容是什么？

3. 幼儿园公共关系要坚持哪些原则？

4. 幼儿园公共关系管理的途径与方法有哪些？

5. 你认为幼儿园怎样才能搞好与家长之间的公共关系？

6. 幼儿园与社区公共关系管理的途径主要有哪些？

7. 幼儿园应如何应对公共关系危机？

☞【案例】幼儿园的媒体应对危机

【实践训练】

1. 扫描二维码，阅读案例"幼儿园的媒体应对危机"。如果你是该园园长，你会采取什么措施应对此次危机事件？

2. 扫描二维码，阅读案例"爱打人的小朋友"。面对这种情况，如果你是老师，会如何与家长进行沟通？

☞【案例】爱打人的小朋友

第十三章　　幼儿园工作评价

【学习目标】

知识目标：

- 明确幼儿园工作评价的含义、类型和作用。
- 了解幼儿园工作评价的内容、幼儿园工作评价的原则。
- 掌握幼儿园工作评价的基本程序，了解指标体系设计、指标权重设计的基本方法，以及制订评价方案、撰写评价报告的基本要求。
- 明确当前加强幼儿园工作评价应该注意的问题。

能力目标：

- 能初步设计幼儿园评价指标体系和指标权重，会制订评价方案、撰写评价报告。
- 能应用所学知识分析幼儿园工作评价存在的问题，并能提出改进建议。

【案例导入】

　　某幼儿园接到上级检查验收的通知后，召集全体教职工对迎评工作进行了详细部署。在接下来的日子里，幼儿园开展了全面卫生大扫除，对环境重新进行了布置，橱窗、墙面、幼儿作品展示区、活动区、植物角等均焕然一新。各班级按照分工对幼儿进行了针对性训练，有的班级主要在活动区开展活动，有的班级主要进行户外活动。连一直干枯的水池也被蓄上水，放上塑料玩具，幼儿们在水池玩起了钓鱼游戏。由于教师忙于迎评，幼儿们有更多的时间看动画片。幼儿园处在紧张而忙碌的氛围中。教师们高强度工作，怨声载道。幼儿们过了一阵也高兴不起来了："今天怎么又要钓鱼啊？"……这样的事情对于不少学前教育工作者而言屡见不鲜。

　　你如何看待这一情况？

第一节　幼儿园工作评价概述

　　幼儿园工作评价是幼儿园管理的重要内容，其目的是对幼儿园工作情况进行诊断，起到了解情况、改进工作、提高办园质量的目的。

一、幼儿园工作评价的内涵

　　在实际的幼儿园管理过程中，幼儿园工作评价经常被误解，或者被错误地应用，结果不仅没有起到改进、激励的作用，反而谈"评"色变。下面先对幼儿园工作评价的概念进行阐释。

　　评价是主体对客体价值的一种认识活动，是主体对客体有无价值及价值大小的判断。通过评价，主体进行比较和选择，由此决定做什么和怎么做。没有科学合理的评价，人的活动会失去价值指向而成为盲目的活动；价值评价出现失误，人的活动也往往会出现"南辕北辙"的结果。因此，评价时应力求使主体的评价与客体的真实价值相一致。

　　幼儿园工作评价是依据一定的标准和程序，有目的、有计划、有组织地对幼儿园各个方面的工作进行深入调查，并做出价值判断的过程。[①]幼儿园管理者通过幼儿园工作评价可以对幼儿园各项工作进行有效的监控，依据客观的评价结果进行科学的决策，从而提升办园质量。所以，幼儿园工作评价的根本价值在于诊断问题，提出改进意见，促进评价对象的发展。

---

① 张燕. 幼儿园管理 [M]. 北京：北京师范大学出版社，1997：330.

二、幼儿园工作评价的类型

依据不同划分标准，幼儿园工作评价可分为不同类型。依据评价主体划分，评价可分为自我评价和他人评价；依据评价参照标准划分，评价可分为相对评价、绝对评价和自身差异评价；依据评价的功能划分，评价可分为诊断性评价、形成性评价和终结性评价；依据评价的内容和范围划分，评价可分为分析评价和综合评价；依据评价方法划分，评价可分为定量评价和定性评价；依据实施评价的正式程度划分，评价可分为正式评价和非正式评价。不同类型的评价各有其适用情形，幼儿园工作评价应根据实际需要灵活地选择和使用评价方法。

三、幼儿园工作评价的作用

幼儿园工作评价作为幼儿园管理的重要内容和重要手段，事关幼儿园发展方向。幼儿园工作评价具有以下作用：

（一）导向作用

评价起着指挥棒作用。一般而言，有怎样的评价指挥棒，就有什么样的办学导向。以科学的评价标准为指导，有利于园领导和全体教职工端正思想，树立正确的教育价值观和质量观，克服短视行为、功利化倾向，克服重教轻保，重智轻德轻体，重教学轻游戏、小学化等倾向，使幼儿园教育真正起到促进幼儿身心和谐发展以及服务家长的作用。

（二）诊断作用

幼儿园工作评价涉及幼儿园工作的各个方面，依据一定标准对幼儿园的各项工作进行全面评价，有利于了解幼儿园各种资源的使用状况和各项工作运转过程中的一些不合理因素，发现幼儿园管理中的问题和漏洞，对幼儿园各项工作中存在的问题进行诊断，从而及时改进。

（三）鉴定作用

鉴定是对幼儿园工作的成效进行甄别。鉴定具有区分等级、进行选拔的功能。从评价发展的历史看，早期评价的主要功能就是鉴定与选拔。鉴定作为评价的功能之一，普遍应用在对教职工的考核中，以及幼儿园评估验收中。

（四）激励作用

幼儿园工作评价涉及对部门和教职工的工作业绩、素质水平等的判断。评价体系越是客观、合理，评价程序越是公正，就越能激发教职工的工作积极性，使教职工看到成绩与进步，找出差距与不足，进一步找到努力的方向。反之，就会严重挫伤教职工的工作积极性和主动性。

（五）决策作用

美国著名管理学家西蒙提出"管理就是决策"的观点。幼儿园管理离不开科学的决策。斯塔弗尔比姆把评价定义为"为判断决策所作出的描述、获取、提供有用信息的过程",简言之,评价是"为决策提供依据的科学",他认为评价模式由背景评价（context evaluation）、输入评价（input evaluation）、过程评价（process evaluation）、结果评价（product evaluation）四种类型的评价构成,简称CIPP评价模式,分别为计划决策、组织决策、实施决策、循环决策服务。CIPP评价模式本身就是一种不断收集和利用新信息的持续过程。这些信息不仅影响未来的决策,而且还通过反馈重新考察已有决策的效益。[①] 幼儿园工作评价可以获得丰富的反馈信息和系统的价值分析,为幼儿园的科学决策提供依据。幼儿园管理需要持续地决策、持续地评价。幼儿园管理者正是通过"评价—决策—实践—再评价—再决策—再实践"的程序不断推动管理水平的提升。

☞【案例】该给张老师评优吗

第二节　幼儿园工作评价的原则与内容

谁来评、评价什么、怎么评是评价的三个基本问题。科学开展幼儿园工作评价,需要把握幼儿园工作评价的基本要求,明确幼儿园工作评价的基本内容。

一、幼儿园工作评价的原则

☞【拓展阅读】幼儿园工作评价的原则

评价原则是评价主体在评价过程中必须遵循的评价行为准则,它是对评价工作提出的基本要求。[②] 评价原则是对评价规律的反映,是对评价实践经验的科学总结,是对关键性评价行为提出的合理期望和要求。幼儿园工作评价应该坚持方向性原则、儿童有益原则、科学性原则、可行性原则、民主性原则、激励性原则等。

二、幼儿园工作评价的内容

根据幼儿园管理涉及的范围,幼儿园工作评价包括以下内容:

（一）管理状态评价

管理状态评价包括对幼儿园的经营理念、办园条件、办园水平、组织机构设置、规章制度、管理水平,以及幼儿园管理过程的运行状态的评价。管理状态评价可以了解和掌握幼儿园各组织职能作用的发挥情况。

（二）工作人员评价

工作人员评价是对幼儿园所有岗位人员的评价,包括对园领导、专任教师、保育员、卫生保健人员、行政人员、教辅人员、工勤人员等的评价,工作人员评

---

① 王坚红. 学前教育评价［M］. 北京: 人民教育出版社, 2010: 39-41.
② 欧本谷. 略论教育评价原则［J］. 西南师范大学学报（人文社会科学版）, 1995（2）: 24-33.

价目的在于合理配置工作队伍，调动教职工的积极性，进行高效能的工作。同时，评价可以帮助教职工全面深刻地了解自身的工作情况和专业水平，推动教职工的专业发展。

（三）幼儿园保教工作评价

保教工作是幼儿园的中心工作。对幼儿园保教工作的评价主要从保教工作管理过程、保教工作秩序的建立、保教工作成效等方面开展。例如，教师对幼儿一日活动的组织、课程设计与实施、游戏活动组织、教科研工作的开展等。对保教工作的评价是对保教人员工作状况的检查，同时也反映出幼儿园保教工作管理的绩效。

☞【拓展阅读】

《幼儿园办园行为督导评估办法》

（四）幼儿园总务工作评价

幼儿园总务工作内容繁杂、涉及面广，包括园舍基本建设、财务财产管理、设备维修保养、营养膳食、资源管理以及教职工福利待遇的改善等。对总务工作进行综合或单项评价，可以发现问题，及时改进。

（五）幼儿园公共关系评价

幼儿园公共关系评价包括对幼儿园内部公共产系和外部公共关系的评价，如幼儿园家长工作评价、幼儿园与社区关系评价、幼儿园与上级主管部门关系评价等方面。

幼儿园工作评价内容丰富，涉及面广，既有宏观评价，也有微观评价，可以根据需要评价幼儿园工作的某一方面，也可以对整体办园水平和整体效果进行评价。

第三节　幼儿园工作评价的程序

幼儿园工作评价程序一般包括评价计划、评价组织与实施、评价检查与总结三个阶段，具体包括确立评价目的、构建指标体系、选用评价方法、制订评价方案、组织与实施评价、得出评价结果以及反馈评价信息。其中，以下三项内容至关重要：第一，要有明确的评价目的，这是评价存在的基础；第二，要有一套切实可行的规范化评价指标体系，这是进行评价的依据；第三，要选用合适的评价方法，这是评价的支撑点。[①]

一、确立评价目的

评价目的主要回答为何评价、要解决什么问题，是制订评价方案的前提和依

---

① 由长延，张聪，赵川平. 完善程序是教育评价亟待解决的问题[J]. 中国高教研究，2002（2）：51-52.

据。每一项评价活动都以特定的目的为出发点，评价目的不同，评价模式和系统就不同。如以鉴定为目的的评价强调自评与他评相结合；以课程实施有效性为目的的评价，更倾向于幼儿发展变化信息的收集。

二、选择和确定评价内容

选择和确定评价内容主要回答"评价什么"的问题，以及评价的具体内容和对象是什么。例如，对教师教学行为的评价，是全方位的评价还是侧重一个方面（如有效提问、师幼互动）的评价？对幼儿园课程评价，是侧重课程实施的评价，还是园本课程的开发？评价内容不同，评价信息收集方法和关注点就不同。下面以目标取向、过程取向和结果取向三种类型的评价为例进行说明。

目标取向评价，即根据目标收集适宜的资料或证据，判断机构、课程等达成预定目标的情况。目标取向的评价主要回答：目标是如何建立的？提出目标的过程是否有效？在达成目标的过程中，目前达到哪一步？根据目标的时间表，目标是否达到？如果未达到，原因是什么？机构或课程人员是否有适宜的资格？如何调整工作重心以达到目标？如何调整时间以达到目标？是否有必要调整目标？等等。

过程取向评价，即全面了解机构或课程运行情况，找出优点和不足，以便改进。过程取向的评价主要回答：确定教师、幼儿、家长需求的基础是什么？为良好地运行，教职工必须达到何种资格要求？如何对教职工进行培训？家长为何选择本园？本园家长主要的需求是什么？教师如何选择教学内容和方法？家长认为本园的优点和不足是什么？教师认为本园的优点和不足是什么？教师和家长的不满是什么？家长和教师对于改进工作的建议是什么？机构作出决策的依据是什么？

结果取向评价，即主要考察机构或课程是否达到预期的目标或结果。结果取向的评价主要回答：机构或课程的主要结果是什么？如何测量？如何根据目标选择主要指标？选择哪些具有操作性的主要指标？如何处理相互联系的指标？取样范围和数量？哪些变量可以说明指标？等等。

在评价过程中，评价者要在明确评价目的的基础上，在可行的范围内，选择有实际意义的主要方面进行评价，确定评价内容。同时，对评价内容涉及的主要概念要进行清晰的界定，列出评价的概念性框架模式。该模式的一般逻辑形式包括若干领域或方面，每个领域或方面又可分为若干成分，并与下一层次的若干元素有关。概念性框架模式必须与评价所要回答的主要问题具有密切的内在联系，反映出评价者计划回答这些问题的思路和资料收集的内容方面。[①]

---

① 王坚红. 学前教育评价 [M]. 北京：人民教育出版社，2010：77.

三、设计评价方案

评价方案，即依据一定的评价目的和评价目标，对评价的内容、对象、范围、组织者与评价者、过程、方法和程序等加以计划和规范的书面文件，是文本性质的评价计划。评价方案的内容主要包括评价目的和依据、评价指标体系、收集评价信息的方法和步骤、评价记录表格和相关文件、评价信息处理的方法、评价的组织和人员配备、评价的时间安排等。评价方案还涉及评价费用预算、评价的注意事项和要求等。评价方案是评价工作的指南。

（一）设计评价指标体系

评价指标体系是指由一系列具体指标及相应的权重系数有机组成的指标集合。所谓权重系数是指确定每一指标重要程度的数量标志。根据评价内容，评价的指标可以有不同的层次，如一级指标、二级指标、三级指标等。如对幼儿园进行等级评价，可以从办园条件、管理水平、幼儿发展、办园特色四个一级指标进行评价。办园条件又可以分为园舍与设备、人员条件等若干二级指标。其中人员条件可以分为人员编制和人员任职资格等若干三级指标。指标体系不仅是评价的直接依据，体现目标的实质性内容，而且具有明显的导向作用，影响目标的达成。

评价指标体系的设计是一项专业性很强的工作，一般包括以下几个步骤：

1. 在目标和概念分析的基础上形成评价指标集

首先确定评价的项目要素。建立评价的指标体系首先要分析评价对象涉及哪些方面的内容，将它们分解为一些大的项目或要素。如评价教师的工作，可将其分为工作态度、工作能力、工作内容和工作量、工作效果四个方面，即德、能、勤、绩。然后将大的项目逐步分解形成评价指标体系。先将大的项目分解为中等项目，再细分为更具体的次级项目，逐级分解后形成评价指标集。评价指标集的多层次结构一般呈现金字塔形。评价指标体系制订，可以采用征集专家意见的方法，不断进行反馈、归纳。同时，可以参阅相应资料，尽量提高目标分解工作的科学性。在错误的评价指标体系下进行的评价是没有意义的。建立评价指标体系要注意以下四个方面：一是评价指标体系要能够覆盖评价对象的全部本质属性，完整地反映所评内容或对象的实质，以保证必要的内容效度；二是评价指标要表述清楚、含义明确，不能产生歧义；三是评价指标的内涵避免相互交叉或包含；四是评价指标体系要力求层次简明、得当，量化方法简便、易于操作。

2. 明确规定评价指标要素的操作性定义，确立评价标准

对已经拟定的评价指标集中的所有评价要素，都应当明确规定其含义和要达到的标准。评价标准是对评价指标质量的具体化，要用清晰、明确的语言加以描述。如教师热爱幼儿的评价有合格与优秀两个等级，每个等级又有三个具

体的质量标准。合格:(1)对幼儿态度亲切,爱幼儿;(2)能耐心倾听幼儿的表述,了解幼儿的需要;(3)坚持正面教育,不体罚、变相体罚。优秀:(1)面向全体,关心照顾每个幼儿,为幼儿提供表现的机会,对特殊的幼儿给予特别的关心;(2)满足幼儿的合理需求;(3)善于发现幼儿的点滴进步,予以鼓励、肯定。依照这些具体的评价标准,评价者就可以根据观察到的某教师日常工作中的表现和所收集到的资料,将教师"热爱幼儿"的表现归为合格或优秀的等级。

评价标准的制订有利于增强评价工作的科学性和客观性,减少评价者在评价工作中的主观性和随意性。评价标准同样要遵循国家教育法规、教育方针政策的要求,还要依据教育教学的规律和理论,以保证方向性和科学性,同时,还要考虑评价对象的现状,使评价标准具有现实意义。评价标准制订之后,也要经过教育权威人士和考评小组的反复论证,并广泛征求被评价者的意见和建议。影响重大的考评还必须进行试评,以便发现问题,进行修改,保证评价标准的科学性与合理性。

3. 赋予评价指标权重,确定评价指标权重集

权重是对各项评价指标进行权衡轻重作用的赋值,可以用小数(0—1之间)、整数、百分数等形式表示。在评价指标体系中,各项评价指标的重要程度可能一样,也可能不一样。例如,在对幼儿园园长管理水平进行评价时,一级指标中的规划、组织、指挥、控制对衡量园长的管理水平来说,重要程度是一样的,各占25%。而在二级指标中,以对园长组织水平的评价为例,"能否合理分配,安排好人、财、物、事"的重要程度最高,占40%;"能否协调各岗位、各部门的关系"占32%;"能否明确各岗位的责任,责任到人"占28%。这些百分比数值即为各项评价指标的权重系数。评价指标体系表明在评价中哪些因素有价值,而权重系数则表明这些因素的价值有多大。权重集的科学性影响整个评价工作的科学性,同时也具有导向作用。例如,如果幼儿园对教师的年终考评没有"参与科研,撰写论文"一项,或者虽然有,但权重系数很低,那么教师在以后的工作中就有可能不愿意搞科研、写论文,而把注意力放在权重系数比较高的项目上。

确定评价指标权重一般可以采用专家咨询法、德尔斐法等。专家咨询法就是请专家或有经验的专业人员为评价指标体系确定权重,再经过统计确定结果。德尔斐法是采用背对背的通信方式征询专家小组成员的意见,经过几轮征询,使专家小组的意见趋于集中,最后得出较为合理的权重集。

4. 评价指标体系定案成文

指标体系确定后,评价组织者或评价者就可以将其定案成文。指标体系尽可能采用表格形式呈现,力求使各层次指标的形式统一,整个指标体系的排列美观;纳入必不可少的信息,如权重系数、具体操作定义、评分标准等,增强评价

☞【拓展阅读】

两两比较法

指标体系的可理解性和可操作性。

扫描二维码，请对《上海市幼儿园发展性督导评价指标》的指标体系设置进行分析和讨论。

☞《上海市幼儿园发展性督导评价指标》

（二）确定评价主体

确定评价主体即回答"由谁来评"的问题。评价主体需要根据评价的目的和内容来确定。评价主体可以是被评价者自己，也可以是其他个人或组织，即评价可以是自我评价或外部评价。自我评价与外部评价是相对而言的，如在幼儿园范围内，教师对自己的评价属于自我评价，园领导或同行教师对这位教师的评价属于外部评价。如在幼儿园层次，幼儿园对本园各项工作的评价是自我评价，上级主管部门、其他幼儿园同行的评价则为外部评价。如果评价的目的在于鉴定，通常由上级主管部门、主管领导来进行评价。如果评价的目的是为了改进工作，那么园领导、教师的自我评价和相互评价就非常重要。

（三）确定收集评价信息的方法

评价是事实判断和信息判断的有机结合。事实是评价的基础，信息是事实的反映。收集评价信息的方法多种多样，各有其特点与作用，评价者应根据评价需要适当地选用评价信息收集方法。常用的评价信息收集方法有以下几种。

1. 观察法

观察法是人们有目的、有计划地通过感官和辅助仪器，对自然状态下的客观事物进行系统的考察，从而获取经验事实的一种方法。观察对象不仅仅是幼儿，也可以是教师、管理者、环境、具体活动等。观察可以分为定量观察与定性观察、参与型观察与非参与型观察、隐蔽型观察与非隐蔽型观察、结构式观察与非结构式观察等多种类型。

2. 访谈法

访谈法是通过与他人谈话收集资料的方法，按不同的划分标准，可以分为结构式访谈（标准化访谈）和非结构式访谈（自由式访谈），个别访谈、小组访谈和群体访谈，直接访谈和间接访谈，一次性访谈和多次访谈（回访）等类型。在访谈过程中，有效运用提问和营造积极的访谈氛围尤为重要。

3. 问卷法

问卷法是通过书面提问来获取资料的方法，分为自填问卷、访谈问卷、家长问卷、教师问卷、其他问卷等类型。问卷制订要求严格，如果是大范围发放的问卷需要进行先期试测，以保证问卷的合理性。

4. 档案袋评价

档案袋评价是 20 世纪 80 年代在西方中小学评价改革中形成和发展起来的评价方式。幼儿园可以通过制作成长档案袋，对教师和幼儿进行评价。

5. 测验法

测验法是使用精心设计的具有标准化程序的正式的测验量表，或者有一定局限性的非正式的测量工具，通过测查和检验来获取资料的方法。正式的测验通常用于对幼儿发展状况的测查与诊断，非正式的测验一般用于了解和改进幼儿园日常的保教工作。

6. 自我报告

自我报告是由评价对象按照评价要求，对照评价标准，对本机构、本部门或本人的情况逐条检查后，提交自我评价报告的信息收集方法。

7. 文件检阅法

文件检阅法是根据评价方案的要求和评价指标的内容，对各种传媒方式包括书面报告、电子文件、网络资料、儿童作品、教学材料等进行系统而全面的检阅，并进行归纳和整理的方法。文件检阅法常用于机构质量与管理评价、课程教材和人员评价。

（四）确定评价的步骤

评价方案要确定具体的评价步骤，才能有效地整合评价资源，有条不紊地进行评价。因此，评价者要明确评价活动的具体内容，理顺评价活动各个环节之间的逻辑关系，对评价具体活动的先后次序以及时间进行合理安排。

（五）准备相应的评价记录文件

在设计评价方案时，评价者应根据评价指标体系和评价计划所采用的方法，制订适宜的评价记录文件，主要包括评价者或评价对象——评审专家、行政领导、教师、幼儿、家长等，所使用的表格及其详细的使用说明，访谈法的访谈提纲等。

（六）制订评价信息分析计划

根据评价信息的性质与特点选择分析和处理评价信息的方法。各种统计方法都对数据有一定的要求与限制，以及关于使用条件的理论假设，预先计划有助于保证资料的可用性和结果的合理性。评价信息分析计划通常与评价信息收集的方法和程序密切相关。

（七）评价方案正式成文

一个完整的评价方案一般包含以下内容：（1）对编制方案的说明，包括评价目的、指导思想、指标体系设计与权重集构造说明、评价标准等级说明、评价方法说明、评价工具说明；（2）评价的指标体系与权重集；（3）分项指标等级标准及评价方法；（4）评价用具；（5）评价实施计划。评价方案有时也包括经费预算、注意事项等。

四、评价组织与实施

幼儿园工作评价的组织与实施是评价者以评价方案为依据，在收集、处理评价信息的基础上对评价对象进行价值判断的过程。幼儿园工作评价的科学性、准确性与评价信息的收集、处理密切相关。评价信息越充分，处理信息的手段越科学，评价的结果就越准确。评价信息的质量是影响评价信度和效度的关键因素。评价工作的组织者应全面规划，统筹安排，以保证评价工作质量。

（一）组织和人员准备

组织和人员准备主要包括以下方面：

（1）建立评价工作领导小组，负责组织和实施评价工作。这种评价组织一般为非常设机构，根据不同的评价对象、评价内容和评价要求，选择合适的人员参加。

（2）合理确定评价者。幼儿园工作评价是一项综合工作，既需要熟悉学前教育、有幼儿园管理实践经验、熟悉幼儿园情况的人员参加，也需要掌握评价基本理论和有评价经验的人员参加。合理确定评价者要注意他们知识和经验的结构及匹配状况，发挥专业机构和社会组织作用，保证评价工作的科学性和有效性。需要注意的是，现在教育评价领域越来越重视教师的自我评价，如《幼儿园教育指导纲要（试行）》明确要求："幼儿园教育工作评价实行以教师自评为主，园长以及有关管理人员、其他教师和家长等参与评价的制度。"因此，在确定评价者的时候，我们必须重视"教师"这一评价主体。

（3）培训相关人员，保证评价工作有效开展。接受培训的人员既包括评价者，也包括评价对象。为保证评价工作的科学性、客观性和公正性，首先要做好评价者的思想动员工作，使评价者正确对待幼儿园评价工作，认识评价工作的意义，树立高度的责任心和认真负责的工作态度，保证评价的客观性和公正性。其次，根据评价者的实际情况，对他们进行一些必要的评价理论和技术培训。评价理论和技术培训可结合评价方案进行。如组织评价者学习评价方案，统一对各项评价指标、评价标准的认识。同时，还要对评价对象进行培训，目的在于统一思想，对评价工作产生认同，形成支持评价的积极氛围。如家长拿到幼儿行为习惯养成的调查问卷，有的家长怕影响幼儿园对班级教师的评定，进而影响自己孩子在幼儿园的生活和学习，所以在填写的过程中有顾虑。这就需要对家长和教师进行培训动员，说明评价的目的和任务，特别要申明是为了发现工作中的问题，以便改进工作，希望取得大家的支持和配合，保证评价工作顺利进行。培训可以使相关人员形成对评价意义的正确认识，客观地进行评价，否则评价信息就难以做到真实、客观。

（二）实施正式评价，收集、整理相关资料

评价的实施是评价最关键的环节，一定要认真对待，应根据所要收集资料的性质，选择合适的方法。如考察教师的教养态度，可以用观察法；了解教职工对幼儿园教育改革的看法，可以用谈话法；了解家长对幼儿园各项工作的满意度，可以用问卷调查法；了解教师的家长工作开展情况，可以用文件检阅法，如教师与家长谈话的记录、教师家访记录等。有时候也可以用多种方法收集一类资料，以便相互印证。

收集大量的资料之后，评价者可以根据评价指标和评价标准对所获得的资料进行归类整理。首先，要看资料是否齐全、完整，要把评价指标和评价标准规定范围内的资料全部收集齐，不能遗漏，否则难以对评价对象作出全面、客观的评价。其次，要看资料是否准确可靠。有时，从多种渠道获得的资料可能互相矛盾，这就需要对其进行分析、筛选，以求去伪存真。只有这样才能保证评价结果的真实可靠。

五、评价总结与反馈

（一）形成评价结论

评价者在采用适宜的评价方法的基础上，在全面认真地分析全部资料之后，形成对评价对象的综合性判断意见，形成评价结论。评价结论的形成要以评价目的为依据。同时，评价结论需要对评价工作本身进行评价，总结评价工作中的经验与不足，具体可以从以下几个方面进行：第一，分析整个评价的流程是否科学合理，评价的准备、实施和总结等环节是否有疏漏；第二，对不同意见进行分析，考查评价的指标体系和评价标准是否科学合理；第三，分析问题产生的原因并提出合理化建议。

（二）撰写评价报告

形成评价结论之后，评价者要撰写评价报告。所谓评价报告，是分析整个评价流程，形成全面总结评价工作的文字材料。评价报告一般包括以下内容。

（1）背景：评价方案产生的相关信息。

（2）评价方案简介：评价的目标、组织、人员、步骤、时间安排。

（3）评价过程的描述：描述评价方案的实施过程。

（4）结果：评价结果及分析。

（5）评价结论和建议：根据某种评价标准对信息加以判断，形成结论以及提出改进工作的建议等。

（6）评价工作的效果：评价的费用与效益等。

（三）反馈评价结果

评价结束后，根据评价的目的和需要，评价者有时还需要向上级领导和相关人员报告，此外，评价者还需要把评价结果反馈给评价对象或者有关人员，帮助他们改进相关的工作。如对幼儿的相关评价，评价结果应该告知家长或监护人。

（四）整理资料，建立评价档案

每次评价之后，都会产生大量的有关评价对象、评价方案、评价过程、评价结果等的资料，这些资料要分门别类存档管理，以便日后开展评价工作和管理决策时参考。

幼儿园工作评价是一项系统工程，需要进行细致和周密的规划、实施，评价者只有认真设计和实施每一个步骤，才能达到预期的评价目的，实现有价值的评价。

第四节　幼儿园工作评价应注意的问题

随着我国学前教育事业的迅猛发展，提高质量成为学前教育发展的核心任务。2018 年颁布的《中共中央　国务院关于学前教育深化改革规范发展的若干意见》明确提出："健全质量评估监测体系。国家制定幼儿园保教质量评估指南，各省（自治区、直辖市）完善幼儿园质量评估标准，健全分级分类评估体系，建立一支立足实践、熟悉业务的专业化质量评估队伍，将各类幼儿园全部纳入质量评估范畴，定期向社会公布评估结果。"2020 年，中共中央、国务院颁布《深化新时代教育评价改革总体方案》，这是我国第一个关于教育评价系统性改革的文件。《深化新时代教育评价改革总体方案》坚持以立德树人为主线，以破"五唯"为导向，以五类主体为抓手，着力做到政策系统集成、举措破立结合、改革协同推进。《深化新时代教育评价改革总体方案》提出完善幼儿园评价，重点评价幼儿园科学保教、规范办园、安全卫生、队伍建设、克服小学化倾向等情况。2022 年，教育部印发《幼儿园保育教育质量评估指南》，立足建立科学评估导向，坚持以促进幼儿身心健康发展为导向，聚焦幼儿园保育教育过程质量，评估内容主要包括办园方向、保育与安全、教育过程、环境创设、教师队伍 5 个方面，共 15 项关键指标和 48 个考查要点；注重评估的引领性、针对性、发展性和操作性；突出过程评估、强化自我评估、聚焦班级观察。作为规范和提升幼儿园工作的重要手段，评价工作日益受到高度重视。新时期加强幼儿园工作评价应注意以下几个问题。

☞【拓展阅读】
中共中央　国务院印发《深化新时代教育评价改革总体方案》

一、高度重视幼儿园工作评价

幼儿园工作评价是提升幼儿园管理水平，全面提高保教质量的重要手段。幼儿园工作评价可以及时反馈幼儿园管理中的相关信息，帮助幼儿园管理者及时发

☞【拓展阅读】
《幼儿园保育教育质量评估指南》

现问题，改进管理工作。同时，保教人员也可以通过评价及时了解自己的工作状况以及幼儿的发展状况，为改进保教工作提供全面而真实的信息，从而保证保教工作科学实施，促进幼儿园保教质量的不断提升。如果没有评价，管理及保教工作就像在漆黑的夜里行路，不明方向，也不了解路况，很难顺利到达目的地。因此，幼儿园工作评价是幼儿园管理不可或缺的手段。幼儿园必须高度重视幼儿园工作评价，不断将管理水平、保教质量提高到一个新水平。

☞【案例】骨干
教师为什么纷
纷流失

高质量的评价是评价发挥积极作用的前提。如果评价指标、评价标准、评价方法、评价程序正确、科学、合理，评价者的态度客观、公正，就可以及时发现工作中出现的问题，不断调整、改进、完善工作，保证幼儿园正确的办园方向，还可以发挥评价的激励作用，充分调动教职工的积极性。否则，有可能使幼儿园越来越偏离科学保教总目标，工作中积累的问题也越来越多，或者人为地激发矛盾，导致人心涣散。所以，幼儿园管理者必须充分重视评价，确保评价科学、合理、客观、公正，充分发挥评价的积极作用。

二、重视评价的发展功能

幼儿园工作评价应有利于促进幼儿发展、教师发展、幼儿园发展，有利于调动园长、教师和其他工作人员不断改进工作的主动性和积极性。这是幼儿园工作评价的基本原则。《深化新时代教育评价改革总体方案》提出要改进结果评价、强化过程评价、探索增值评价、健全综合评价，构建良好的教育评价生态。我国的幼儿园工作评价普遍存在管理主义、功利主义的倾向。幼儿园工作评价大都采用行政性管理评价制度，行政管理者处于评价的支配地位和主体地位，他们的意见是唯一标准，教师基本没有参与评价的机会。而且，这类评价过于偏重评价的奖惩和管理意义，把对教师的评价作为评定教师工作优劣、予以奖惩并进行管理的主要手段，忽视评价对教师专业成长和发展的导向作用。教师常常只知道自己的评价等级，却不知道为什么是这个等级，因而不利于教师发现、分析、研究、解决工作中的问题，甚至导致教师抵触评价。同时，幼儿园工作评价存在为了评价而评价的现象，评价开始"大张旗鼓"，评价结束"偃旗息鼓"，一切工作依然照旧。有些幼儿园为了迎合评价的要求，不惜让幼儿反复操练，甚至弄虚作假。

有效的评价应该充分体现开放性和包容性。评价者与评价对象并非处于对立状态，双方都是教育评价活动的主体，在"合作共进"中审视和反思工作效果，探讨工作问题，探索个体或幼儿园改进与发展的有效途径。在此意义上，评价才能达到它的最高境界，形成激发评价对象自觉性和主动性的"长效机制"。因此，对幼儿的评价应树立"儿童有益"的理念，通过评价促进幼儿发展；对教师的评价应该强调以教师自评为主，幼儿园管理者及其他教职工参与评价，为教师发现问题、改进自身提供机会和帮助；对幼儿园的整体评价强调幼儿园的自主评价，并通过科学的评价方法帮助幼儿园诊断问题，对症下药，提出有效的发展建议，真正促进幼儿园工作的改进和提高。总之，幼儿园工作评价应是发展性评价，通过幼儿园工作评价促使幼儿、教师、幼儿园及其他相关人员都得到发展。

三、多角度的全面评价

评价渗透在幼儿园工作的各个方面。与幼儿园工作评价范围和功能的不断拓展相适应，评价的内容也应更加全面而系统。在幼儿发展评价方面，评价内容不应局限于幼儿智力评价，而应将幼儿发展的各个方面，如身体健康、心理健康和社会性发展等包含在内；在教职工评价方面，不要仅关注工作结果的评价，而要将工作结果的评价与工作过程的评价相结合，即从单纯关注终结性评价到关注形成性评价与终结性评价的结合；在幼儿园评价方面，评价内容从过分重视硬件条件的达标，到重视硬件与软件的综合达标，评价所涉及的领域也应包括领导班子、保教队伍、保教工作、安全卫生、后勤服务、幼儿园文化、办园特色、家园共育、社区服务等多个方面。

此外，幼儿园要加强对幼儿园工作评价的评价，即"元评价"。通过对幼儿园工作评价的目的、策略、方法、技术等的评价，不断改进评价，提高评价的科学性和有效性。加强元评价，是切实提升幼儿园评价水平的必由之路。

四、综合运用多种评价方法

幼儿园评价经历了从标准化测量到综合性评价的发展过程。20 世纪 70 年代以后，量化评价逐步被质性评价所取代。量化评价有其自身的优越性，具有简明、精确、公正的特点，在现阶段仍不失为一种有效的评价方式。但是它的不足也显而易见，如无法全面考察教师的综合素质以及创新实践能力、批判思维能力，对评价的过程和发展功能重视不够，而这些不足是质性评价可以弥补的。

评价者要客观认识和综合运用多种评价方法。在幼儿园工作评价中，评价者既要认识到量化评价在使评价客观化、科学化、公正化方面所具有的积极意义，也要看到单一或绝对的评价可能导致片面的评价结果的弊端；既要认识到质性评价在获取丰富真实评价信息方面的优势，也要看到其可能存在的主观片面性。不同的评价方法可以用于不同的环境以满足不同的需要。在实际评价中，评价者应将质性评价与量化评价综合使用，最大限度地发挥两者的积极作用。比如，对幼儿发展进行评价，可以采用量化评价，同时还要重视观察法、作品分析法等质性评价方法的运用，对幼儿作出更加客观、全面的评价。

五、合理解释和使用评价结果

评价结果的解释要合理，要有利于调动评价对象的积极性。除了找出评价对象的不足和差距之外，还要本着宽容、信任的原则，看到评价对象的提高和进步。对于幼儿、教师而言应该如此，对于幼儿园管理者、幼儿园而言也应该如此。

在评价功能上，除了重视评价发展功能之外，还要重视评价为决策服务的功能。幼儿园工作评价的最终目的是通过评价的反馈机制对决策产生影响，进而借助决策导向，提高工作质量，可见，评价—决策—实践三者之间呈现出一种密切配合的关系和动态循环的状态。

重视评价结果的反馈，重视评价的决策功能有助于把幼儿园的领导决策、评价工作和幼儿园改革实践等多领域纳入一个良性循环圈，从而大大加快幼儿园的优化发展。

六、建立有效的评价机制

幼儿园评价机制是指幼儿园工作评价系统的结构及其运行机理。幼儿园评价机制本质上是评价系统的内在联系、功能及运行原理，是决定评价功效的核心问题。建立有效的幼儿园评价机制是搞好幼儿园工作评价的基本前提。就幼儿园内部而言，构建幼儿园评价机制，要以发展性评价、非正式评价、自我评价为主，依据先进的评价理念和幼儿园评价的运行机理，制订科学的评价制度，确立评价系统要素之间的关系，明确不同评价主体的职责。

幼儿园评价机制作为一种制度形态，是严密而又开放的独立系统。将评价活动和评价过程制度化，无论是对优化保教过程，还是对提高幼儿园管理的科学化、民主化水平都具有积极意义。将幼儿园评价制度化意味着评价的规范化和常态化，并能促进幼儿园良性评价文化的形成。

【理解·反思·探究】

1. 什么是幼儿园工作评价？幼儿园工作评价的作用有哪些？
2. 分析各种评价类型的优势与不足。
3. 幼儿园工作评价的作用是什么？
4. 简述幼儿园评价方案设计的过程。
5. 简述幼儿园工作评价的组织与实施过程。
6. 论述幼儿园工作评价应该注意的问题。

☞【案例】园长如何对教师行为进行评价

【实践训练】

1. 扫描二维码，阅读案例"园长如何对教师行为进行评价"，并结合所学知识对该案例进行分析：幼儿园不对教师进行评价可以吗？针对该案例，你觉得该园的评价工作应如何改进？

2. 扫描二维码，阅读案例"评优评先风波"，思考并完成以下两项任务：

（1）如果你是园长，如何处理 C 教师提出的意见？

（2）请结合幼儿园工作评价的原则和程序，制订遴选优秀教师和优秀班主任的指标体系和工作程序。

☞【案例】评优
评先风波

第十四章　　　幼儿园发展规划

【学习目标】

知识目标：

- 理解幼儿园发展规划的含义与特点，重视幼儿园发展规划的作用。
- 掌握幼儿园发展规划的原则，以及制订和实施幼儿园发展规划的步骤。
- 了解幼儿园发展规划的常见问题及改进对策。
- 明确幼儿园品牌的内涵与特征。
- 掌握幼儿园品牌设计的思路与品牌管理的策略。

能力目标：

- 掌握制订幼儿园发展规划的常用方法。
- 能对幼儿园发展规划的制订与实施问题进行诊断。
- 能初步运用 CIS 理论设计幼儿园品牌。

【案例导入】

又到了"三年一度"制订规划的时间了。经过前两轮规划的制订与实施，我尝到了规划带来的好处：管理更有目标性、计划性和科学性，幼儿园各项工作得到持续发展。作为园长，我也深刻地认识到：制订一份良好的规划不仅仅是园长个人的事——只有管理者、员工、家长和相关专家共同参与，积聚智慧，相互碰撞，产生共鸣，才能使规划目标更清晰、操作性更强、认可度更高，实现的可能性也就更大。

尤其是在这一轮的规划制订过程中，随着幼儿园的发展，我越来越认识到，一份成熟的幼儿园发展规划，仅靠园长一个人来制订是不可行的。要实现更进一步的发展就如同登山一般：越向上攀，空气越稀薄，地势越陡峭，甚至途中某处看不到攀登的路线……对于幼儿园园长来说，在制订规划过程中迫切需要某些外界的因素提供帮助和支持：可以是呼喊鼓劲的，可以是明示方向的，可以是提出具体建议的……于是我提议召开新规划制订的意见征询会，分批邀请领导、教职工、家长及相关专家来园，请他们就幼儿园的发展目标定位、课程资源的优势和劣势发表意见，为下一轮规划制订找出着力点和实施途径。

通过征询会，我们收集了很多好点子。如家长代表们提出希望幼儿园时常开展的家园共育课堂，今后可以借助网络平台来实现；董老师提出要加强名师带教辐射的作用，要让全体教师的业务水平有提高的机会；张老师提出要加强对新教师历史传承教育和基本保教常规的规范化培训；保育员提出，要让保育员也参与到幼儿园的"育婴师"培训计划中，让保育员也实现0—6岁教养技能全程化；等等。[①]

案例中的园长让这么多人参与幼儿园发展规划的制订，你觉得有必要吗？为什么？

第一节　幼儿园发展规划概述

亨利·法约尔说，缺乏计划或执行一个不好的计划是领导者没有能力的标志。规划幼儿园发展是幼儿园园长必备的专业能力之一，也是园长领导能力的重要体现。现代意义上的幼儿园发展规划既是一种管理手段和工具，也是一种管理理念，越来越受到重视。

一、幼儿园发展规划的内涵及溯源

幼儿园发展规划是通过幼儿园共同体的努力，系统地分析幼儿园所处的环境

---

① 朱家雄，张亚军. 给幼儿园园长的建议 [M]. 上海：华东师范大学出版社，2010：39—40.

和原有工作基础，确立幼儿园办园方向和发展目标，并找到幼儿园优先发展的项目，执行相应的行动计划，促使幼儿园挖掘自身潜在资源，提高幼儿园管理效能和幼儿园教育质量的一整套策略。[①] 其中的"幼儿园共同体"是指由幼儿园发展相关利益群体，包括园领导、教职工、幼儿家长、上级教育行政部门、专家及社区代表等组成的一个致力于促进幼儿园发展的组织。简言之，幼儿园发展规划是对幼儿园未来发展思路、目标、主要任务与措施的谋划。幼儿园发展规划时间一般为三年、五年或者更长时间。超过十年的规划，一般称为战略规划。

现代意义上系统的幼儿园发展规划源于学校发展规划的发展，我们可以通过对学校发展规划的溯源，从侧面了解幼儿园发展规划的发展历程。学校发展规划（School Development Plan）产生于 20 世纪的英国，20 世纪 90 年代末引入我国。进入 21 世纪，学校发展规划在我国得到广泛的应用。学校发展规划与传统的学校计划既有联系又有区别。两者都是为学校发展服务，目的都是提高学校的教育教学水平，为国家培养合格的人才，其教育宗旨、教育目的和培养目标是一致的。与传统的学校计划相比，学校发展规划具有更强的参与性、连续性、综合性、针对性和可操作性。[②]

1. 参与性

学校发展规划提倡参与式管理，即学校、政府、社区共同参与学校的发展与管理。从 20 世纪 50 年代开始，世界各国都普遍强调学校的地方性，加强学校和社区之间的联系。学校发展规划与一般的学校计划最大的不同在于社区的参与。学校是社区的重要组成部分，学校在发展过程中既要受到国家总体经济发展的制约，又要与社区的发展相适应，同时对社区的发展起促进作用。

2. 连续性

学校发展规划包括学校未来几年要达到的主要目标和每一年的行动计划，学校和社区针对学校发展要有一个长远打算，通盘考虑，循序渐进。每一年的行动计划都是相互联系、相互支持的，具有很强的连续性。

3. 综合性

学校发展规划不仅包括学校的整体发展目标，还包括校长、副校长、教职工以及学校各部门的工作目标和行动计划，并且将学校的教育教学、师生管理、后勤财务等工作，统统纳入学校发展规划，具有很强的综合性。

4. 针对性

学校发展规划以广泛征求意见为前提，分析研究学校发展规划中存在的问题，并就主要问题寻求解决方法，确定切实可行的目标。无论是存在的问题，还是确定的目标，包括解决方法都是针对学校实际的，具有很强的针对性。

---

① 柳海民.《幼儿园园长专业标准》解读 [M]. 北京：北京师范大学出版社，2016：66-67
② 张兆勤，白天佑，胡文斌. 学校发展计划指南 [M]. 北京：教育科学出版社，2008：4-5

5. 操作性

按照学校发展规划的操作流程：学校目标要逐级分解到各部门和每个人的行动计划中；同时，各部门、校长及全体教职工还要结合实际，分析现状，确定自己的目标；实现目标的所有活动措施必须切实可行，并标明活动措施的负责人、开始和结束时间，所需要的资源等；通过定期和不定期的监测评估，督促落实活动措施，实现预定的目标。可见，学校发展规划具有很强的操作性。

☞【拓展阅读】
SMART 目标

实践证明，学校发展规划的表现形式、学校管理的模式、学校管理的方法以及校长的管理理念、教师的教育教学理念对传统的学校计划都有很大的冲击。学校发展规划和学校绩效之间的紧密联系也越来越受到人们的关注，其效果也逐步为实践所证实，从而受到了教育管理部门、学校和校长的青睐。

二、幼儿园发展规划的作用

幼儿园发展规划是园长管理幼儿园的重要工具，是幼儿园办学理念转化为办学实践的桥梁，是全体教职工行动的纲领，对教职工行为具有导向、规范、激励和凝聚作用。同时，幼儿园发展规划有利于提高园长的管理魅力，有利于将幼儿园发展愿景与现实发展目标有机结合，增强幼儿园管理改革的连贯性和实效性。

1. 幼儿园发展规划是幼儿园自主管理的需要

自主管理指通过唤醒管理对象自我成长的内在需求，赋予其自主管理的权利，并为其提供自我发展的空间和平台，促进其自我发展与主动发展。对于幼儿园而言，幼儿园成员一旦有了这种自主管理的能力和水平，幼儿园就会彰显出强大的活力和激情。自主管理可以通过各利益相关者共同参与幼儿园决策提升保教质量，让幼儿园享有更大的灵活性和自主性，从而按照幼儿的发展需要来管理幼儿园和分配资源，发展有特色的优质教育。

当前，我国幼儿园的办学自主权逐步扩大。2017 年，中共中央、国务院颁布的《关于深化教育体制机制改革的意见》明确指出，要"坚持放管服相结合。深化简政放权、放管结合、优化服务改革，把该放的权力坚决放下去，把该管的事项切实管住管好，加强事中事后监管，构建政府、学校、社会之间的新型关系"。在这种情况下，园长如何引领幼儿园发展，制订明确的发展规划就成为首要任务。

2. 幼儿园发展规划是凝聚教职工智慧，实现幼儿园愿景的重要手段

幼儿园愿景是对整个幼儿园未来发展的规划和设想，是每一位幼儿园成员为之奋斗并希望达到的发展蓝图。愿景是幼儿园规划的产物，也是幼儿园规划的依据。它有三个基本要求：组织成员愿意看到的（期望的），组织成员愿意为之努力的（主动的），通过努力可以一步一步接近的（可实现的）。[①] 愿景不仅是园长

☞【拓展阅读】
毛毛虫效应

---

① 楚江亭. 校长如何规划学校发展 [M]. 北京：北京师范大学出版社，2016：21.

教育哲学和办学理念的具体体现，更是针对幼儿园实际的一种科学规划，它凝结着全体教职工的共同认识，反映着大家的共同目标。应该说，愿景就是幼儿园的"精气神"。幼儿园发展规划是实现幼儿园愿景的重要手段。

3. 有利于幼儿园有效应对外界环境的变化

在竞争日益激烈的今天，一个重要的事实是，一个呼唤个人与组织、机构自主发展的时代已经来临。现代治理应坚持系统治理、依法治理、综合治理、源头治理。规划恰恰是治理的重要体现。不可否认，幼儿园生存与发展环境已经发生了巨大的变化。幼儿园要适应这种变化，关键在于自身是否能成为一个有活力、有个性、有独立品格的发展主体。僵化封闭、故步自封的幼儿园难以形成迅速应变的机制，难以适应变革，难以调动内部的力量，更难以提供有利于幼儿发展的教育和条件。幼儿园该如何适应这种变化？该如何提升自身的发展水平？幼儿园要想未来发展得更好，更加从容地应对外部环境的变化，最好的策略之一就是制订和实施幼儿园发展规划。

4. 整合和优化幼儿园的教育资源，提高管理效能

幼儿园的教育资源是幼儿园拥有和能够利用的所有人力、物力和财力等内外资源的综合。幼儿园在制订和实施发展规划的过程中，可以根据资源情况确立发展目标和主要措施，同时综合协调利用各种教育资源，使资源能够与幼儿园的发展方向和目标高度契合，实现效益的最大化。幼儿园发展规划的制订与实施，可以展现幼儿园的发展愿景，有利于社区、家庭、教育行政部门及其他合作伙伴更加深入地了解幼儿园，支持幼儿园的发展。幼儿园发展规划的制订与实施，可以提高教职工的凝聚力和向心力。规划一旦形成，对幼儿园各部门和教职工都具有明确的目标导向作用，能集中幼儿园资源，实现规划目标和任务。

三、制订幼儿园发展规划的基本原则

制订幼儿园发展规划，需要遵循以下几个基本原则，以确保幼儿园发展规划真正有助于改进幼儿园的管理。

1. 客观性原则

客观性原则是幼儿园发展规划的首要原则。幼儿园管理者要客观分析幼儿园所处的内外部环境，在对幼儿园核心竞争力和优势有充分认知的基础上制订幼儿园发展规划。外部环境为幼儿园的生存和发展提供了条件，但同时也会限制幼儿园的生存和发展。幼儿园的定位、规模的大小、内部设施的配置、聘用员工的层次，乃至收费水平，都只能根据外部环境提供的资源状况、所服务社区居民的数量、收入水平等最终确定。同时，幼儿园内部条件，如地理位置、师资等为幼儿园发展提供了现实可能性。这些都需要在制订幼儿园发展规划的过程中立足实际，进行客观分析，任何脱离实际的规划最终都是注定要失败的。

2. 前瞻性原则

规划是指向未来的，表明未来幼儿园的发展状态，因此要超前，有预见的成分。规划是从实际出发，但不是实际的拷贝，不能迁就现状，而是要在实事求是地分析现实的基础上提出发展要求，创造发展条件，制订发展措施，这就是规划的前瞻性原则。[①]

3. 参与性原则

幼儿园发展规划强调广泛参与。幼儿园发展的水平、速度、程度等，都与幼儿园各方人员的协同作用息息相关。因此，幼儿园的发展，以及对未来的规划，不仅与幼儿园上级主管部门、幼儿园管理者相关，同时也与教师、幼儿、家长、社区等主体有密切的关系。幼儿园管理者要想真正发挥规划的作用，就要号召各个利益群体的代表参与幼儿园发展规划的全过程，齐心协力，共同完成。坚持参与性原则，要求在制订规划的过程中充分发挥园长的引领、鼓励、支持作用，充分尊重教师的意见和建议，吸收和吸引家长、社区代表的参与，还应该得到上级主管部门的支持、专家的指导。

4. 可操作性原则

幼儿园发展规划要能在现有的或可能的条件下付诸实施。幼儿园发展规划不仅是提出发展目标或设想，制订发展蓝图，更是通过制订、实施和评价的系列活动，激励并联合社会各界力量，不断改进幼儿园的硬件与软件，改善幼儿园的管理、教科研工作，并在长期、持续、自觉的行动过程中，调动园内外各种积极因素，逐步开发幼儿园及其所在社区的各种资源，发挥幼儿园和社区的潜能，努力将幼儿园组织的共同愿景一步步转化为现实。[②]因此，要想使幼儿园发展规划能够长期、可持续地发挥应有的作用，规划的制订就必须从长计议，切实可行，注重可操作性。

5. 可持续发展原则

幼儿园发展规划是持续行动的过程，是一个发展的连续体。幼儿园发展规划和计划不同。规划是战略性、全局性的方案，是为幼儿园发展提供理念、目标、方向的一个总体设想，具有可持续性。计划则是在规划的指导下有关具体行动安排的方案。规划比计划具有更高的着眼点和更大的影响力。因此，制订幼儿园发展规划需要对所规划的幼儿园系统结构进行科学分析，提出具有可持续性、可预见性的幼儿园未来发展的总体设计，以指导幼儿园可持续发展。同时，制订幼儿园发展规划要坚持群策群力、集思广益，具有严肃性和科学性，在一定程度上使幼儿园发展规划具有幼儿园"法"的地位，使其指导性更强，也更有利于其可持续发展。

① 教育部人事司. 管理创新与学校发展 [M]. 西安：陕西师范大学出版社，2004：72-73.
② 楚江亭. 学校发展规划：内涵、特征及模式转变 [J]. 教育研究，2008（2）：81-85. 有改动。

第二节 幼儿园发展规划的制订与实施

制订与实施幼儿园发展规划，其过程和结果同样重要。

一、制订与实施幼儿园发展规划的阶段

为了保证幼儿园发展规划的质量，制订与实施幼儿园发展规划需要按照以下五个阶段来进行。

（一）前期准备

前期准备主要包括以下四个方面的工作：

（1）园长要掌握相应的专业知识与方法。幼儿园发展规划的制订与实施是园长治园的价值立场、理论主张现实化的过程。因此，园长理解幼儿园发展规划的意义，形成正确的专业理解与认识，掌握相应的专业知识和方法，就显得尤为重要。国家相关的法律法规、教育方针政策和幼儿园管理的规章制度，是制订幼儿园发展规划的依据。国内外幼儿园改革和发展的基本趋势，是制订幼儿园发展规划的基础，为幼儿园提供基本的发展方向。优秀幼儿园办园的成功经验为制订幼儿园发展规划提供可资借鉴的经验。这些都要求园长熟悉并掌握。同时，园长要掌握幼儿园发展规划制订、实施与测评的理论、方法和技术。

（2）成立幼儿园发展规划管理委员会。为了保证幼儿园发展规划的制订与实施，以及执行情况的监督反馈等工作的顺利开展，建立组织结构合理、工作有效的幼儿园发展规划管理委员会十分必要。委员会的主要职责是组织幼儿园发展规划的制订与实施，并对幼儿园发展规划的制订与实施进行监督、检查、指导和评估。委员会一般由10人左右组成，其成员主要来自与幼儿园发展密切相关的各个利益群体，如上级主管部门的代表、社区管理部门代表、社区居民代表、幼儿园党组织书记、园长及中层干部、教职工代表、家长代表等，还可以有熟悉幼儿园发展规划业务的专家代表参与。原则上委员会代表应包括处境不利群体代表。委员会要广泛听取大家意见，定期召开会议，制订规划文本。

☞【拓展阅读】

参与认可区

（3）对教职工和相关人员进行培训。由于幼儿园发展规划在理念、内容、制订流程以及实施的技术要求上，都不同于传统的幼儿园计划，对于幼儿园及涉及的相关人员而言，不仅要有一个认识和心理上的准备，更需要专业层面上的技术支持或必要的培训。培训和宣传可以形成支持幼儿园发展规划的氛围，达成共识，清楚流程，掌握方法。

（4）拟定制订幼儿园发展规划的行动日程表。

（二）广泛征求意见

这个阶段主要有四个方面的工作：（1）认真开展幼儿园情况分析；（2）在社区和幼儿园广泛征求意见；（3）汇总问题并对问题进行分类；（4）召开大会，反

馈情况。

（三）确定幼儿园发展规划文本

这个阶段主要有以下三个方面的工作：

1. 撰写文本

一项好的幼儿园发展规划是集体智慧的结晶。幼儿园发展规划文本应问题清晰、目标明确，内容丰富、结构完整，程序合理、注重过程，既重硬件、又重软件，监测到位、重在实施，不断创新、体现特色等。幼儿园发展规划文本的具体内容包括：规划背景，指导思想，规划总目标与分项目目标、分年度目标，以及预算等。其中，分项目目标主要考虑课程、保教工作、队伍建设、教科研、特色建设和幼儿园文化建设等内容。幼儿园发展规划还需要确定各个领域的工作措施。

2. 论证修改

幼儿园发展规划文本撰写完后，要通过论证会、意见箱等多种形式收集意见和建议，对文本内容进行修改。

3. 审批文本

幼儿园发展规划由党组织会议、园务委员会、教职工代表大会（教职工大会）审批通过，并向上级主管部门汇报，必要时需要经过上级主管部门批准。

（四）实施幼儿园发展规划

这个阶段主要有以下三个方面的工作：

（1）幼儿园发展规划获批后，由幼儿园发展规划管理委员会负责监督实施。

（2）幼儿园发展规划中涉及社区和幼儿园的各种活动措施，由相关责任人负责落实。

（3）针对幼儿园发展规划实施的需求，争取上级主管部门给予相应的支持。

幼儿园发展规划包括情况分析、文本制订、规划实施和监测评估环节，其中规划实施和监测评估是将规划从"文本"转向"实效"的关键过程。缺乏实施环节，再好的规划文本也是一纸空文。在实施幼儿园发展规划的过程中，既要处理好幼儿园内部的各种关系，又要处理好幼儿园与社区、幼儿园与上级主管部门的关系；既要确保常规工作的开展，又要处理好规划重点项目的推进。只有系统化地实施幼儿园发展规划，才能协调推进幼儿园的发展。

（五）监测评估幼儿园发展规划效果

幼儿园发展规划在实施以后，还需要通过园内外的相关评估机构，对规划实施效果进行监测评估，主要通过采集幼儿园发展规划实施的数据资料，进行评估或客观分析，判断是否达成目标，以便确定所制订的幼儿园发展规划对幼儿园发展的影响、成效及其可持续性。监测评估幼儿园发展规划效果不仅仅针对规划目标，还针对规划内容和实施方式。园长要在执行幼儿园发展规划的过程中，根据园内外形势的发展变化，及时调整规划的内容及实施方式，使幼儿园发展规划具有长期性与实效性。

总而言之，幼儿园发展规划制订与实施的过程是幼儿园与上级主管部门、社区有机结合的过程，是教师和社区群众广泛参与的过程，是重视倾听处境不利人群意见的过程，也是动员上级主管部门、社区关心和支持幼儿园的过程，更是调动幼儿园园长、教职工管理幼儿园积极性，提高管理水平的过程。如果不经过必要的程序和步骤，只有园长等少数几个人"闭门造车"制订和实施幼儿园发展规划，就不可能取得好的结果。需要强调的是，监测评估贯穿幼儿园发展规划制订与实施的整个过程。

二、制订幼儿园发展规划的常用方法

（一）头脑风暴法

头脑风暴法又称智力激励法。头脑风暴法是一种通过小型会议的组织形式，让所有参加者在自由愉快、畅所欲言的气氛中，交换想法，以此激发与会者的创意及灵感，在各种设想的相互碰撞中激起脑海"风暴"。为了保证群体决策的创造性，提高决策质量，管理领域发展了一系列改善群体决策质量，克服群体思维弊端的方法，头脑风暴法是较为典型的一种方法。

采用头脑风暴法组织群体决策时，首先要集中有关专家召开专题会议，主持者以明确的方式向所有参会者阐明问题，说明会议的规则，创造融洽轻松的会议气氛。主持者一般不发表意见，以免影响会议的自由气氛，由专家们"自由"地提出尽可能多的方案。为使与会者畅所欲言，互相启发和激励，使用头脑风暴法必须严格遵守以下原则：

第一，禁止批评和评论，也不要自谦。对别人提出的任何想法都不能批判，以确保与会者在充分放松的心境下，在别人设想的激励下，集中全部精力开拓自己的思路。

第二，目标集中，追求设想数量越多越好。

第三，鼓励巧妙地利用和改善他人的设想。这是激励的关键所在，每个与会者都要从他人的设想中激励自己，从中得到启示，或补充他人的设想，或将他人的若干设想综合起来提出新的设想等。

第四，与会人员一律平等。

第五，主张独立思考，不允许私下交谈，以免干扰别人的思维。

第六，提倡自由发挥，畅所欲言。会议提倡任意发挥想象，主意越新、越怪越好，因为它能启发人推导出好的想法。

第七，不强调个人的成绩，应以小组的整体利益为重，不以多数人的意见阻碍个人新的观点的产生，激发个人追求更多更好的想法。

实践经验表明，头脑风暴法可以排除折中方案，对所讨论的问题通过客观、连续的分析，找到一组切实可行的方案。当然，头脑风暴法实施的成本（时间、费用等）是很高的。另外，头脑风暴法要求参与者有较高的素质。这些因素是否满足会影响头脑风暴法实施效果的好坏。

（二）访谈法

访谈法指在制订幼儿园发展规划的过程中，通过面谈的形式收集信息的一种方法。访谈法可以分为群体访谈和个体访谈，一般访谈和深度访谈，结构化访谈与非结构化访谈。访谈法比较方便、易行，形式多样，灵活性强，适用范围广。

一般而言，完整的访谈过程主要包括：预约、建立友好融洽的关系、实际访谈、告别四个基本环节。访谈者一般要提前告知访谈对象访谈的内容，列出提纲，让访谈对象有所准备，从而提高访谈的质量。在访谈过程中，访谈者要紧密围绕访谈提纲或访谈目的展开访谈，访谈时应注意：一是要耐心倾听访谈对象的讲话；二是访谈语言要通俗易懂、简明扼要，不能用太多的专业术语，适当的时候做必要的解释；三是访谈问题要按一定的顺序提问，注意所提的问题一定要具体，不能"大而空"；四是要善于从访谈对象的谈话中捕捉有用信息，适当地提问，发现隐藏在某些表面现象背后的实质问题；五是要始终采取公正的立场，不要因自己的认识倾向而影响访谈对象的回答，同时还要注意不能给访谈对象任何暗示或有倾向的提示。

（三）社区图

社区图是在访谈过程中，由作为访谈对象的社区成员所绘制的反映一个社区基本情况的地图。它不是严格意义上的地图，但可以反映任何参与绘制的社区成员认为重要的社区信息。

社区图可以显示社区的教育、经济、文化状况及资源分布等信息，从而使幼儿园管理者了解并深入思考：社区有哪些资源？资源分布的状况和交通状况如何？哪些资源需要开发？如何与社区共同开发这些资源？如何与社区实现共赢？等等。画社区图的目的是与社区成员讨论幼儿园的教育问题，促进幼儿园发展。社区图不仅可以帮助幼儿园管理者获得基本的信息，而且可以探究社区成员对幼儿园的看法和意见，从而达到征求意见、寻找解决办法、获得社区支持的目的。

如何画社区图？访谈者可以先画出一个社区图的基本框架，再由访谈对象用简单明了的符号，在图中增添细节，如道路、各种组织及机构、建筑物、居住人群、居住人群的特点等。在访谈对象画图的过程中，访谈者可以通过一系列的提问获得信息，了解情况。画社区图是更加深入的访谈或讨论的一部分，而不是一个与其他征求幼儿园发展规划意见的活动互不相干的单纯画图活动。

（四）SWOT 分析法

SWOT 是 Strengths（优势）、Weaknesses（劣势）、Opportunities（机会）、Threats

（威胁）首字母的组合。SWOT 分析法是通过对幼儿园内外环境的分析，将幼儿园内部的各种优势因素、劣势因素和幼儿园外部的机会因素、威胁因素分别进行呈现、分析，并进行评估，依据矩阵的形态进行科学的排列组合（将各种主要因素相互匹配），再结合实际情况进行分析，最后提出相应对策的方法。

从整体看，SWOT 分析可以分为两个部分：第一部分为优势、劣势，主要用来分析幼儿园的内部状况；第二部分为机遇、挑战，主要用来分析幼儿园的外部状况。运用这种方法，可以对幼儿园所处的环境进行全面、系统、准确的研究，找出幼儿园自身的强项，以及值得发扬的有利因素，还可以找出对幼儿园不利的、需要避开的因素。由此，进一步发现幼儿园发展过程中可能存在的问题，找出相应的解决办法，并明确以后的发展方向、工作重点。SWOT 分析还可以将问题按轻重缓急进行分类，明确哪些是在幼儿园发展中急需解决的问题，哪些是可以暂缓解决的问题。SWOT 分析有较强的针对性，有利于园长在制订幼儿园发展规划的过程中统揽全局，抓住重点，做出正确的决策。

（五）问题树

问题树又称逻辑树、演绎树或分解树等，是一种以树状图形系统地分析存在的问题及其相互关系的方法。问题树的原理是将问题的所有子问题分层罗列，从最高层开始，并逐步向下扩展；把一个已知的问题当成树干，然后开始考虑这个问题与哪些相关问题或者子任务有关；每想到这一点，就给这个问题（也就是树干）加一个"树枝"，并标明这个"树枝"代表什么问题；一个大的"树枝"上还可以有小的"树枝"，以此类推，找出问题的所有相关项目。

问题树可以用来全面、深入地分析问题，找出问题的原因或导致的后果，同时还可以发现更多的相关问题；可以帮助归纳和总结参会人员的观点和看法，有助于明确主要问题，找出问题及原因、结果之间的必然联系，并看到问题的实质，从而归纳出解决问题的种种思路及方法。

分析一个问题可能导致的结果，可以使幼儿园管理者意识到这个问题如果不解决，可能会产生更加严重的后果，从而认识到问题的严重性和紧迫性，在某种程度上可以未雨绸缪，防患于未然。

三、幼儿园发展规划制订的常见问题与对策[①]

（一）幼儿园发展规划制订的常见问题

幼儿园发展规划制订经常存在以下几个方面的问题：

1. 价值取向不清，规划管理的意识较弱

有的幼儿园认识不到规划的重要性，仅通过学年或学期的计划统领全园工

① 吕国瑶，田彭彭. 制定幼儿园发展规划的问题及对策研究 [J]. 学前教育，2018（1）：62—64.

作，容易使幼儿园工作限于上级指令，或围着常规工作及日常事务转，发展缺乏前瞻性和科学依据。还有许多幼儿园仅仅把规划定位为级类幼儿园评比所需要的重要文件，或教育督导工作中被检查的内容，因而仅仅关注幼儿园发展规划的评审能否通过，不太注重实施和后期评价。

规划价值取向模糊不清，必然会导致幼儿园在制订规划的过程中不考虑规划内在的独特价值，甚至在未弄清幼儿园发展规划的含义和意义之前，凭借自己的经验和想象制订幼儿园发展规划，这样的规划制订出来也只能沦为"抽屉文件"。

2. 规划的制订过程不科学

规划的制订过程是全员参与、凝聚共识的过程，要避免产生"制订规划是幼儿园管理者的事"的想法。有的幼儿园在制订规划的过程中，存在形式化、表面化、走过场的问题，使得部门和个人的意见不能充分地被吸纳。教师对这种规划没有基本的认同感，甚至会感到无所适从和失望，这样会导致规划的执行效果大打折扣。

3. 规划的内容脱离实际，缺乏发展起点

分析幼儿园现状是规划制订的首要环节。每所幼儿园都有自己的历史，在发展的过程中，都会形成自己的传统和优势，同时也存在一些缺陷。即使是新建幼儿园，也不是一切从零开始，幼儿园建设过程中蕴含的多种文化因素、幼儿园组成人员的不同经历和文化背景，都会对幼儿园发展产生深刻的影响。因此，制订幼儿园发展规划，必须有透彻、深入的现状分析，同时结合科学的管理理论进行分析。这样确立的发展方向和目标才更明确，更符合幼儿园实际，也更科学合理。

4. 规划的目标定位不明确

在幼儿园发展规划中，对目标的明确定位非常重要，适宜的目标应是明确可行的，同时也应具有一定的挑战性。幼儿园在制订规划的过程中，应避免出现目标过于宽泛或过于刚性的问题。目标过于宽泛，"放之四海而皆准"，不能针对幼儿园的发展现状和需求，就会削弱规划的作用，各部门和个人不能在日常工作中很好地贯彻目标，幼儿园管理者也不易用规划目标进行评价和激励，幼儿园工作将无方向、无蓝图。例如，把办园总目标定为"一切为了孩子"，这仅仅是一个办园宗旨，不能成为真正意义上的目标。相对来说，如果把目标表述为"力争把我园办成：管理规范有序、办园特色鲜明、队伍和谐精进、环境温馨挚爱、幼儿快乐发展、家长认可满意的市级一流名园"就更为清晰一些。如果目标过于刚性，缺乏灵活性，则幼儿园的整体工作容易拘泥于规划中的各项工作标准和任务，规划的统筹协调作用得不到发挥，个人和部门的创造性和灵活性受限，制约幼儿园整体工作的持续推进。

5. 依法治园意识薄弱

幼儿园发展规划制订需要幼儿园结合国家及地方相关法规、制度及纲领性文件等，认真思考幼儿园的定位、发展目标，以及实现目标的任务和措施等。在实际制订过程中，幼儿园容易出现与国家及地方相关法规要求脱节的现象，不能将先进的教育理念及发展要求很好地体现在幼儿园发展规划中。如果园长不能秉承依法治园的思想，幼儿园发展规划的各项要素思考不到位，就容易导致规划表述不清晰，发展定位不合理，措施可行性不够等问题，这些都容易使幼儿园在实际工作中管理实效降低，也容易使幼儿园管理局限于经验管理和事务管理。

（二）提高幼儿园发展规划质量的对策

要提高幼儿园发展规划的质量，园长需要在以下几个方面加以改进：

1. 召集各方人士参与，共同制订幼儿园发展规划

为了全面勾画幼儿园的发展愿景，一方面幼儿园要动员参与人员在制订的过程中充分发挥主体性、自主性，如采用"头脑风暴法"，畅所欲言，提出基本的要点，形成共同价值观；另一方面幼儿园要广泛吸纳各个层面人群的意见建议，比如利用调查问卷、座谈会等方式，调查社区、家长对幼儿园发展的需求，为幼儿园发展规划的制订提供相关依据。

2. 细化分解目标，明确任务，形成具体的行动计划

幼儿园发展规划总目标要细化分解为近期、中期和远期的阶段性目标。以五年规划为例，第一年可定位为近期发展规划，第二、三年可定位为中期发展规划，第四、五年可定位为远期发展规划。根据近期、中期、远期发展规划阐述的各阶段目标，形成具体的行动计划与任务，包括幼儿园整体发展规划与各部门的行动计划。前者主要包括拟定整体发展的初步规划，也就是"幼儿园的预期目标是什么"，后者要求各个部门和负责人员列出详细而具体的工作计划，包括时间、具体任务等。制订近期、中期、远期规划必须注意各阶段的发展规划是相互衔接的。

幼儿园在制订幼儿园发展规划时要体现"以人为本"的思想，幼儿园管理者要根据教师的基本任务制订有可操作性和针对性的幼儿园发展规划，不搞花架子。

3. 根据规划的目标和内容进行日常工作的管理和调控

幼儿园发展规划从本质上讲是一种过程管理，监控机制有助于幼儿园在这一过程中进一步完善和修订幼儿园发展规划。对幼儿园发展规划目标进行细化分解并形成具体的行动计划后，全体教职工就要根据规划中既定的目标与分解的内容有序地开展工作，园长及负责人员需要根据规划的目标和内容进行管理和调控。日常检查能有效地促进幼儿园发展规划按时实施和完成，同时还应根据监控过程对幼儿园发展规划进行必要的调整，保证幼儿园实现目标，更好地推动幼儿园的发展。

4. 及时收集与分析规划执行情况，做好规划实施的评价工作

当各项园务工作稳步开展后，园长应该定期关注幼儿园发展规划执行过程中的落实情况，主要通过对规划执行信息的收集、处理和反馈，全面把握规划在实施过程中的运行情况，把执行规划过程中出现的一些突发性的矛盾和问题及时告知相关部门和负责人员，并对规划作出相应的调整，提高规划的针对性和实效性。

另外，幼儿园管理者还可以通过检查各部门规划落实的达成度，确保规划的有效实施。重点关注：既定目标的达成度和可检测性；哪方面目标的达成度较高，原因是什么；对下一步的规划有怎样的调整；等等。促使幼儿园确立发展规划内部评价指标，为下一步的幼儿园发展规划奠定基础。

小组讨论

科学制订和有效实施幼儿园发展规划，要求园长具备哪些方面的素质？

第三节　幼儿园品牌建设

品牌是一种经济现象，是商品经济发展到一定阶段的产物。时代发展到今天，经济全球化、网络化，市场由"卖方经济"变为"买方经济"，"好酒也怕巷子深"，打造品牌成为企业生存和发展的必由之路。学校品牌作为一种教育现象，是学校教育发展到一定阶段的产物。随着人民群众对教育的日益重视，公办学校与民办学校、民办学校与民办学校之间的竞争日趋激烈。为了从众多的学校中脱颖而出，学校"去同质化"，树立自己的品牌形象，加强品牌管理成为必然的选择。幼儿园作为学前教育机构也是如此，独特鲜明的品牌形象是办园质量的符号，是幼儿园传递给教育消费者的"感觉"。

一、幼儿园品牌及其特征

（一）品牌的含义与特征

1. 品牌的含义

品牌是一种名称、标识、术语、符号或设计，或者这些载体的组合运用，目的是借以辨认某个消费者或者某群消费者的产品及服务，使之与竞争对手的产品和服务区分开来。"品牌"一词是外来语，英文是 brand，源于古挪威语 brandr，意思是"打上烙印"，即用烙铁在家畜、器皿等私有财产上留下标记。后来，这种方式运用到手工业中，手工艺人在制作的手工艺品上打上某种标记，以便顾客识别工艺品的来源。由此可见，从品牌起源看，作为将物品加以区分的手段，品

牌具有专有性和独特性。广泛意义上的品牌包括属性、利益、价值、文化、个性和使用者六个方面的内涵特征。

品牌可以依据不同的标准划分为不同的种类。按照品牌知名度的辐射区域划分,品牌可分为区域品牌、国内品牌和国际品牌;按照品牌产品生产经营的不同环节,品牌可分为制造商品牌和经销商品牌;按照品牌来源划分,品牌可分为自有品牌、外来品牌和嫁接品牌;按照品牌的生命周期划分,品牌可分为短期品牌和长期品牌,或者新品牌、上升品牌、成熟品牌和衰退品牌;按照品牌价值指向不同,品牌可分为功能价值品牌和精神价值品牌;按照品牌价格定位档次不同,品牌可分为大众品牌、高档品牌和奢侈品品牌。

2. 品牌的特征

一般而言,品牌具有非物质性、资产性、专有性、竞争性和忠诚性的特征。[①]

(1)非物质性。品牌本身不具有独立的物质实体,是无形的,但却以物质为载体,通过一系列物质载体来表现自己。品牌的直接载体主要有图形、品牌标记、文字、声音,间接载体主要有产品的价格、质量、服务、市场占有率、知名度、名誉度。

(2)资产性。品牌是一种无形资产,可以为品牌拥有者带来利益。品牌的价值或者资产是可以被估算的。现行品牌估值的方法有侧重财务要素的,有侧重市场要素的,有侧重消费者要素的,等等。有时候产品品牌的无形资产要远远超过其有形资产。

(3)专有性。品牌具有明显的排他专有性,代表一个企业在市场的形象和地位,是企业进入市场的一个通行证,是企业和市场的桥梁和纽带,企业品牌名称、标志等具有专有性。品牌还属于知识产权的范畴,企业需要通过登记注册、申请专利等形式保护自己的品牌权益,也借助法律保护并以长期生产经营服务中的信誉取得社会的认可。

(4)竞争性。品牌是企业市场竞争的工具。在产品功能、结构等因素趋于一致的时代,关键是看谁的品牌过硬。拥有良好品牌声誉的企业,能在竞争中处于有利的位置。

(5)忠诚性。品牌声誉一旦形成,便会促使消费者重复购买、大量购买,从而在一定的消费者群体中形成品牌忠诚度。

(二)幼儿园品牌的特征

借用闫德明关于学校品牌的认识,[②] 我们认为幼儿园品牌是一所幼儿园在长期的教育实践过程中逐步形成并被公众认可,具有特定文化底蕴和识别符号的一

① 李自琼,彭馨馨,陆玉梅. 品牌建设理论与实务 [M]. 北京:人民邮电出版社,2014:6-7.
② 闫德明. 学校品牌概论 [M]. 桂林:广西师范大学出版社,2008:18.

种无形资产。幼儿园作为一种社会组织，以科学保教幼儿为直接目的。与其他组织和产品的品牌相比，教育特性是幼儿园品牌的根本特性，幼儿园品牌具有以下几种特征：

1. 幼儿园品牌是以育人为目的的品牌

《幼儿园工作规程》指出，幼儿园是对3周岁以上学龄前幼儿实施保育和教育的机构。幼儿园的任务是：贯彻国家的教育方针，按照保育与教育相结合的原则，遵循幼儿身心发展特点和规律，实施德、智、体、美等方面全面发展的教育，促进幼儿身心和谐发展。幼儿园同时面向幼儿家长提供科学育儿指导。由此可见，幼儿园以科学保教幼儿为直接目的，"育人"是幼儿园的根本职能，因此，幼儿园品牌必然是以育人为目的的品牌。"育人"是衡量幼儿园品牌的首要尺度。

2. 幼儿园品牌是以人为载体的品牌

不同于任何以物为载体的产品的品牌，幼儿园品牌主要通过人来彰显。这里的人，既包括幼儿，也包括幼儿园管理者、教职工和家长。其中，幼儿是幼儿园教育服务的直接消费者，其成长状况、整体形象是幼儿园品牌最生动、最直接的体现，是幼儿园品牌最重要的载体。幼儿园管理者和教师是幼儿园品牌的设计者、建设者、执行者，也是幼儿园品牌的体现者。因此，团结奋进的领导班子、充满活力的教师队伍是幼儿园品牌形象的标识，也是幼儿园品牌建设的根本保证。

3. 幼儿园品牌是需要长期建设的品牌

品牌建设是内涵建设，任何一种品牌建设都是一个长期的过程。"十年树木，百年树人"，教育的过程是一个漫长的育人过程，需要"积淀"，需要假以时日才能得到证明。美丽有序的幼儿园可以短期建成，优秀教师也可以短期高薪聘请，但是幼儿园的优良园风、优质保教、良好声誉，不能立竿见影、一蹴而就，必须经过长期的积淀才能形成。因此，幼儿园品牌建设不能急功近利，必须静心、用心去经营。

二、幼儿园品牌建设过程

幼儿园品牌建设是幼儿园品牌化的过程，首先要对品牌进行整体设计，其次是对品牌进行管理。幼儿园品牌化指的是幼儿园构建或塑造自身品牌形象的结果与过程，它是家长与社会这两个群体对幼儿园特点与水平的认可与综合评价。对于幼儿园来说，品牌建设有重要的意义，有助于形成幼儿园特色，克服办园理念空洞化、行为模式同质化、视觉语言贫乏化倾向，改变"千园一面""千人一面"的状况。品牌建设是幼儿园的鲜明旗帜，它体现了高质量的幼儿园管理和教育品质，是对社会、父母和幼儿的质量保证。

（一）幼儿园品牌设计概述

1. 幼儿园品牌创建的关键词

刘占兰认为，幼儿园品牌创建实质上是幼儿园整体设计、内涵发展和质量提升的过程。[①] 幼儿园在品牌创建的过程中，要体现"科学、优质、特色"三个关键词。所谓科学，指对幼儿园发展的整体设计必须符合学前教育的价值取向，符合幼儿身心发展的客观规律，符合幼儿园保育、教育的基本原则和要求，遵循幼儿身心发展规律，坚持科学的保教方法，保障幼儿快乐健康成长。幼儿园教育体系以及体系中的每一个教育要素，既要符合相关的基本理论，又要能经得起实践检验。所谓优质，指幼儿园品牌建设要以引导幼儿园内涵发展，促进幼儿园质量提升为基本路径和目标。优质的幼儿园教育旨在促进每个幼儿的身心在原有基础上充分地发展，并为幼儿的终身发展奠定坚实的基础。"儿童利益优先"是提高幼儿园教育质量的根本原则。所谓特色，指幼儿园要有自己特有的办园风格。质量是特色的前提。特色是幼儿园发展的更高境界，它以幼儿园的整体优质发展为基础，以幼儿园整体规划和内涵发展为途径，以促进幼儿的全面和谐而富有个性的发展为目标，以办园思想的凝练和幼儿园独特教育体系的形成为标志。

2. CIS 理论

CIS（corporate identity system）意为企业识别系统。20 世纪初德国企业最早应用企业识别系统。20 世纪四五十年代企业识别系统在美国兴起，60 年代流行于欧洲、日本企业界。根据 CIS 理论，品牌设计包括理念识别、行为识别和视觉识别。理念识别指经营信条、企业精神、企业风格、员工的价值观等，它是企业的灵魂，是企业识别的基础部分。行为识别指企业服务态度、接待技巧、服务水准、工作精神，以及生产福利、工作环境、废弃物处理、研究发展等对内行为和产品开发、公共关系、促销活动、公益性文化性活动等对外行为，是理念识别在行为上的体现，也是企业识别的核心部分。视觉识别包括企业名称、品牌标志、标准字、标准色、企业造型、企业象征图案、企业宣传标语、口号、吉祥物等基本设计，以及办公器具、设备、招牌、旗帜、建筑外观、衣着制服、交通工具、包装用品、广告传播、展示、陈列等关系应用。在企业识别中，企业品牌的塑造主要通过视觉识别来体现。三者是一个高度统一的体系，其中理念识别是内核和灵魂，是组织精神的原动力，是行为识别和视觉识别的基础和依据。行为识别是动态的识别形式，通过一系列有目的的活动来表达理念，实现组织的使命和目标。视觉识别是静态的识别形式，通过独特的色彩、图案以及声像文字来表达理念，使人们对组织印象深刻。

---

① 刘占兰. 幼儿园品牌创建的整体设计思路与发展重点 [J]. 幼儿教育（教育教学版），2015（9）：7-10.

3. SIS 理论

学校管理的研究者们认为，学校与企业有共同之处，都属于社会组织，都以质量求生存，因此，借鉴 CIS 理论，形成学校识别系统，即 SIS（school identity system）是可行的。[①] 学校识别系统由三大板块和两个部分组成。三大板块分别是：理念识别、行为识别和视觉识别。两个部分是：常规部分和创意部分。幼儿园识别系统也是如此。

（1）理念识别。幼儿园理念识别包括办园理念、愿景、园训、园歌、教风、学风等，是深层的幼儿园文化，是幼儿园形象的灵魂部分，囊括了幼儿园发展所需的各种指导思想，具有导向性、渗透性和强化性作用。它可以影响教职工的思想与行为，形成幼儿园的文化底蕴，直接影响幼儿园的精神面貌与发展。下面着重介绍办园理念、愿景。

办园理念是教育本质、教育目的、教育价值、教育方法、教育管理、师幼关系等的集中反映。办园理念能指导具体的教育、管理活动，能提高教职工的思想层次，有助于调整幼儿园内外关系，也是幼儿园表明态度、树立形象的手段。办园理念一旦确定，就应该成为全体教职工的共同价值体系。办园理念的陈述应该反映以下三个方面的内容：对幼儿如何进行学习的设想；所有者以及幼儿家长的价值观；对幼儿园教育和功能的看法。[②]

愿景，是幼儿园所希望创造的未来景象，是幼儿园发展的旗帜。愿景要宏大、有气魄，通常需要 10~30 年的时间才能实现。这样，愿景才能成为一面旗帜，促进幼儿园内涵建设、长远发展，克服短视行为、功利性行为。愿景要生动，铿锵有力，能够给幼儿园成员描绘一个清晰动人的图景，有感染力，并令人信服。

（2）行为识别。行为识别是理念识别的动态显现，属于组织文化中的制度文化和行为文化范畴。幼儿园行为识别涉及面很广，几乎涵盖了幼儿园的全部活动。按照行为主体划分，幼儿园行为可以分为园长行为、教师行为、幼儿行为。园长行为又可以分为决策行为、管理行为、科研行为、社交行为等；教师行为又可以分为教学行为、教育行为、科研行为、与家长和社会的交往行为等；幼儿行为又可以分为幼儿在园的生活行为，学习行为，与同伴、家长、教师、社会的交往行为等。按照行为的规范性划分，幼儿园行为可以分为不规范性行为、规范性行为、创意行为。按照行为涉及对象的范围划分，幼儿园行为可以分为对内行为和对外行为，对内行为包括教育行为、管理行为、科研行为等，对外行为包括服务行为、公共行为等。[③]

① 陈丽，王兵，胡淑云，等. 学校发展策划：理论、方法与实践 [M]. 重庆：重庆大学出版社，2005：73.
② 科里克. 托幼机构管理：第 6 版 [M]. 韦小冰，刘杨，寇丽娟，等译. 北京：北京师范大学出版社，2007：69.
③ 陈丽，王兵，胡淑云，等. 学校发展策划：理论、方法与实践 [M]. 重庆：重庆大学出版社，2005：75.

（3）视觉识别。视觉识别是理念识别的外在表现，属于物质文化范畴。幼儿园为了引导公众正确认识和辨别其形象，对幼儿园的可视对象进行统筹策划和美化设计，从而形成能够传达幼儿园精神追求和价值取向的视觉符号体系。幼儿园视觉符号除了有识别功能外，还有重要的教育功能。幼儿园视觉符号充满美感，可以让置身其中的人感到赏心悦目，心灵得到陶冶，行为得以规范。幼儿园视觉识别包括二维平面的视觉识别和三维空间的视觉识别两个部分。前者包括基本要素和应用要素两个部分，主要是幼儿园标志、标准字、标准色及其在幼儿园的办公、环境、交通、通讯、宣传、服饰、礼品等方面的具体展示和应用。后者指幼儿园的立体环境或者说一种空间形态，主要包括幼儿园建筑布局、室内外空间营造以及景观设计。[①]

幼儿园识别系统的两个部分包括：第一，常规部分。常规部分研究的是幼儿园形象整体化、系统化的工作和长期稳步提高的内容。第二，创意部分。创意部分研究的是幼儿园特色文化及短期突破性发展的工作。在幼儿园识别系统中，三大板块均含有常规部分和创意部分。常规部分主要构成幼儿园识别系统的整体性和系统性部分，创意部分主要构成幼儿园个性化部分。

（二）幼儿园品牌设计的思路[②]

幼儿园品牌的整体设计一般遵循仔细盘点家底—明确发展主题—提炼办园理念—构建整体框架—形成实践体系的工作路径进行。这是一个回到幼儿园教育的原点，寻根溯源，寻找办园方向的过程；是一个调整价值体系与重构办园理念的过程；是一个形成共同愿景和创新教育体系的过程。

1. 仔细盘点家底

幼儿园的历史积淀是品牌创建的基础与前提。对幼儿园进行仔细的家底盘点，在深入分析与讨论的基础上，可以筛选出科学、有价值、有特点的经验和研究成果，将其作为品牌提炼和整体设计的基础。

2. 明确发展主题

幼儿园的发展主题是幼儿园发展的基本方向和主线，既是幼儿园在历史积淀基础上，依托地理环境和人文环境形成的独有特点，也是园长和教职工对幼儿园发展的共同愿景和价值追求。幼儿园的发展主题必须符合学前教育的原则和要求，符合幼儿身心发展的特点和规律。在共同商定幼儿园的发展主题时，园长和教职工需要从教育理念、教育理论、教育信条的层面出发，从较为高位和宏观的视角重温学前教育的核心价值和根本任务，加深对幼儿园教育特点和根本目的的理解与认识，以期从更本源和更本体的价值观念出发理解幼儿园教育，任何在内容或时间上的片面和倾斜都是不适宜的。

① 闫德明. 学校品牌概论 [M]. 桂林：广西师范大学出版社，2008：137.
② 刘占兰. 幼儿园品牌创建的整体设计思路与发展重点 [J]. 幼儿教育（教育教学版），2015（9）：7-10.

3. 提炼办园理念

长期以来，幼儿园比较普遍的做法是把《幼儿园工作规程》《幼儿园教育指导纲要（试行）》和《3~6 岁儿童学习与发展指南》等国家文件中有关幼儿园教育、儿童发展的观念和理念作为自己的办园理念。这样的办园理念往往大而空，而且存在不同幼儿园办园理念同质化的倾向。幼儿园需要用适切的、明确的、有诗意的语言来表述自己的办园理念。适切是指相关表述能科学准确地说明幼儿园品牌的含义，体现出对幼儿园教育本质特点的深刻理解和深切感悟。明确强调表述的清晰、简明，能指明园长和教职工努力的方向和工作的目标。有诗意重在表达幼儿园教职工对事业的热情和对幼儿的深爱。

4. 构建整体框架

构建整体框架是指从整体上对幼儿园的物质环境和人文环境、课程与保教活动、管理与制度建设、教师团队与教研活动、幼儿园与家庭、社区的合作等相关教育要素进行合理的设计，围绕发展主题，形成具有内在逻辑联系的框架体系。具体来说，整体框架包含幼儿园文化、幼儿园环境、幼儿园课程、幼儿园师资、幼儿园管理和家园共育等主要教育要素。

5. 形成实践体系

形成实践体系是幼儿园品牌创建的最后一步，也是最难的一步，需要幼儿园在实践的各个层面、各个环节落实业已构建的框架体系。园长和教职工需要思考幼儿园的物质环境和人文环境、课程与保教活动、管理与制度建设、教师团队与教研活动、幼儿园与家庭、社区的合作等相关教育要素，进而在实践中大胆尝试，改革创新，最终形成科学、优质、有特色的幼儿园实践体系。这时的幼儿园才能称为真正的"品牌园"。幼儿园实践体系的形成需要园长与教职工的共同努力，还需要相关评价体系加以监控。

（三）幼儿园品牌管理

幼儿园仅有明确的理念、愿景是不够的，只有将它们变成集体的意志，真正转化为现实的力量，才能实现品牌建设的目的。因此，幼儿园还需要加强品牌管理。

1. 对理念进行宣传，确保理念深入人心

理念只有深入人心，才能真正产生激励、凝聚的作用，持续推动幼儿园朝预期方向发展。研究表明，组织成员对组织理念的认可程度，从高到低依次为献身、投入、真正遵从、适度遵从、勉强遵从、不遵从、冷漠。不同的认可程度影响教职工的工作投入状况。由此，也说明幼儿园理念的制订一定要科学，在表达上不模仿别人，表述清楚，有力度。

在宣传上，组织幼儿园教职工集体讨论，制订理念的过程，就是理念深入人心的有效宣传过程。在理念发布后，组织全体教职工系统地学习、讨论也是一种

常见的宣传方法。幼儿园管理者要利用各种机会宣传幼儿园的理念，如新教师入职培训、幼儿园新生家长会以及外事活动。此外，幼儿园还可以通过雕塑、文化石、便笺、文化笔、学习手册等宣传办园理念。

2. 确保理念反映在幼儿园具体的规划和实施中

理念是行为的先导。幼儿园理念具体反映在幼儿园各项活动中，指导幼儿园各项工作，包括保育教育、管理活动等。

3. 幼儿园管理者要身体力行

有人说，在确立价值观的过程中，表率不是最好的办法，但却是唯一的办法。幼儿园落实经营理念，实施品牌管理的关键在管理者，尤其是园长。幼儿园管理者应该是办园理念的化身和坚定的执行者。园长要富于远见、思路清晰、自信坚定、追求效益、不断超越。

4. 人员考评和奖励要反映理念的要求

人员激励制度是组织文化的风向标。米切尔·拉伯福说，世界上"最简单、最明白，然而也是最伟大的管理原则"是"人们会去做受到奖励的事情"。你让员工做什么，你就该奖励什么。因此，建立正确的（符合幼儿园根本利益的）、明确的（不是模棱两可、摇摆不定的）价值标准，并通过奖罚手段的具体实施，明白无误地表现出来，应该是幼儿园管理的头等大事。

5. 困难时刻严肃执行办园理念的要求

困难时刻可以考验幼儿园的管理水平，体现幼儿园的办园理念、价值追求。因此，幼儿园要给社会、相关者留下注重内涵建设、有担当的印象，即使在困难时刻也要严肃执行办园理念的要求，坚决反对幼儿园的逐利行为。

【理解·反思·探究】

1. 现代意义上的幼儿园发展规划具有哪些特征？
2. 怎样制订科学、合理的幼儿园发展规划？
3. 制订幼儿园发展规划有哪些常用方法？适用于什么情况？
4. 幼儿园应如何设计自己的品牌？
5. 品牌幼儿园与特色幼儿园的关系是什么？

【实践训练】

1. 扫描二维码，阅读案例"怎样形成共同愿景"，思考并回答以下问题：

（1）你怎样理解"以人为本"的办园理念？

（2）你是否赞成通过全体教职工参与幼儿园管理，使教职工成为幼儿园真正的主人？

☞【案例】怎样
形成共同愿景

（3）对该幼儿园愿景的制订过程，你有什么看法？

2. 扫描二维码，阅读案例"幼儿园要办出特色，园长该如何作为"，思考并回答以下问题：

请结合你对特色幼儿园的认识，分析该园长的做法是否合适。

☞【案例】幼儿园要办出特色，园长该如何作为

主要参考文献

［1］周三多，陈传明．管理学［M］．5版．北京：高等教育出版社，2018．

［2］邢利娅．幼儿园管理［M］．北京：高等教育出版社，2010．

［3］王普华．幼儿园管理［M］．2版．北京：高等教育出版社，2019．

［4］张亚妮，王瑜．幼儿园保育员胜任能力十五讲［M］．北京：清华大学出版社，2020．

［5］祁海芹．幼儿园管理实务［M］．大连：大连理工大学出版社，2012．

［6］荷尔瑞恩，希尔德布兰德．幼儿园管理：第5版［M］．严冷，赵东辉，高维华，等译．上海：华东师范大学出版社，2011．

［7］柳海民．《幼儿园园长专业标准》解读［M］．北京：北京师范大学出版社，2016．

［8］罗宾斯，库尔特．管理学：第11版［M］．李原，孙建敏，等译．北京：中国人民大学出版社，2012．

［9］关培兰．组织行为学［M］．3版．北京：中国人民大学出版社，2011．

［10］罗宾斯，贾奇．组织行为学：第14版［M］．孙建敏，李原，黄小勇，译．北京：中国人民大学出版社，2012．

［11］格里芬．管理学：第9版［M］．刘伟，译．北京：中国市场出版社，2008．

［12］圣吉．第五项修炼：学习型组织的艺术与实践［M］．张成林，译．北京：中信出版社，2009．

［13］德鲁克．卓有成效的管理者［M］．北京：机械工业出版社，2012．

［14］柯林斯．从优秀到卓越：第4版［M］．俞利军，译．北京：中信出版社，2009．

［15］张旭东，张立迎．管理学原理教程［M］．北京：北京师范大学出

版社，2009.

　　[16]彭新敏.管理学[M].上海：复旦大学出版社，2010.

　　[17]曹嘉晖，赵元凤.管理学[M].南京：南京大学出版社，2011.

　　[18]谭力文.管理学[M].北京：高等教育出版社，2010.

　　[19]科克伦.儿童早期教育体系的政策研究[M].王海英，译.南京：江苏教育出版社，2011.

　　[20]李生兰.比较学前教育[M].上海：华东师范大学出版社，2000.

　　[21]金林祥.简明中外学前教育史[M].上海：上海交通大学出版社，2014.

　　[22]杨莉君.学前教育政策法规概论[M].长沙：湖南师范大学出版社，2008.

　　[23]朱家雄，汪乃铭，等.学前儿童卫生学[M].修订版.上海：华东师范大学出版社，2006.

　　[24]陶金玲.民办幼儿园管理概论[M].天津：天津教育出版社，2010.

　　[25]陈群.幼儿园危机管理实务[M].北京：中国轻工业出版社，2013.

　　[26]张琼.园本教研新视角[M].广州：暨南大学出版社，2012.

　　[27]王绪池，郑佳珍.幼儿园总务管理[M].重庆：重庆大学出版社，2013.

　　[28]唐淑，虞永平.幼儿园班级管理[M].南京：南京师范大学出版社，1997.

　　[29]赵春龙，王国昌.幼儿园班级管理[M].长沙：湖南大学出版社，2012.

　　[30]王劲松.幼儿园班级管理[M].北京：北京师范大学出版社，2013.

　　[31]线亚威.幼儿园文化建设指导策略[M].北京：高等教育出版社，2011.

　　[32]吴邵萍.家园共同体的建设：幼儿园家长工作的方法与策略[M].北京：教育科学出版社，2011.

　　[33]胡惠闵，郭良菁.幼儿园教育评价[M].上海：华东师范大学出版社，2009.

　　[34]汉森.教育管理与组织行为：第5版[M].冯大鸣，译.上海：上海教育出版社，2005.

　　[35]韦里克，坎尼斯.管理学：全球化与创业视角：第13版[M].马

春光，译．北京：经济科学出版社，2011.

［36］蔡军．学前教育科研方法［M］．西安：陕西师范大学出版社，2013.

［37］张兆勤，白天佑，胡文斌．学校发展计划指南［M］．北京：教育科学出版社，2008.

［38］楚江亭．校长如何规划学校发展［M］．北京：北京师范大学出版社，2016.

［39］李自琼，彭馨馨，陆玉梅．品牌建设理论与实务［M］．北京：人民邮电出版社，2014.

［40］闫德明．学校品牌概论［M］．桂林：广西师范大学出版社，2008.

［41］陈丽，王兵，胡淑云，等．学校发展策划：理论、方法与实践［M］．重庆：重庆大学出版社，2005.

［42］科里克．托幼机构管理：第6版［M］．韦小冰，刘杨，寇丽娟，等译．北京：北京师范大学出版社，2007.

［43］程凤春．幼儿园管理的50个典型案例［M］．上海：华东师范大学出版社，2011.

［44］刘艳珍，马鹰．幼儿园组织与管理［M］．北京：北京师范大学出版社，2011.

［45］秦明华，张欣．幼儿园组织与管理［M］．上海：复旦大学出版社，2012.

［46］唐淑，钟绍华．中国学前教育史［M］．2版．北京：人民教育出版社，1993.

［47］朱家雄，张亚军．给幼儿园园长的建议［M］．上海：华东师范大学出版社，2010.

［48］文明．学前教育质量评价理论与实践［M］．成都：四川大学出版社，2018.

［49］吴林富．教育生态管理［M］．天津：天津教育出版社，2006.

郑重声明

高等教育出版社依法对本书享有专有出版权。任何未经许可的复制、销售行为均违反《中华人民共和国著作权法》，其行为人将承担相应的民事责任和行政责任；构成犯罪的，将被依法追究刑事责任。为了维护市场秩序，保护读者的合法权益，避免读者误用盗版书造成不良后果，我社将配合行政执法部门和司法机关对违法犯罪的单位和个人进行严厉打击。社会各界人士如发现上述侵权行为，希望及时举报，我社将奖励举报有功人员。

反盗版举报电话　（010）58581999　58582371

反盗版举报邮箱　dd@hep.com.cn

通信地址　北京市西城区德外大街 4 号
　　　　　高等教育出版社法律事务部

邮政编码　100120

读者意见反馈

为收集对教材的意见建议，进一步完善教材编写并做好服务工作，读者可将对本教材的意见建议通过如下渠道反馈至我社。

咨询电话　400-810-0598

反馈邮箱　gjdzfwb@pub.hep.cn

通信地址　北京市朝阳区惠新东街 4 号富盛大厦 1 座
　　　　　高等教育出版社总编辑办公室

邮政编码　100029